Fabio Genoese

Modellgestützte Bedarfs- und Wirtschaftlichkeitsanalyse von Energiespeichern zur Integration erneuerbarer Energien in Deutschland

Modellgestützte Bedarfs- und Wirtschaftlichkeitsanalyse von Energiespeichern zur Integration erneuerbarer Energien in Deutschland

von
Fabio Genoese

Dissertation, Karlsruher Institut für Technologie (KIT)
Fakultät für Wirtschaftswissenschaften
Tag der mündlichen Prüfung: 30. Januar 2013
Referenten: apl. Prof. Dr. Martin Wietschel, Prof. Dr. Stefan Nickel

Impressum

Karlsruher Institut für Technologie (KIT)
KIT Scientific Publishing
Straße am Forum 2
D-76131 Karlsruhe
www.ksp.kit.edu

KIT – Universität des Landes Baden-Württemberg und
nationales Forschungszentrum in der Helmholtz-Gemeinschaft

KIT Scientific Publishing 2013
Print on Demand

ISBN 978-3-7315-0002-5

Modellgestützte Bedarfs- und Wirtschaftlichkeitsanalyse von Energiespeichern zur Integration erneuerbarer Energien in Deutschland

Zur Erlangung des akademischen Grades eines
Doktors der Wirtschaftswissenschaften

(Dr. rer. pol.)

von der Fakultät für Wirtschaftswissenschaften
des Karlsruher Instituts für Technologie (KIT)

genehmigte

DISSERTATION

von

Dipl.-Phys. Fabio Genoese

Tag der Abgabe: 12. Oktober 2012
Tag der mündlichen Prüfung: 30. Januar 2013

Referent: apl. Prof. Dr. M. Wietschel
Korreferent: Prof. Dr. S. Nickel

Vorwort

Diese Arbeit ist im Rahmen meiner Projekt- und Forschungsaktivitäten am Fraunhofer Institut für System- und Innovationsforschung ISI in Karlsruhe entstanden.

Mein besonderer Dank gilt Herrn Prof. Dr. Martin Wietschel für die aktive und kollegiale Betreuung meiner Doktorarbeit. Des Weiteren danke ich Herrn Prof. Dr. Stefan Nickel für die Übernahme des Korreferats.

> *Angesichts von Hindernissen mag die kürzeste Linie zwischen*
> *zwei Punkten die krumme sein.*
> – BERTOLT BRECHT, LEBEN DES GALILEI, 1938

Längere Vorhaben zeichnen sich häufig dadurch aus, dass ihr Fortschritt einen unstetigen Verlauf aufweist. Nicht selten tritt man auf der Stelle – auch weil andere, parallel laufende Arbeiten kurzfristig höher priorisiert werden müssen. Zuweilen erlebt man Rückschläge, weil sich diese oder jene Idee im Nachhinein als unbrauchbar erweist. Und schließlich gibt es noch diese Phasen voller Tatendrang und voller guter neuer Ideen. Phasen, in denen fast alles gelingen will.

Mein herzlicher Dank gilt all denjenigen, die mich im Laufe dieser Arbeit auf ihre Weise unterstützt, inspiriert oder angetrieben haben und damit wesentlich zum Entstehen dieser Phasen beigetragen haben.

Man hat Arbeitskräfte gerufen, und es kamen Menschen.
– Max Frisch, Vorwort zu A. J. Seilers „Siamo italiani", 1965

Infine ringrazio i miei genitori Nella e Beniamino ed il mio fratello Massimo. Mi hanno insegnato che lavorare duro alle fine paga sempre. E che per arrivare fino in fondo oltre al duro lavoro ci vuole anche fiducia e certamente non devono mancare i momenti d'allegria. Non ho dubbi che questo modo di vedere le cose insieme al loro sostegno affettuoso mi abbia portato fino a qui. Grazie ancora.

Karlsruhe, im März 2013   *Fabio Genoese*

Inhaltsverzeichnis

1 Einleitung

1.1 Ausgangslage und Problemstellung

Der Übergang zu einem klimafreundlichen Energieversorgungssystem ist eines der zentralen Ziele deutscher und europäischer Energiepolitik. Es besteht eine weitgehende Einigkeit darüber, dass der Ausbau erneuerbarer Energien eine wichtige Voraussetzung für das Erreichen dieses Ziels ist, wobei der Stromsektor aufgrund seiner großen Ausbaupotenziale eine tragende Rolle spielen soll. Die Bundesregierung plant, den Anteil erneuerbarer Energien an der Stromerzeugung von heute ca. 20 % auf mindestens 50 % im Jahr 2030 und auf mindestens 80 % im Jahr 2050 zu steigern. Dieser Beitrag soll nach der derzeitigen Planung im Wesentlichen durch die Stromproduktion von Windkraftanlagen an Land und auf See sowie von Solarkraftanlagen geleistet werden.

Die große Herausforderung hierbei besteht darin, diese Stromproduktion in das Energiesystem zu integrieren. Aufgrund der Wetterabhängigkeit dieser Erzeugung muss auf ein sehr variables Angebot sowie auf Prognosefehler reagiert werden – im Energiesystem wird daher mehr Flexibilität benötigt werden (vgl. Weber, 2010; Connolly et al., 2012). Energiespeicher gelten gemeinhin als Schlüsseltechnologie, um zusätzliche Flexibilität bereitzustellen und die Integration fluktuierender Erzeugung zu erleichtern (vgl. Dell und Rand, 2001). Auch wenn in den vergangenen Jahren große Fortschritte bei Batteriespeichern erzielt wurden (vgl. Chen et al., 2009), besteht weiterhin Klärungsbedarf in der Frage, inwieweit ein wirtschaftlicher Betrieb dieser Systeme möglich ist. In bestehenden Studien wird der Fokus häufig auf dezentrale Anwendungen von Energiespeichern mit vergleichsweise niedrigen Leistungen vom Kilowatt- bis in den einstelligen Megawattbereich gelegt – bspw. werden der Betrieb von Speichern in Verbindung mit einem Windpark (vgl. Wolf et al., 2011; Hittinger et al., 2010; Castronuovo und Lopes, 2004; Korpaas et al., 2003) oder der Betrieb von Speichern in Inselsystemen (vgl. Kaldellis et al., 2010; Katsaprakakis et al., 2008) untersucht. Mögliche Kosten, Wirkungsgrade und andere technisch-wirtschaftliche Parameter einzelner Technologien fließen detailliert in die Untersuchungen über den optimalen Betrieb einer *einzelnen* Anlage sowie ihrer Auslegung ein (vgl. Connolly et al., 2011). Inwieweit die Analyseergebnisse auf großtechnische Energiespeicher und auf nationale Systeme übertragen werden können, ist unklar.

1.2 Zielsetzung und Lösungsweg

Ziel dieser Arbeit ist es, die technischen und ökonomischen Auswirkungen fluktuierender Stromerzeugung auf das deutsche Elektrizitätssystem quantitativ zu untersuchen sowie den Bedarf und die Wirtschaftlichkeit ausgewählter Energiespeichertechnologien bis zum Jahr 2030 zu analysieren. Zu diesem Zweck wird ein modellgestützter Untersuchungsansatz gewählt, wobei aus der Zielsetzung und aus der oben aufgezeigten Problemstellung folgende Anforderungen an die Untersuchungsmethodik gestellt werden:

- Abbildung des deutschen Elektrizitätssystems in hoher zeitlicher Auflösung

- Abbildung zentraler technischer und wirtschaftlicher Eigenschaften dieses Systems, insbesondere der Energiespeichertechnologien

- Berücksichtigung der technischen und wirtschaftlichen Implikationen einer zunehmend fluktuierenden Stromerzeugung bzw. einer zunehmend fluktuierenden Residuallast für die Einsatzplanung von thermischen Kraftwerken und Energiespeichern

Der folgende Lösungsweg wird zur Erreichung der Zielsetzung eingeschlagen:

Kapitel 2 gibt einen Überblick über relevante Rahmenbedingungen sowie über aktuelle Entwicklungen im Stromsektor. Im Fokus stehen dabei die gesetzlichen Bestimmungen für die Förderung erneuerbarer Energien, da sie der wesentliche Treiber für ihren schnellen Ausbau sind.

Anschließend werden in Kapitel 3 ausgewählte Energiespeichertechnologien vorgestellt und anhand ihrer technischen und wirtschaftlichen Eigenschaften verglichen. Im Vordergrund stehen dabei deren Wirkungsgrade und Flexibilitätseigenschaften sowie deren Investitionen. Die Erhebung entsprechender Daten ist eine zentrale Voraussetzung für eine adäquate Abbildung dieser Technologien in einem Modell. Teil dieses Kapitels ist zudem eine Analyse historischer Erlösmöglichkeiten von Energiespeichern am Strommarkt sowie eine Charakterisierung fluktuierender Stromzeugung anhand statistischer Kennzahlen. Hieraus werden konkrete Anwendungsgebiete für Energiespeicher abgeleitet.

Aus den gesetzlichen Rahmenbedingungen, den Eigenschaften der Speichertechnologien sowie der Charakteristika der Fluktuationen werden in Kapitel 4 Anforderungen abgeleitet, die ein Modell erfüllen muss, um die eingangs gestellte Fragestellung zu bearbeiten. Bestehende Modellierungsansätze werden vorgestellt, klassifiziert und auf Defizite untersucht, um den notwendigen Forschungsbedarf aufzuzeigen. Anschließend wird ein Modellierungsansatz ausgewählt, der in dieser Arbeit umgesetzt wird.

Das im Rahmen dieser Forschungsarbeit entwickelte agentenbasierte Simulationsmodell des deutschen Strommarktes wird in Kapitel 5 beschrieben. Nach einem kurzen Überblick über die Modellstruktur und die wesentlichen Simulationsschritte im Modell wird auf die mathematische Formulierung der in die Simulation integrierten Optimierungsverfahren, auf die technischen Restriktionen bei der Einsatzplanung von thermischen Kraftwerken und Energiespeichern sowie auf die konkrete Modellierung der abgebildeten Märkte und Marktteilnehmer eingegangen. Im letzten Teil des

3

Kapitels wird das entwickelte Modell anhand historischer Daten validiert. Zudem werden – bei gleicher Datenbasis – die Validierungsergebnisse alternativer Ansätze (agentenbasiertes Simulationsmodell ohne integrierte Optimierungsverfahren, reines Optimierungsmodell) den Validierungsergebnissen des im Rahmen dieser Arbeit entwickelten Modells gegenübergestellt.

In Kapitel 6 wird das Modell angewendet, um den Bedarf und die Wirtschaftlichkeit ausgewählter Energiespeichertechnologien im zukünftigen Energiesystem zu analysieren. Hierzu werden zunächst Studien untersucht, in denen Prognosen für die langfristigen Rahmenannahmen des deutschen Energiesystems veröffentlicht wurden. Hierzu zählen insbesondere Annahmen bzgl. der Energieträgerpreise sowie des Ausbaus erneuerbarer Energien. Aus den Studien werden zwei mögliche Szenarien abgeleitet, die eine moderate und eine ambitionierte Entwicklung hinsichtlich des Beitrags erneuerbarer Energien beschreiben. Die resultierende Residuallast der beiden Szenarien wird anhand statistischer Kennzahlen und mithilfe der Fourieranalyse charakterisiert, um die Auswirkungen verstärkter Fluktuationen aufzuzeigen. Anschließend werden Simulationen für das Jahr 2020 und 2030 durchgeführt, wobei in Variationsrechnungen der Effekt zusätzlicher Speicherinvestitionen quantifiziert wird.

Zentrale Schlussfolgerungen aus den Simulationsrechnungen werden in Kapitel 7 erarbeitet. An dieser Stelle erfolgt zudem eine kritische Würdigung des Modells. Das Kapitel endet mit einem Ausblick auf weitere mögliche Anwendungsfelder und dafür notwendige Erweiterungen des Modells.

Eine Zusammenfassung der Arbeit findet sich schließlich in Kapitel 8.

2 Rahmenbedingungen und Entwicklungen in der Elektrizitätswirtschaft

2.1 Gesetzliche Rahmenbedingungen im Stromsektor

2.1.1 Liberalisierung des Stromsektors

Vor Beginn der Liberalisierung des Stromsektors waren es vertikal integrierte Verbundunternehmen, die in einem Versorgungsgebiet für die gesamte Wertschöpfungskette von der Erzeugung bis zur Übertragung und Verteilung von Elektrizität zuständig waren. Die Gebietsgrenzen waren in gegenseitigen Demarkationsverträgen sowie in Konzessionsverträgen zwischen Versorgern und Gemeinden festgelegt. Innerhalb eines Versorgungsgebiets war genau ein Versorger tätig, d. h. für einen Endverbraucher war es nicht möglich, zu einem anderen Lieferanten zu wechseln; es handelte sich um Gebietsmonopole (vgl. Genoese, 2010, S. 27). Dieser Zustand ist darauf zurückzuführen, dass vor Beginn der 1990er Jahre die gesamte Stromversorgung als natürliches Monopol angesehen wurde (vgl. Hunt, 2002, S. 24f.). Nach der klassischen ökonomischen Definition liegt ein natürliches Monopol vor, wenn die gesamte Nachfrage eines Markts durch ein einziges Unternehmen zu niedrigeren Kosten gedeckt werden kann als durch zwei oder mehrere Unternehmen (vgl. Mankiw und Taylor, 2008, S. 353). Ein Bedarf an staatlicher Regulierung besteht nach der Theorie der anfechtbaren Märkte, wenn außerdem der Markteintritt für Wettbewerber mit außergewöhnlich hohen Kosten verbunden ist (vgl. Wietschel, 2000, S. 72). Hierzu zählen bspw. die Kosten für den Aufbau einer Infrastruktur. In der Elektrizitätswirtschaft trifft dies auf den Bereich der Stromübertragung und -verteilung zu, da die Kosten, die beim Bau von Leitungen und

5

Netzen anfallen, irreversibel sind, nicht aber auf den Bereich der Stromerzeugung (vgl. Wawer, 2007, S. 5).

Im Jahr 1996 einigten sich Wirtschafts- und Energieminister der Europäischen Union auf eine Richtlinie zur Liberalisierung des Stromsektors[1]. Ziel war es, einen europäischen Binnenmarkt für Elektrizität zu schaffen, mehr Wettbewerb zu erzeugen und dadurch eine Senkung der Endverbraucherpreise zu erreichen. Die EU-Richtlinie trat Anfang 1997 in Kraft und sollte innerhalb von zwei Jahren in nationales Recht umgesetzt werden. In Deutschland trat zu diesem Zweck im April 1998 das EnWRNG[2] in Kraft. In Artikel 1 des EnWRNG wurde das EnWG[3] eingeführt, das gemäß § 1 „eine möglichst sichere, preisgünstige und umweltverträgliche leitungsgebundene Versorgung mit Elektrizität und Gas im Interesse der Allgemeinheit" sicherstellen soll. Diese drei Ziele werden vielfach als energiepolitisches Zieldreieck bezeichnet. Zudem regelte das EnWG von 1998 die buchhalterische Entflechtung der Wertschöpfungskette. In der Folge teilten sich die Verbundunternehmen in mehrere Einzelgesellschaften unter dem Dach einer Holding auf. Typischerweise gibt es Gesellschaften für die Erzeugung, den Vertrieb, die Verteilung und den Handel von Elektrizität. Den Handelsgesellschaften fällt die Aufgabe zu, den für den Vertrieb benötigten Strom kostenminimal zu beschaffen. Neben einer konzerninternen Erzeugung kommen auch externe Bezugsquellen in Frage. Dies führte zur Entstehung zentraler Handelsplätze wie bspw. Strombörsen (vgl. Abschnitt 2.2.1). Im Netzbereich ließ die EU-Richtlinie den Nationalstaaten ursprünglich die freie Wahl zwischen einem regulierten und einem verhandelten Zugang zum Stromnetz. Als einziges Land entschied sich Deutschland für das Modell des verhandelten Zugangs (vgl. § 6 EnWG 1998). Akteure des Elektrizitätssektors regelten in sogenannten „Verbändeverein-

---

[1] vgl. EU-Richtlinie 96/92/EG in der Fassung der Bekanntmachung vom 30.01.1997 (Amtsblatt Nr. L 027)

[2] Gesetz zur Neuregelung des Energiewirtschaftsrechts in der Fassung der Bekanntmachung vom 24.04.1998 (BGBl. I S. 730)

[3] Gesetz über die Elektrizitäts- und Gasversorgung (Energiewirtschaftsgesetz) in der Fassung der Bekanntmachung vom 24.04.1998 (BGBl. I S. 730)

barungen" die Zugangsbedingungen und die Preise für den Zugang zum Netz. Die zuständige Regulierungsbehörde sollte lediglich überprüfen, ob der jeweilige Netzbetreiber Dritten zu den gleichen Bedingungen Zugang gewährte wie den über die Holding assoziierten Unternehmen. Eine neue Richtlinie über die gemeinsamen Vorschriften für den Elektrizitätsbinnenmarkt[4] schaffte im Jahr 2003 die Wahlmöglichkeit zwischen diesen Modellen ab. In Deutschland wurde diese Vorgabe mit der Novelle des EnWRNG[5] im Jahr 2005 umgesetzt. Zugangsbedingungen und Nutzungsentgelte unterliegen seitdem einer direkten Genehmigungspflicht durch die Bundesnetzagentur als nationale Regulierungsbehörde. Zudem kann die Behörde ermächtigt werden, Ausführungsverordnungen zu erlassen, um allgemein gehaltene Gesetzesregeln zu konkretisieren oder zu verändern.

In Folge dieser Vielzahl struktureller Veränderungen haben sich zahlreiche Möglichkeiten für neue Vertriebswege ergeben. Zudem ist – trotz vieler Fusionen vor allem auf regionaler Ebene – die Anzahl der Akteure im Energiesektor seit Beginn der Liberalisierung nach Angaben des Bundesverbands der Energie- und Wasserwirtschaft e.V. (BDEW) stark angestiegen (vgl. BDEW, 2010, S. 32). Im Stromsektor betrug die Anzahl aktiver Unternehmen im Jahr 2006 1.100 (siehe VDEW, 2006, S. 18); im gesamten Energiesektor waren im Jahr 2010 nach Angaben des BDEW knapp 1.700 Unternehmen aktiv. Im Wesentlichen sind dies Händler, Lieferanten, Netzbetreiber und Erzeuger. In jeder dieser vier Gruppen findet man sehr heterogene Unternehmen vor. Erzeuger unterscheiden sich vor allem bzgl. ihres Portfolios, das bspw. in einem Fall einen großen Anteil an Braunkohlekraftwerken haben und im anderen Fall hauptsächlich aus Gaskraftwerken bestehen kann. Im Hinblick auf die Bewertung von Energiespeichern erscheint es daher unersetzlich, den Nutzen eines Speichers aus der Sicht verschiedener Akteure zu analysieren.

---

[4]vgl. EU-Richtlinie 2003/54/EG in der Fassung der Bekanntmachung vom 15.07.2003 (Amtsblatt Nr. L 176)
[5]Zweites Gesetz zur Neuregelung des Energiewirtschaftsrechts in der Fassung der Bekanntmachung vom 07.07.2005 (BGBl. I S. 1970)

2.1.2 Förderung der Stromgewinnung aus erneuerbaren Energien

Die Steigerung des Beitrags regenerativer Energiequellen zur Deckung der Energienachfrage ist ein ausgewiesenes Ziel der EU-Politik. Bereits im September 2001 wurde eine Richtlinie „zur Förderung der Stromerzeugung aus erneuerbaren Energiequellen im Elektrizitätsbinnenmarkt" verabschiedet[6]. Von damals 14 % sollte der Anteil regenerativer Erzeugung im Stromsektor bis 2010 auf 22 % gesteigert werden. Die zu erreichenden Anteile wurden auf die einzelnen Staaten heruntergebrochen. So sollte bspw. Deutschland den Anteil auf mindestens 12,5 % steigern, was bereits 2007 gelungen ist. Im Jahr 2009 wurden die Ziele bis zum Jahr 2020 fortgeschrieben[7]. EU-weit soll der Beitrag regenerativer Erzeugung zur Deckung des Endenergiebedarfs auf 20 % gesteigert werden. Sektorspezifische Ziele wurden nicht festgelegt, dies bleibt den EU-Mitgliedsstaaten bei der Umsetzung in nationales Recht überlassen.

Zum gegenwärtigen Zeitpunkt weisen regenerative Energietechnologien i. d. R. höhere spezifische Stromgestehungskosten auf als konventionelle Kraftwerkstechnologien. Für die Umsetzung der energiepolitischen Ziele wurden daher Förderinstrumente entwickelt, um diese Mehrkosten auszugleichen. In Europa sind Modelle mit einer (festen) Einspeisevergütung und Quoten- bzw. Zertifikatssysteme am weitesten verbreitet (vgl. Held, 2011, S. 12f.). Modelle mit Einspeisetarifen zeichnen sich durch eine feste Vergütung aus, die ein Betreiber von Ökostromanlagen für jede produzierte Kilowattstunde erhält. Eine leicht abgewandelte Variante hiervon ist das Marktprämienmodell, bei dem der Betreiber zusätzlich zum Marktpreis eine festgelegte Vergütung (sogenannte Prämie) erhält. Im Quotenmodell verkauft der Anlagenbetreiber den Strom zu marktüblichen Preisen. Die

---

[6]vgl. EU-Richtlinie 2001/77/EG in der Fassung der Bekanntmachung vom 27.10.2001 (Amtsblatt Nr. L 283)

[7]vgl. EU-Richtlinie 2009/28/EG in der Fassung der Bekanntmachung vom 05.06.2009 (Amtsblatt Nr. L 140)

Abbildung 2.1: Kapazitäten erneuerbarer Energien (1990–2010)

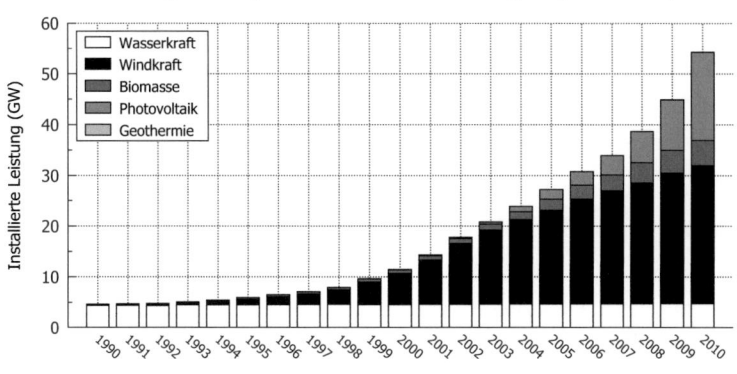

Mehrkosten der Produktion werden durch den Verkauf sogenannter grüner Zertifikate ausgeglichen, die der Betreiber für die Produktion regenerativen Stroms erhält und verkaufen kann. Eine vorgegebene Grünstromquote induziert eine Nachfrage nach diesen Zertifikaten, da ein gewisser Teil der Stromnachfrage durch regenerative Quellen gedeckt werden muss. Versorger oder größere Stromverbraucher müssen deshalb diese Zertifikate erwerben, um ihre Quote zu erfüllen.

In einem Zwischenbericht stellte die EU-Kommission 2005 fest, dass die Mehrzahl der EU-15-Staaten auf das Modell mit Einspeisevergütungen setze (vgl. EU-Kommission, 2005, S. 25). Zudem liege das Kostenniveau der Förderung in Staaten mit einem Quotensystem höher als in Staaten mit einer Einspeisevergütung. Dies sei auf die Unsicherheiten bei der Vermarktung grüner Zertifikate zurückzuführen. Daher würden Investoren einen höheren Risikozuschlag einfordern, was sich auf die Förderkosten auswirke (vgl. EU-Kommission, 2005, S. 31). In Deutschland gab es bereits im Jahr 1991 gesetzliche Regelungen zur Förderung der Stromgewinnung aus regenerativen Quellen. Das StromEinspG[8] schrieb für regenerativen Strom eine

---

[8]Gesetz über die Einspeisung von Strom aus erneuerbaren Energien in das öffentliche Netz (Stromeinspeisungsgesetz) in der Fassung der Bekanntmachung vom 07.12.1990 (BGBl. I S. 2633)

Tabelle 2.1: Entwicklung der EEG-Vergütung (Quelle: BMU, 2011b)

	2000	2004	2006	2008	2010
Mittl. Vergütung (ct/kWh)	8,50	9,29	10,88	12,25	15,86
Gesamtvergütung (Mrd. €)	0,88	3,61	5,81	9,02	13,18

Vergütung und eine Abnahmepflicht seitens der Energieversorger vor. Die Vergütung war an die Höhe der Strompreise gekoppelt, so dass hauptsächlich bereits entwickelte Technologien wie die Wasserkraft von dieser Regelung profitierten. Dies änderte sich erst im Jahr 2000, als die rot-grüne Bundesregierung unter Gerhard Schröder das Gesetz grundlegend überarbeitete. Im EEG 2000[9] wurden die Sätze für die bis dahin weniger konkurrenzfähigen Technologien – insbesondere Solarenergie und Geothermie – stark erhöht. Die Vergütungssätze wurden für mehrere Jahre festgeschrieben, um Investitionssicherheit zu schaffen. Gleichzeitig wurde auf eine degressive Vergütung umgestellt, d. h. die Vergütungssätze für neue Anlagen sinken jährlich um ein bis zwei Prozent, um Innovationsdruck auszuüben. Zusätzlich zur automatischen Degression wurden die Einspeisetarife für Neuanlagen in Gesetzesnovellen (EEG 2004[10], EEG 2008[11]) angepasst. Die Kosten der Förderung wirken sich nicht auf den Bundeshaushalt aus, da sie direkt auf alle Stromkunden umgelegt werden. Diese sogenannte EEG-Umlage betrug im Jahr 2011 3,53 ct/kWh und machte nach Angaben von Brachvogel (2011) einen Anteil von etwa 14 % am Strompreis eines durchschnittlichen Haushalts aus. Tabelle 2.1 gibt eine Übersicht über die Entwicklung der Durchschnitts- und Gesamtvergütung. Die historische Entwicklung der Erzeugungskapazitäten verdeutlicht den Erfolg dieses Förderinstruments: Die Gesamtleistung ist seit Einführung des EEG um 44 GW auf knapp 56 GW angestiegen (siehe Abbildung 2.1). Zudem setzt inzwischen der

---

[9]Gesetz für den Vorrang Erneuerbarer Energien (Erneuerbare-Energien-Gesetz) in der Fassung der Bekanntmachung vom 29.03.2000 (BGBl. I S. 305)

[10]EEG in der Fassung der Bekanntmachung vom 31.07.2004 (BGBl. I S. 1918)

[11]EEG in der Fassung der Bekanntmachung vom 25.10.2008 (BGBl. I S. 2074)

größte Teil der EU-Mitgliedsstaaten auf dieses Fördermodell mit einer festen Einspeisevergütung. Herausforderungen ergeben sich bei dieser Art der Förderung vor allem in der Marktintegration der produzierten Strommenge. Die feste, zeitinvariante Vergütung macht es unmöglich zu signalisieren, dass Strom in gewissen Zeiten mehr oder weniger wert ist. Dieser Umstand wird in Abschnitt 2.2.2 diskutiert, auch im Hinblick darauf, wie Alternativen aussehen könnten und welche Rolle Energiespeicher dabei spielen.

2.1.3 Einführung des EU-Emissionshandels

Eine weitere signifikante Veränderung der gesetzlichen Rahmenbedingungen im Stromsektor erfolgte im Jahr 2005 durch die Einführung des EU-Emissionshandels. Dieser soll dazu beitragen, dass die im Rahmen der EU beschlossenen Reduktionsziele[12] für die Emission von Treibhausgasen möglichst kosteneffizient erreicht werden (vgl. EU-Kommission, 2000, S. 4). Statt eine Steuer auf Emissionen einzuführen, verfolgt man den Ansatz des sogenannten „Cap and Trade". Hierzu wird zunächst eine Menge an Schadstoffen (bspw. Kohlenstoffdioxid oder Methan) festgelegt, die innerhalb eines gewissen Zeitraums maximal in bestimmten Sektoren oder Ländern emittiert werden darf. Entsprechend dieser Obergrenze werden anschließend Zertifikate verteilt, die zum Ausstoß einer festgelegten Menge an Schadstoffen berechtigt. Die maximale Menge („Cap") wird im Laufe der Jahre schrittweise gesenkt, um eine Emissionsminderung zu erreichen. Dadurch, dass die Zertifikate frei handelbar („Trade") sind, bildet sich durch Selbstorganisation ein Preis für die Emission von Schadstoffen. Investitionen in effizientere Anlagen oder Prozesse, mit denen sich Emissionen senken oder vermeiden lassen, werden durchgeführt, wenn die Vermeidungskosten unterhalb des Zertifikatepreises liegen[13]. Akteure mit

---

[12]Zum Hintergrund der Emissionsreduktionsverpflichtungen im Rahmen des Kyoto-Protokolls vgl. Genoese (2010, S. 46 ff.)

[13]Eine weitere zentrale Voraussetzung ist, dass dieser Zusammenhang den gesamten Amortisationszeitraum über andauert. Hier besteht aufgrund der hohen Volatilität der CO_2-Preise eine große Unsicherheit.

niedrigen Vermeidungskosten sind in einem Emissionshandelssystem die Verkäufer von Zertifikaten. Umgekehrt kaufen Akteure mit hohen Vermeidungskosten Zertifikate zu. Dieses Handelssystem wurde zuerst von Dales (1968) zur Verminderung der Gewässerverschmutzung durch Industrieanlagen vorgeschlagen.

Die rechtliche Grundlage auf europäischer Ebene bildet die Richtlinie[14] über ein „System für den Handel mit Treibhausgasemissionszertifikaten in der Gemeinschaft" aus dem Jahr 2003. Sie wurde 2004 mit dem TEHG[15], das ein Jahr später in Kraft trat, in nationales Recht umgesetzt. Das Gesetz sieht vor, dass für alle Anlagen aus den Bereichen der Energieumwandlung, der Eisenmetallerzeugung und -verarbeitung, der mineralölverarbeitenden Industrie sowie der Holzstoff-, Zellstoff und Papierindustrie mit einer Feuerungsleistung von mindestens 20 MW_{th} die entstehenden Treibhausgase erfasst und den zuständigen Behörden gemeldet werden müssen. Der Anlagenbetreiber muss spätestens bis zum 30. April des folgenden Jahres Zertifikate für die ausgestoßenen Treibhausgase einreichen. Gemessen werden die Emissionen in Tonnen Kohlenstoffdioxidäquivalenten. Übersteigen die realen Emissionen die durch Zertifikate berechtigten, müssen Strafzahlungen in Höhe von 40 €/t (Handelsperiode von 2005 bis 2007) bzw. 100 €/t (Handelsperiode von 2008 bis 2012) geleistet werden.

Kernfragen bei der Ausgestaltung des Handelssystems sind zum einen die Art der Vergabe von Zertifikaten und zum anderen der Übergang zwischen Handelsperioden. Für die ersten beiden Handelsperioden wurde nach Artikel 10 2003/87/EG eine zum größten Teil kostenlose Vergabe vorgegeben: Maximal fünf bzw. zehn Prozent der Zertifikate sollten versteigert werden. Die Menge orientierte sich dabei an den historischen Emissionen einer Anlage (sogenanntes *Grandfathering*). Da die Zertifikate trotz der kosten-

---

[14]vgl. EU-Richtlinie 2003/87/EG in der Fassung der Bekanntmachung vom 25.10.2003 (Amtsblatt Nr. L 275)

[15]Gesetz über den Handel mit Berechtigungen zur Emission von Treibhausgasen (Treibhausgas-Emissionshandelsgesetz) in der Fassung der Bekanntmachung vom 08.07.2004 (BGBl. I S. 1578)

losen Zuteilung einen Wert besaßen, führte dies insbesondere im Stromsektor zu Zusatzgewinnen in Milliardenhöhe: Die Opportunitätskosten der
Zertifikate – d. h. entgangene Gewinne aus nicht getätigten Verkäufen –
wurden (teilweise) eingepreist und an den Endverbraucher weitergegeben
(vgl. Sijm et al., 2006). Mit Beginn der dritten Handelsperiode[16] müssen
die Stromproduzenten benötigte Zertifikate ersteigern oder bei Bedarf zu
einem späteren Zeitpunkt zukaufen. Für die anderen Sektoren gibt es eine
Übergangsphase: Der Anteil der auktionierten Zertifikate wird schrittweise
erhöht und soll im Jahr 2020 70 % betragen. Bei den kostenlosen Zutei-
lungen orientiert sich die zugeteilte Menge nicht mehr an den historischen
Emissionen einer Anlage sondern am technischen Standard des Anlagen-
typs (Prinzip der bestverfügbaren Technologie). Bei den Übergängen zwischen der ersten und zweiten Handelsperiode konnten keine Zertifikate aus
der alten in die neue Periode übertragen werden. In Verbindung mit der
eher großzügigen Zuteilung in der ersten Periode führte dies zur Auswahl
ineffizienter CO_2-Vermeidungsstrategien (vgl. Schleich et al., 2006) und zu
CO_2-Preisen von 0 €/t am Ende der Handelsperiode. Um eine Wiederho-
lung dieser Effekte zu vermeiden, können Zertifikate aus der zweiten in
die dritte Handelsperiode übertragen werden (sogenanntes *Banking*). Das
EU-Emissionshandelssystem (ETS) sieht zudem vor, dass EU-Staaten die
in Entwicklungsländern realisierten Emissionsminderungsprojekte für ihre eigenen Verpflichtungen anrechnen lassen können (sogenannter *Clean
Development Mechanism* (CDM)). Für jede vermiedene Tonne CO_2 in einem Entwicklungsland wird eine zertifizierte Emissionsreduktion[17] gutge-
schrieben, die den gleichen Wert wie ein Zertifikat aus dem europäischen
Emissionshandel hat[18]. Für den Import von CERs ins EU-Handelssystem
existiert zwar eine Obergrenze; der bis vor kurzem dafür diskutierte Wert

---

[16]vgl. EU-Richtlinie 2009/29/EG in der Fassung der Bekanntmachung vom 05.06.2009
(Amtsblatt Nr. L 140)

[17]Certified Emission Reduction (CER)

[18]Der Preis für ein CER liegt allerdings typischerweise unter dem Preis eines regulären Zer-
tifikats, da es Unsicherheiten bzgl. seiner Anrechenbarkeit gibt. Diese Unsicherheit wird in
Form einer Risikoprämie eingepreist.

lag jedoch so hoch, dass „der größte Teil der Emissionsminderung (..) von deutschen Anlagenbetreibern nicht mehr innerhalb der EU erbracht werden müsste" (siehe Matthes, 2008, S. 3). Eine aktuelle Regelung sieht vor, dass in der dritten Handelsperiode (2013–2020) lediglich CERs im Wert von bis zu 300 Millionen Tonnen CO_2 ins ETS eingeführt werden dürfen (vgl. Nantke, 2012).

Emissionsminderungsziele spielen für die Bewertung von Energiespeichern eine wichtige Rolle. Bei hohen Minderungszielen und daraus resultierenden hohen CO_2-Preisen wird bspw. die Option, überschüssigen Windstrom einzuspeichern statt ihn abzuregeln, wirtschaftlich attraktiver, da mit diesem Strom zu einem späteren Zeitpunkt Phasen geringer Ökostromproduktion emissionsfrei überbrückt werden können. Diese Betrachtungen fließen in die modellgestützte Analyse zur Bewertung von Energiespeichern ein. Aus den hier vorgestellten gesetzlichen Rahmenbedingungen des EU-Emissionshandels wird ersichtlich, dass dieser nicht nur den Stromsektor sondern auch weitere Sektoren betrifft und von den dortigen Akteuren ebenso beeinflusst wird wie von denen aus dem Elektrizitätsbereich. Zudem gibt es über den CDM Verknüpfungen und Abhängigkeiten zu Ländern außerhalb Europas. Im Rahmen eines Strommarktmodells mit engen geographischen Grenzen ist die Abbildung eines CO_2-Markts daher nur unvollständig möglich. Zweckmäßiger erscheint in solch einem Fall die Vorgabe von CO_2-Preisen.

2.2 Rahmenbedingungen für den Stromhandel

2.2.1 Handelsplätze für die Vermarktung von Elektrizität

Die Liberalisierung des Stromsektors hat zur Entstehung einer Vielzahl von neuen Marktplätzen für den Stromhandel geführt. Auch die Bereitstellung von Systemdienstleistungen wie Regelleistung muss transparent und marktorientiert organisiert werden. Abbildung 2.2 gibt einen Überblick über wichtige Marktplätze und den zeitlichen Ablauf der Marktgeschehnis-

Abbildung 2.2: Marktplätze für den Stromhandel

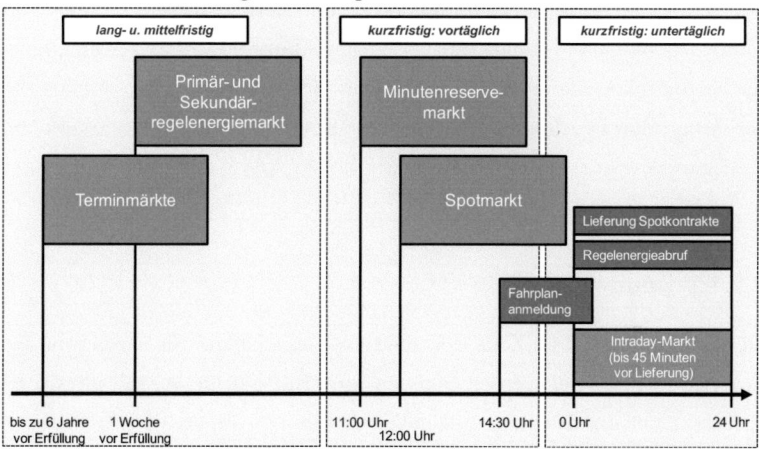

se. Energiespeicher können grundsätzlich an all diesen Märkten vermarktet werden. Vereinzelt sind Technologien ausgeschlossen, wenn sie bestimmte Anforderungen nicht erfüllen (vgl. Abschnitt 3.2). Die „European Energy Exchange" (EEX) ist der wichtigste Marktplatz für Strom und Energie im Allgemeinen in Deutschland. Betreibergesellschaft der Börse ist die EEX AG, ein Unternehmen mit Sitz in Leipzig. Sie bietet verschiedene Handelsplätze für Strom – u. a. einen Termin-, Spot- und Intraday-Markt – sowie für Steinkohle, Erdgas und CO_2-Zertifikate. Im Jahr 2009 wurden die Marktplätze für Strom ausgelagert und in das neue Unternehmen EPEX Spot SE überführt, das zu je 50 % der französischen Powernext SA und der EEX AG gehört.

2.2.1.1 Terminmarkt

Transaktionen am Terminmarkt dienen der langfristigen Absicherung gegenüber Preisrisiken. Am Terminmarkt der EEX können Kontrakte mit einem Erfüllungszeitpunkt abgeschlossen werden, der bis zu sechs Jahre in der Zukunft liegen kann. Gehandelt werden Futures (unbedingte Termingeschäfte), die entweder physisch oder finanziell erfüllt werden können und auf Zeitblöcke der EEX standardisiert sind[19]. Zudem können Optionen auf Futures gehandelt werden. Bei der Vermarktung von EEG-Strom spielen die Terminmärkte keine Rolle, sie wurden deshalb bei den im Rahmen dieser Arbeit durchgeführten Analysen zur Bewertung von Energiespeichern in einem Stromversorgungssystem mit hohen Anteilen erneuerbarer Energien nicht weiter berücksichtigt.

2.2.1.2 Spotmarkt

Der Spotmarkt der EEX ist der zentrale Handelsplatz für Stromprodukte in Deutschland. Hier werden Stunden- und Blockkontrakte mit physischer Erfüllung für den Folgetag gehandelt. Jeden Tag um zwölf Uhr findet eine zweiseitige, geschlossene Auktion statt. Anbieter und Nachfrager geben Gebote im Preisintervall von -3.000 €/MWh bis +3.000 €/MWh ab. Die Mindestangebotsgröße beträgt 0,1 MWh. Der Auktionator legt nach dem Ende der Auktion einen einheitlichen Markträumungspreis fest, der sich aus dem Schnittpunkt der aggregierten Angebots- und Nachfragekurve ergibt und für alle Teilnehmer identisch ist (Einheitspreisauktion). Wenn der Markträumungspreis für eine oder mehrere Stunden unterhalb von -150 €/MWh oder oberhalb von 500 €/MWh liegt, wird zu einer zweiten Auktion aufgerufen (vgl. Katrin Berken, 2009). Die Handelsteilnehmer erhalten dadurch die Gelegenheit, ihre Gebote zu überprüfen und ggf. anzupassen, indem sie Preislimits (neu) setzen. Nach Angaben der EPEX Spot handelt es sich um einen Schutzmechanismus, um zu verhindern, dass nachlässig erstellte, preisunlimitierte Gebote zu extremen Preisen führen. Wenn ein Angebotsüberhang[20] oder ein Nachfrageüberhang[21] vorliegt,

---

[19] bspw. „base": 0–24 Uhr, „peak": 8–20 Uhr werktags
[20] Ein Angebotsüberhang liegt vor, wenn das preisunlimitierte Angebot die Nachfrage übersteigt.
[21] Ein Nachfrageüberhang liegt vor, wenn die preisunlimitierte Nachfrage das Angebot übersteigt.

wird eine Zuteilung pro rata[22] vorgenommen (vgl. Viehmann und Sämisch, 2009). Die Marktergebnisse vergangener Jahre werden im Rahmen der Bestimmung historischer Speichererlöse am Spotmarkt (siehe Abschnitt 3.2.5.2) und der Modellvalidierung (siehe Abschnitt 5.8) ausführlich diskutiert. Im Jahr 2007 wurden etwa 123 TWh Strom am Spotmarkt gehandelt, was knapp 22 % der gesamtdeutschen Nachfrage entspricht (siehe Weber, 2010). Durch regulatorische Änderungen bei der Vermarktung von EEG-Strom[23] ist die am Spotmarkt gehandelte Strommenge in den von 2007 bis 2011 signifikant um 82 % angestiegen und lag im vergangenen Jahr bei 224 TWh. Der größere Teil der Nachfrage wird allerdings weiterhin auf anderen Marktplätzen gehandelt. Der Spotmarkt dient eher der kurzfristigen Optimierung des Portfolios. Dennoch ist das Ergebnis der Spotmarktauktion der zentrale Referenzpreis für mittel- und langfristige börsliche und außerbörsliche Stromverträge, wie bspw. Frontier Economics Europe (2011, S. 101) im Oktober 2011 in einem Gutachten für die Bundesnetzagentur feststellten. Die Vorgänge am Spotmarkt stehen deshalb im Vordergrund der im Rahmen dieser Arbeit durchgeführten Analysen zur Bewertung von Energiespeichern.

2.2.1.3 Intraday-Markt

Im Intraday-Markt der EEX können Marktteilnehmer bis 45 Minuten vor Lieferung Stromkontrakte für die einzelnen Stunden des laufenden Tages handeln. Es handelt sich um eine kontinuierliche Auktion, d. h. es können durchgängig Gebote abgegeben werden. Eine Transaktion findet statt, sobald ein Marktakteur einen Gegenpart gefunden hat. Der Intraday-Handel dient der Korrektur von Fahrplanabweichungen, die bspw. durch Fehler in der Verbrauchsprognose oder durch Kraftwerksausfälle zustande kommen

---

[22]Liegt bspw. ein Nachfrageüberhang vor, erhalten die Nachfrager nur einen gewissen Anteil ihrer nachgefragten Menge. Dieser Anteil ist für alle Betroffenen gleich hoch.
[23]siehe Abschnitt 2.2.2

können. Nach § 4 Abs. 2 der StromNZV[24] sind alle Bilanzkreisbetreiber „für eine ausgeglichene Bilanz zwischen Einspeisungen und Entnahmen in einem Bilanzkreis" verantwortlich. Fahrplanabweichungen, die nicht durch untertäglichen Handel ausgeglichen werden können, werden vom Netzbetreiber durch die kostenpflichtige Lieferung von Ausgleichs- bzw. Regelenergie ausgeglichen[25]. Handel ist auf dem Intraday-Markt bislang nur eingeschränkt möglich, da seine Liquidität gering ist. Das Handelsvolumen betrug 2007 lediglich 1,4 TWh bzw. 0,3 % der Stromnachfrage (siehe Weber, 2010). Seit 2009 müssen Übertragungsnetzbetreiber Fahrplanabweichungen in ihrem EEG-Bilanzkreis, die bspw. aus Prognosefehlern der Windenergie resultieren, möglichst durch Intraday-Handel ausgleichen (vgl. Abschnitt 2.2.2). Dies hat zu einem deutlichen Anstieg der Liquidität geführt: Im vergangenen Jahr betrug das Handelsvolumen knapp 16 TWh bzw. 2,8 % der Stromnachfrage. Da es sich um eine kontinuierliche Auktion handelt, existiert kein Markträumungspreis für einzelne Stunden. Es kann zwar ein Durchschnittspreis über alle Transaktionen berechnet werden, die in einer Stunde getätigt worden sind. Allerdings besitzt dieser im Gegensatz zum Spotmarktpreis kaum Referenzkraft für andere Kontrakte.

2.2.1.4 Regelenergiemärkte

Die Vorhaltung von Regelleistung und die Bereitstellung von Regelenergie dient der Sicherung eines zuverlässigen Systembetriebs. Für diese sogenannten Systemdienstleistungen sind die Übertragungsnetzbetreiber verantwortlich. Im europäischen Netzverbund werden drei Qualitäten von Regelleistung unterschieden: Primär-, Sekundär- und Tertiärregelleistung[26]. Im Falle einer Frequenzstörung werden diese nacheinander aktiviert. Im Zuge der Liberalisierung und Entflechtung der ehemals vertikal integrierten

---

[24]Verordnung über den Zugang zu Elektrizitätsversorgungsnetzen (Stromnetzzugangsverordnung) in der Fassung der Bekanntmachung vom 28.07.2011 (BGBl. I S. 1634)

[25]Lediglich das Saldo der Fahrplanabweichungen aller Bilanzkreise wird physisch durch sogenannte Regelenergie ausgeglichen.

[26]Der Begriff Minutenreserve wird synonym dafür verwendet.

Tabelle 2.2: Bedingungen für Regelenergieauktionen (Quellen: BNetzA, 2010c,d,b)

	Primärregelung	Sekundärregelung	Tertiärregelung
Mindestgebot	1 MW	5 MW	5 MW
Inkrement	1 MW	1 MW	1 MW
Zyklus	wöchentlich	wöchentlich	täglich
Vergütung	Leistung	Leistung u. Arbeit	Leistung u. Arbeit
Richtung	pos. u. neg.	pos. od. neg.	pos. od. neg.
Zeitscheiben	1	2 á 12 h	6 á 4 h
Aktivierung	≤ 30 s	≤ 5 min	≤ 15 min
Abruf	autom., dezentral	autom., zentral	manuell

Energieversorger wurden schrittweise Märkte für die Vergabe dieser Leistungen geschaffen und vereinheitlicht (vgl. Swider und Ellersdorfer, 2005; Swider, 2007b; Genoese und Genoese, 2010). Die Übertragungsnetzbetreiber müssen ihren Bedarf an Regelleistung transparent und marktorientiert decken. Vorgaben dafür wurden gemäß § 27 Abs. 2 StromNZV von der Bundesnetzagentur gemacht: Der Bedarf für Minutenreserve muss seit Ende 2006 deutschlandweit ausgeschrieben werden (vgl. BNetzA, 2006), für Primär- und Sekundärregelenergie gilt dies seit Ende 2007 (vgl. BNetzA, 2007a,b).

Die Vergabe erfolgt durch Auktionierung. Dabei handelt es sich um einseitige, geschlossene Gebotspreisauktionen, die wöchentlich (Primär- und Sekundärregelung) bzw. täglich (Minutenreserve) stattfinden. Handelsteilnehmer müssen ein Gebotstripel abgeben, das aus der angebotenen Menge, seinem Leistungs- und seinem Arbeitspreis besteht. Der Leistungspreis – gemessen in €/MW – ist eine Vergütung dafür, dass die Leistung bereitgehalten wird, und wird ausbezahlt, wenn das Gebot angenommen wurde. Da die Auktionen für Regelleistung vor der Spotmarktauktion stattfinden, berücksichtigen die Anbieter die zu erwartenden Spotmarktpreise bzw. die zu erwartenden Gewinne aus Spotmarktgeschäften im Leistungspreisgebot

(Opportunitätskosten). Der Arbeitspreis – gemessen in €/MWh – wird ausbezahlt, wenn die vorgehaltene Leistung tatsächlich abgerufen wird. Die Kontrahierung von Regelleistung ist daher ein bedingtes Termingeschäft mit dem Leistungspreis als Optionspreis und dem Arbeitspreis als Ausübungspreis. Die Erteilung eines Gebotszuschlags erfolgt ohne Beachtung des Arbeitspreises lediglich basierend auf dem Leistungspreis. Die Unterschiede zwischen den Auktionen der einzelnen Typen von Regelenergie sind in Tabelle 2.2 zusammengefasst. Unterschiede gibt es v.a. in der Frequenz der Auktionen, der Mindestangebotsgröße und der Aktivierungsgeschwindigkeit. Bei der Primärregelung wird nur ein Leistungspreis vergütet, da gemäß Swider und Ellersdorfer, 2005 „bei den im Rahmen der Primärregelung laufend auszugleichenden Frequenzschwankungen eine differenzierte Abrechnung der anfallenden Regelarbeit zu erheblichen Transaktionskosten führen würde". Der zentrale Unterschied zu anderen Märkten, in denen Stromprodukte gehandelt werden, besteht darin, dass bereits die Bereitstellung von Leistung vergütet wird und nicht nur die Lieferung von Energie. Für Energiespeicher ist dies daher ein besonders interessanter Markt.

2.2.2 Vermarktung von Strom aus erneuerbaren Energien

Regenerativer Strom aus Anlagen, die über das EEG gefördert werden, müssen vom Netzbetreiber vorrangig abgenommen und eingespeist werden. Um eine unverhältnismäßige Belastung einzelner Netzbetreiber zu vermeiden, enthält das EEG Regelungen für einen sogenannten Ausgleichs- bzw. Wälzungsmechanismus, der die entstehenden Strommengen und finanziellen Belastungen gleichmäßig und verursachergerecht verteilen soll (siehe §§ 35–37 EEG 2008). Hauptkritikpunkt an dem ursprünglichen Mechanismus waren die hohen Kosten für die sogenannte Veredelung des EEG-Stroms. Die Netzbetreiber waren verpflichtet, monatlich konstante Erzeugungsbänder aus dem EEG-Strom zu erstellen und an die Vertriebsge-

Abbildung 2.3: Ausgleichsmechanismus des EEG

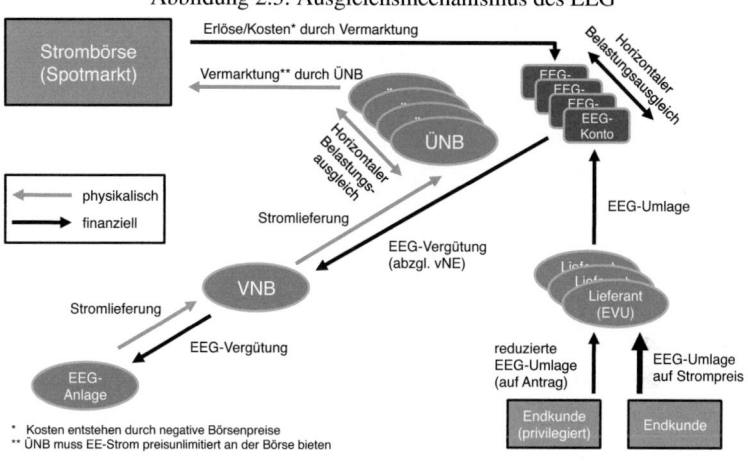

* Kosten entstehen durch negative Börsenpreise
** ÜNB muss EE-Strom preisunlimitiert an der Börse bieten

sellschaften zu liefern. Aufgrund der geringen Güte für Monatsprognosen fluktuierender Erzeugung mussten kontinuierlich Strommengen ver- oder zugekauft werden, um das Monatsband zu erhalten (vgl. Zander et al., 2004, S. 35 ff.). Auf Basis des § 64 Abs. 3 EEG 2008 erließ die Bundesregierung im Jahr 2009 die AusglMechV[27]. Durch diese wurde im Wälzungsmechanismus u. a. die Stufe der EEG-Veredelung abgeschafft und durch eine direkte Vermarktung an der Börse ersetzt. Die wesentlichen Schritte im aktuellen Wälzungsmechanismus sind in Abbildung 2.3 veranschaulicht. Der EEG-Strom des Anlagenbetreibers wird vom Verteilnetzbetreiber (VNB) vorrangig abgenommen und an den Übertragungsnetzbetreiber (ÜNB) weitergeleitet. Der EEG-Strom wird durch den VNB entsprechend des gesetzlich festgelegten Einspeisetarifs vergütet, wobei der ÜNB dem VNB diese Kosten abzüglich vermiedener Netznutzungsentgelte[28] (vNE) zurückerstattet. Anschließend erfolgt ein sogenannter horizontaler Belastungsausgleich

---

[27] Verordnung zur Weiterentwicklung des bundesweiten Ausgleichsmechanismus (Ausgleichsmechanismusverordnung) in Fassung der Bekanntmachung vom 17.07.2009 (BGBl. I S. 2101)

[28] Durch die Stromeinspeisung auf einer Netzebene, die näher bei den Verbrauchern liegt, wird Netznutzung vermieden.

zwischen den vier ÜNBs, d. h. die EEG-Strommengen und deren Förder-kosten werden anteilig zum Stromaufkommen in der Regelzone des je-weiligen ÜNB aufgeteilt. Die ÜNB sind verpflichtet, die Elektrizität ohne Preislimit am Spotmarkt der EEX zu vertreiben, um die vorrangige Einspei-sung auch marktseitig sicherzustellen[29]. Das Saldo aus Kosten und Erlösen wird auf alle Endkunden umgelegt (EEG-Umlage). Diese ist bundesweit für alle Endverbraucher identisch und betrug im Jahr 2011 3,53 ct/kWh.

Ausnahmen gibt es für stromintensive Betriebe, „um die Stromkosten die-ser Unternehmen zu senken und so ihre internationale und intermodale Wettbewerbsfähigkeit zu erhalten" (vgl. § 40 Abs. 1 EEG 2008).

Die Bundesnetzagentur hat als regulierende Behörde in der Vergangenheit immer wieder in diesen Prozess eingegriffen. So schrieb sie bspw. 2009 in einem Beschluss vor, dass Prognosefehler vorrangig durch Intraday-Handel ausgeglichen werden sollen (siehe BNetzA, 2009b). Die ursprünglich von den ÜNB vorgesehene Nutzung einer EEG-Reserve – vergleichbar mit der Minutenreserve, jedoch mit weniger strengen Anforderungen bzgl. der Ak-tivierungsgeschwindigkeit – wurde zurückgewiesen. Auf Grundlage des § 11 der AusglMechV erließ die Bundesnetzagentur im Jahr 2010 zudem die AusglMechAV[30]. Diese sieht u. a. vor, dass die ÜNB in Ausnahmefällen Preismlimits bei der Vermarktung von EEG-Strom setzen dürfen (vgl. § 8 Abs. 1 AusglMechAV 2010). So dürfen ÜNB für den Fall, dass eine zweite Auktion an der Strombörse angesetzt wird, weil der Markträumungspreis bei der ersten Auktion unter -150 €/MWh lag, preislimitierte Gebote er-stellen.

Ein Kritikpunkt am aktuellen Ausgleichsmechanismus ist, dass der EEG-Strom nicht mehr physisch vom Anlagenbetreiber zum Endkunden gewälzt wird. Der Endkunde wird zwar dadurch, dass sein Lieferant einen Teil der

---

[29]Da negative Preise an der Börse zugelassen sind, können beim Verkauf Kosten entstehen (vgl. Abschnitt 3.2.5.2).

[30]Verordnung zur Ausführung der Verordnung zur Weiterentwicklung des bundesweiten Aus-gleichsmechanismus (Ausgleichsmechanismus-Ausführungsverordnung) in der Fassung der Bekanntmachung vom 22.02.2010 (BGBl. I S. 134)

benötigten Elektrizität am Spotmarkt erwirbt, (auch) mit Grünstrom beliefert, jedoch wird nur ein Teil der Stromnachfrage am Spotmarkt gehandelt. Die Lieferanten sichern sich zusätzlich über den Terminmarkt und OTC-Geschäfte ab. Es ist unklar, wie gut dieser Mechanismus bei großen EEG-Strommengen funktionieren kann. Daher sind weitere Änderungen an den regulatorischen Rahmenbedingungen zu erwarten. Einige aktuelle Entwicklungen und Diskussionspunkte werden in Abschnitt 2.3 vorgestellt.

Für Energiespeicher gibt im derzeitigen Wälzungsmechanismus keine besonderen Regelungen: Sie werden wie andere Technologien behandelt, die Strom bereitstellen können. Dies bedeutet insbesondere, dass ÜNB keine eigenen Energiespeicher besitzen dürfen, weder zum Ausgleich von Prognosefehlern noch zur lokalen Entlastung der Stromnetze noch zur Verlagerung der Stromproduktion in diejenigen Stunden, in denen sie mehr wert ist. Der EEG-Anlagenbetreiber ist von diesem Verbot nicht betroffen. Allerdings besteht für ihn kein Anlass, in Energiespeicher zu investieren. Da er nicht für die Einhaltung eines Erzeugungsfahrplans zuständig ist, besteht für ihn kein Anreiz, gute Prognosen zu erstellen oder diese einzuhalten. Aufgrund der – verglichen mit den Großhandelsstrompreisen – relativ hohen Einspeisevergütung besteht wirtschaftlich gesehen extrem selten Grund, seine Produktion in rentablere Stunden zu verlagern. So überstieg der Börsenpreis im Jahr 2011 lediglich in 17 von 8.760 Stunden des Jahres die Einspeisevergütung von Windstromanlagen an Land (9,2 ct/kWh). Für andere wetterabhängige Erzeugungstechnologien lag die Einspeisevergütung durchgängig über den Börsenpreisen. Das Marktprämienmodell des EEG 2012 setzt neue Anreize zur Direktvermarktung. Die konkreten Rahmenbedingungen und die Auswirkungen auf den Einsatz von Energiespeichern werden in Abschnitt 2.3.1 diskutiert.

2.3 Aktuelle Entwicklungen im Stromsektor

2.3.1 Direktvermarktung erneuerbarer Energien mit einer Marktprämie

Die Möglichkeit der Direktvermarktung von Strom aus regenerativen Anlagen ist bereits seit 2009 gegeben (vgl. § 17 EEG 2008). In Sensfuß et al. (2011, S. 37 ff.) wurden bestehende EEG-Anlagen sowie deren Vergütung untersucht. Die Autoren stellten dabei fest, dass sich im Jahr 2008 nur ein geringer Anteil der Anlagen in dem Segment der Einspeisevergütung befand, ab dem eine Direktvermarktung ohne weitere Förderung wirtschaftlich sinnvoll sei. Relevante Potenziale gebe es bspw. bei Deponie- und Grubengasanlagen sowie älteren Wasserkraftanlagen. Allerdings sei von rückläufigen Potenzialen auszugehen, da die Entwicklung des Gasaufkommens rückläufig sei und es für die ökologische Modernisierung von älteren Wasserkraftanlagen attraktive Vergütungsboni gebe. Zurückzuführen ist dies auf den bereits angesprochenen großen Unterschied zwischen der Höhe der Einspeisevergütung und den mittleren Großhandelsstrompreisen, d. h. die Herstellungskosten von EEG-Strom übersteigen meist den Preis, der an der Strombörse dafür erzielt werden kann. Hier setzt die EEG-Novelle[31] von 2011 an: Um die Marktintegration der erneuerbaren Energien zu fördern, erhält der Anlagenbetreiber bei einer Direktvermarktung zusätzlich zu den Einnahmen aus dem direkten Vertrieb der Stromproduktion an der Börse eine sogenannte Marktprämie. Die Vergütung soll so an die Entwicklung der Marktpreise gekoppelt werden. Gemäß Anlage 4 des novellierten EEG setzt sich diese folgendermaßen zusammen:

$$\text{Marktprämie} = \text{EEG-Vergütung} - \text{Referenzmarktwert} + \text{Managementprämie}$$

Die einzelnen Terme werden im Folgenden näher erläutert. Unter der Annahme, dass der Erlös aus der Börsenvermarktung ungefähr dem Referenz-

---

[31] EEG in der Fassung der Bekanntmachung vom 04.08.2011 (BGBl. I S. 1634)

marktwert entspricht, kann ein Anlagenbetreiber bei einer Direktvermarktung mit der Marktprämie höhere Einnahmen erzielen als im System mit
einer festen Einspeisevergütung. Zu berücksichtigen ist allerdings auch,
dass bei einer Direktvermarktung zusätzliche Kosten anfallen, die durch
die Mehreinnahmen kompensiert werden sollen. Der Gesetzgeber geht von
Kosten „für die Börsenzulassung, für die Handelsanbindung, für die Transaktionen für die Erfassung der Ist-Werte und die Abrechnung, für die IT-
Infrastruktur, das Personal und Dienstleistungen, für die Erstellung der Prognosen und für Abweichungen der tatsächlichen Einspeisung von der Prognose" aus.

Der Referenzmarktwert ist technologieabhängig und wird jeden Monat
ex post gemäß Gleichung (2.1) berechnet. Für den Anlagenbetreiber stellt
dies einen gewissen Unsicherheitsfaktor dar, da er die genaue Höhe der
Marktprämie erst nachträglich erfährt.

$$RW^t = \frac{\sum_h p_h^{spot} \cdot W_h^t}{\sum_h W_h^t} \tag{2.1}$$

mit:

t	Technologie
h	Stunde im Monat
p_h^{spot}	Spotmarktpreis in h (€/MWh)
W_h^t	Produktion in h (MWh)

Ein großer Gestaltungsspielraum besteht beim Festsetzen der Managementprämie. In Sensfuß und Ragwitz (2011) wird darauf hingewiesen,
dass man grundsätzlich zwischen steuerbaren Erzeugern wie Biomasse und
nicht steuerbaren Erzeugern wie Windkraft und Photovoltaik unterscheiden muss. Bei letzteren fallen zusätzliche Kosten an, da Prognosefehler
ausgeglichen werden müssen. Insgesamt schlagen die Autoren nach Auswertung historischer Kostendaten eine technologieabhängige Prämie vor,

25

Tabelle 2.3: Managementprämie nach Anlage 4, EEG 2011

Jahr	Windkraft & Photovoltaik (ct/kWh)	Steuerbare Erzeuger (ct/kWh)
2012	1,20	0,300
2013	1,00	0,275
2014	0,85	0,250
ab 2015	0,70	0,225

die anfänglich großzügiger ausfallen solle, um den Anlagenbetreibern eine gewisse Lernphase zuzugestehen. Dieser Vorschlag wurde vom Gesetzgeber weitgehend übernommen. Die im Gesetzestext festgelegten Prämien sind in Tabelle 2.3 zusammengefasst.

Für die Betreiber von Wind- und Solarkraftanlagen bedeutet ein Wechsel in die Direktvermarktung, dass sie einen Fahrplan anmelden und einhalten müssen. Die auftretenden Prognosefehler müssen dann eigenständig ausgeglichen werden. Hierzu können bspw. Energiespeicher eingesetzt werden. Alternativ kann dieser Ausgleich auch rein marktbasiert erfolgen, d. h. die Betreiber gleichen ihre Prognosefehler am untertäglichen Markt aus. Eine notwendige Voraussetzung hierfür ist eine ausreichend hohe Marktliquidität. Weiterhin ermöglicht der Einsatz eines Energiespeichers, die Stromproduktion in Stunden zu verlagern, in denen der Strombedarf und damit der Börsenpreis höher ist. Ökonomisch bewertet wird dieser Einsatzzweck in Kapitel 6.

Aktuellen Schätzungen zufolge befinden sich mittlerweile bereits Erneuerbare-Energien-Anlagen mit einer Gesamtleistung von knapp 26,9 GW im Marktprämienmodell. Alleine 22,5 GW hiervon entfallen auf die Onshore-Windenergie (vgl. o.V./EUWID, 2012). Nach ersten Einschätzungen des Bundesumweltministeriums wurde die Managementprämie zu hoch angesetzt, weshalb diese ab 2013 um 0,25 bis 0,35 ct/kWh abgesenkt werden soll (vgl. BMU, 2012). Trotz der hohen Akzeptanzrate des Marktprämienmodells im Bereich der Windenergie konnte bislang keine erhöhte Nachfrage nach Energiespeichern festgestellt werden.

2.3.2 Möglichkeiten direkter Förderung von Energiespeichern

Die Einführung einer Marktprämie bei der Vermarktung von regenerativem Strom kann als eine indirekte Förderung von Energiespeichern angesehen werden, da Anreize geschaffen werden, die wetterabhängigen Erzeuger zu steuern, wozu sich bspw. Energiespeichertechnologien eignen. Denkbar ist auch eine direkte Förderung durch Prämien bei der Anschaffung (Kapazitätsprämie) oder beim Einsatz (Arbeitsprämie).

Die Kapazitätsprämie ist eng verbunden mit der generellen Thematik von Kapazitätsmärkten, die im Fokus der aktuellen energiepolitischen Diskussion stehen (vgl. Nailis et al., 2011). Grundsätzlich sollen diese dazu beitragen, langfristige Investitionen abzusichern, indem nicht nur der erzeugte Strom vergütet wird, sondern auch die Fähigkeit, Strom bereitzustellen. Da Investitionen in thermische Großkraftwerke oder auch in großtechnische Energiespeicher mit hohen Investitionen aber vergleichsweise niedrigen (variablen) Einsatzkosten verbunden sind, besteht bei schwankender Auslastung die Unsicherheit, ob die Fixkosten allein durch die Deckungsbeiträge, die bei der Vermarktung des produzierten Stroms entstehen, gedeckt werden können. Ein Kapazitätsmarkt könnte diese Unsicherheit verringern. Die genaue Ausgestaltung eines solchen Marktes ist derzeit noch unklar. Zu klären ist bspw., wer als Nachfrager auf diesem Markt auftritt, wie hoch die zu deckende Nachfrage ist und wie hoch die Zahlungen pro bereitgestellter Kapazität ausfallen sollen (vgl. Süßenbacher et al., 2011). Da in der derzeitigen Diskussionsphase eine gesonderte Berücksichtigung von Energiespeichern nicht geplant ist[32], wird die mögliche Entstehung eines deutschen

---

[32] Vereinzelt wurden auf Länderebene bereits Kapazitätszahlungen eingeführt, etwa in Spanien („pagos por capacidad", vgl. Federico et al., 2008, S. 59). Für Energiespeicher sind jedoch die gleichen Zahlungen vorgesehen wie für jede andere Technologie, die Strom bereitstellen kann.

oder gesamteuropäischen Kapazitätsmarkts in dieser Arbeit nicht weiter verfolgt. Sollten Kapazitätsmärkte eingeführt werden, würden die Investitionszuschüsse mit großer Wahrscheinlichkeit für thermische Kraftwerke wie für Energiespeicher gleichermaßen gewährt werden.

In der energiepolitischen Diskussion spielen Vorschläge zur Zahlung von Einsatzprämien beim Entladeprozess von Energiespeichern derzeit keine Rolle. Beim Beladeprozess gibt es hingegen rechtliche Rahmenbedingungen, die als Einsatzprämie interpretiert werden können. So gilt für Neuanlagen in den ersten 20 Jahren nach der Inbetriebnahme gemäß § 118 Abs. 7 EnWG[33], dass der für den zum Beladen des Speichers benötigte Strom von den Netzentgelten befreit ist[34]. Rechtlicher Klärungsbedarf besteht beim Umgang mit den unvermeidlichen Umwandlungsverlusten, die beim Beladen entstehen (vgl. Krebs, 2012). Die Autoren des EEG-Erfahrungsberichts 2011 empfehlen zudem eine zeitlich unbefristete Befreiung von den Netzentgelten (vgl. BMU, 2011a, S. 13). In den folgenden Untersuchungen zur Wirtschaftlichkeit von Energiespeichern wird davon ausgegangen, dass diese Befreiung bestehen bleibt, auch für den Verluststrom gilt und ansonsten keine weiterführenden Prämien ausbezahlt werden.

---

[33] EnWG in der Fassung der Bekanntmachung vom 28.07.2011 (BGBl. I S. 1690)
[34] Für die Einspeisung elektrischer Energie ist nach § 15 Abs. 1 S. 3 StromNEV grundsätzlich kein Entgelt zu entrichten.

3 Ausgewählte Energiespeichertechnologien und mögliche Beiträge zur Integration fluktuierender Stromerzeugung

3.1 Einführung

In den folgenden Abschnitten werden ausgewählte Energiespeichertechnologien vorgestellt und anhand von technischen sowie wirtschaftlichen Parametern charakterisiert und miteinander verglichen. Diese Parameter werden später als Eingangsdaten für das im Rahmen dieser Arbeit entwickelte Modell benötigt, um den Einsatz von Energiespeichern im Modell abzubilden. Weiterhin werden mögliche Anwendungsgebiete – insbesondere im Bereich der Integration erneuerbarer Energien – diskutiert und mögliche historische Erlöse für diese Anwendungsgebiete berechnet. Abschließend wird der Einsatz von Energiespeichern mit alternativen Maßnahmen zur Integration fluktuierender Stromerzeugung verglichen.

3.2 Eigenschaften und Kosten ausgewählter Energiespeichertechnologien

Da die später diskutierten Anwendungen allesamt im Stromsektor anzusiedeln sind, werden ausschließlich Technologien zur Speicherung von Elektrizität betrachtet, d. h. auf Wärmespeicher oder auf Konzepte wie „Power-to-Gas"[1] wird nicht eingegangen. Virtuelle Speicher können grundsätzlich

---

[1]Bei diesem Konzept wird Elektrizität zur Erzeugung von synthetischem Methan genutzt, das zunächst nicht rückverstromt sondern in das Gasnetz geleitet wird.

zu den Strom-zu-Strom-Speichern gezählt werden. Sie sind im engeren Sinne keiner Technologie zuzuordnen, da es sich um eine Zusammenschaltung dezentraler Stromerzeuger und Stromverbraucher handelt. Um diese Einheiten zentral steuern zu können, ist ein erheblicher Mehraufwand erforderlich. Zudem fallen Kosten für den Aufbau einer Kommunikationsinfrastruktur an. Aufgrund der unsicheren Datenbasis, wird das Konzept virtueller Speicherung in den folgenden quantitativen Analysen nicht betrachtet.

Obwohl der Begriff Stromspeicher sehr geläufig ist, gibt es kaum technische Möglichkeiten, Strom direkt zu speichern. Strom muss i. d. R. zunächst in eine andere Energieform überführt werden, um gespeichert werden zu können. Eine Ausnahme bilden Supercaps und supraleitende Spulen. Bei diesen Technologien handelt es sich jedoch um Hochleistungs- bzw. Sekundenspeicher, d. h. die speicherbare Energiemenge ist im Verhältnis zur Speicherleistung sehr klein. Einen nennenswerten Beitrag für die Speicherung größerer Strommengen, wie sie bei der Integration von erneuerbaren Energien benötigt werden, können sie nicht leisten und werden daher nicht weiter betrachtet.

Die hier vorgestellten Speichertechnologien werden nach der Energieform klassifiziert, die gespeichert wird. Unterschieden wird zwischen mechanischen und elektrochemischen Speichern, die sich für großtechnische Anwendungen im Übertragungsnetz eignen. Abbildung 3.1 zeigt alle im Rahmen dieser Arbeit analysierten Energiespeicherpfade im Überblick.

3.2.1 Mechanische Energiespeicher

3.2.1.1 Pumpspeicher

Pumpspeicher sind gemessen an ihrer weltweit installierten Leistung die wichtigsten Energiespeicher im Netz und „bilden das Rückgrat der Stromversorgungsnetze" (siehe Sauer 2006, S. 18). Die elektrische Energie wird mechanisch in Form von potenzieller Energie gespeichert. Hierzu wird

Abbildung 3.1: Analysierte Energiespeicherpfade

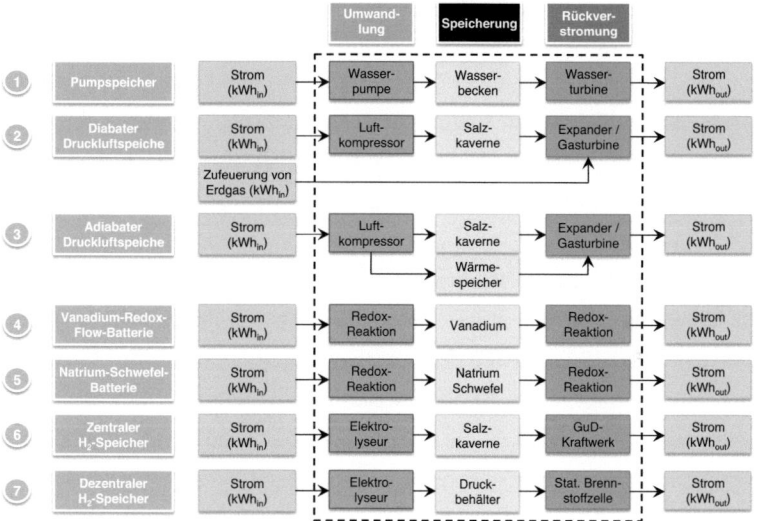

beim Ladevorgang mittels einer elektrisch angetriebenen Pumpe Wasser aus einem Unterbecken in ein höher gelegenes Oberbecken gefördert. Zum Entladen des Speichers wird das Wasser aus dem Ober- in das Unterbecken abgelassen und durchströmt dabei eine Turbine, welche zur Elektrizitätserzeugung einen Generator antreibt. Die benötigten Komponenten gelten sowohl technisch als auch kommerziell als ausgereift. Es werden Zykluswirkungsgrade von 70 bis 80 % erreicht (siehe Leonhardt et al., 2009, S. 44). Pumpspeicher sind sehr flexible Kraftwerke und weisen Anfahrzeiten aus dem Stillstand bis zur Volllast von wenigen Minuten auf. Eine Präqualifizierung sowohl für den Sekundär- als auch den Tertiärregelenergiemarkt ist daher möglich. Ein Nachteil dieser Technologie ist die verhältnismäßig geringe Energiedichte. Sie hängt von der Fallhöhe und dem nutzbaren Volumen des Oberbeckens ab. Bei einer Fallhöhe von 300 Metern beträgt sie relativ zum Volumen lediglich 0,7 Wh/l.

Geographisch sind Pumpspeicher in den Mittelgebirgen und in den Alpen konzentriert, d. h. nicht in unmittelbarer Nähe zu den windstarken Regionen Norddeutschlands. Mögliche neue Standorte sind in dicht besiedelten Ländern wie Deutschland rar, da die benötigten Flächen aufgrund der geringen volumetrischen Energiedichte enorm sind. Typische, realisierte Anlagengrößen liegen hier im Leistungsbereich von 100 bis 1.000 MW bei einer Speicherkapazität von einigen Stunden. Goldisthal ist mit einer Leistung von 1.060 MW und einer Speicherkapazität von rund 8,5 GWh das größte bisher in Deutschland realisierte Pumpspeicherkraftwerk. Die Schluchseewerk AG plant bei Atdorf im Schwarzwald einen neuen Speicher, der bis 2018 in Betrieb gehen soll. Mit einer Leistung von 1.400 MW und einem Volumen von 13 GWh wäre dieser größer als Goldisthal (siehe Grimm und Zoch, 2010, S. 10f.). Insgesamt wären mit Realisierung dieses Neubauprojekts deutschlandweit Pumpspeicher mit einer Gesamtleistung von acht Gigawatt am Netz. Ansonsten ist gemäß Leonhardt et al. (2008, S. 22) „in Deutschland (..) aufgrund der geographischen Begrenztheit der Standorte und der mangelnden Akzeptanz in der Bevölkerung momentan kein nennenswerter Zuwachs an Pumpspeicherkraftwerken zu erwarten". Für die EU wird hingegen die Gesamtleistung von derzeit 35 GW als „ausbaufähig" bezeichnet (vgl. Tiedemann et al., 2008, S. 62). Aufgrund der nahezu ausgeschöpften Potenziale und der geringen Akzeptanz oberirdischer Pumpspeicher werden in Deutschland Konzepte zur Unterflur-Pumpspeicherwerke diskutiert. Als Unterbecken kämen ersten Untersuchungen zufolge Steinkohle-Bergwerke im Ruhrgebiet oder Braunkohle-Tagebaue in Nordrhein-Westfalen in Frage. Ein konkretes Pilotprojekt ist derzeit nicht in der Planung.

3.2.1.2 Druckluftspeicher

Bei dieser Speichertechnologie wird zwischen der diabaten und adiabaten Variante unterschieden. Grundsätzlich wird in beiden Varianten elektrische

Energie mechanisch in Form von komprimierter Luft gespeichert. Als Speichermedium für die verdichtete Luft eignen sich insbesondere unterirdische Salzkavernen, welche durch künstliche Aussolung von Salzformationen mit Hilfe von Wasser entstehen. Geographisch sind diese vor allem in Norddeutschland in Küstennähe konzentriert, so dass neue Speicher grundsätzlich in der Nähe der windstarken Regionen errichtet werden können. Beim Ladevorgang der diabaten Variante verdichtet ein elektrisch angetriebener Kompressor Umgebungsluft. Die hierbei entstehende Wärme muss über ein Kühlsystem abgeführt werden, bevor die Luft in die Kaverne eingelassen wird. Ohne vorherige Kühlung würde die Speicherkaverne beschädigt. Zur Rückgewinnung der elektrischen Energie wird die komprimierte Luft zunächst in der Brennkammer einer Gasturbine mit einem Brennstoff, i. d. R. Erdgas, vermischt. Anschließend wird der Brennstoff verfeuert und das Gasgemisch in der Turbine entspannt, welche über einen angeschlossenen Generator Strom erzeugt. Der Gesamtwirkungsgrad dieser Speichertechnologie ist mit 40 bis 56 % relativ gering, da die Kompressionswärme bei der Expansion nicht genutzt wird (vgl. Leonhardt et al., 2008, S. 23). In Wolf und Dötsch (2009, S. 112) werden bei der Verwendung eines Rekuperators, der die heißen Abgase des Verfeuerungsprozesses nutzt, um die Luft vorzuwärmen, sogar Wirkungsgrade von bis zu 60 % für erreichbar gehalten. Beim adiabaten Druckluftspeicher wird die Wärme, die beim Kompressionsvorgang der Luft abgeführt werden muss, einem Wärmespeicher zugeführt und steht beim Entladevorgang zur Verfügung, um die expandierende Druckluft zu erhitzen. Hierdurch kommt die adiabate Ausführung des Druckluftspeichers ohne Wärmezufuhr über einen Brennstoff aus. Durch Nutzung der Kompressionsabwärme kann der Wirkungsgrad erheblich auf bis zu 70 % gesteigert werden (vgl. Wolf und Dötsch, 2009, S. 112). Außerdem werden beim Betrieb CO_2-Emissionen der Anlage vermieden.

Weltweit sind bisher zwei Projekte mit diabater Technologie realisiert worden, davon eines in Deutschland. Der Energieversorger E.ON betreibt einen solchen Speicher in Huntorf; er besitzt eine Netto-Ausspeicherleistung von 321 MW, die unter Volllast zwei Stunden lang bereitgestellt werden kann. Großtechnische adiabate Druckluftspeicherkraftwerke wurden hingegen noch nicht realisiert. Ein Konsortium aus RWE, General Electric, Züblin und DLR hat sich zum Ziel gesetzt, ab 2013 mit dem Bau einer Demonstrationsanlage zu beginnen. Sie soll in Straßfurt in der Nähe von existierenden Salzkavernen entstehen und bei einer Leistung von 90 MW eine Speicherkapazität von vier Stunden aufweisen (siehe Lambertz, 2010). Die für diese Technologie technischen Komponenten gelten – bis auf den Wärmespeicher – als ausgereift (vgl. Wietschel et al., 2010, S. 567). Die erwarteten Anlagengrößen sind bei beiden Varianten vergleichbar mit denen von Pumpspeicheranlagen. Mit Anfahrzeiten im Bereich von 15 Minuten ist eine Teilnahme am Minutenreservemarkt möglich (vgl. Leonhardt et al., 2008, S. 24). Die volumetrische Energiedichte beträgt bei einem Druckspiel im zweistelligen bar-Bereich (vgl. Sauer, 2006, S. 18) 1,5 bis 5 Wh/l.

3.2.2 Elektrochemische Energiespeicher

3.2.2.1 Vanadium-Redox-Flow-Batterie

Die Vanadium-Redox-Flow-Batterie speichert Energie in chemischen Verbindungen. Sie gehört zur Gruppe der Flussbatterien. Diese unterscheiden sich dadurch von anderen elektrochemischen Speichern, dass die Aktivmassen außerhalb der Reaktionszelle in zwei getrennten Tanks gelagert werden. Beim Be- bzw. Entladevorgang durchströmen die flüssigen Elektrolyte unter Einsatz von Pumpen die Zelle und es laufen Redox-Reaktionen ab, wobei die Reaktionspartner (Elektrolyte) in zwei verschiedenen Kreisläufen zirkulieren, die durch eine protonendurchlässige Membran voneinander getrennt sind. Leistung und Energieinhalt dieses Speichers können – im Gegensatz zu vielen anderen elektrochemischen Speichern – getrennt skaliert werden: Die Größe der Reaktionszelle determiniert die Leistung der Batterie, während durch die Größe der Tanks die

Speicherkapazität bestimmt wird. Bei der Vanadium-Variante ist das einzig elektrochemisch aktive Element Vanadium. Möglich ist dies, da Vanadium in gelöster Form vier Oxidationsstufen annehmen kann. Als Lösungsmittel wird verdünnte Schwefelsäure verwendet. Die Verwendung eines einzigen aktiven Elements hat den Vorteil, dass der unvermeidliche Schlupf von Vanadium-Ionen über die Membran (sogenannter Crossover) nicht zu einer Kontamination der Gegenseite führt. Aufgrund der geringen Löslichkeit von Vanadium in Schwefelsäure weist es eine für einen elektrochemischen Speicher vergleichsweise geringe volumetrische Energiedichte auf. In Wietschel et al. (2010, S. 573) wird ein Bereich zwischen 20 und 30 Wh/l angegeben.

Der Gesamtwirkungsgrad des Systems erreicht Werte zwischen 70 und 80% (vgl. Tübke und Noak, 2007, S. 85f.). Gemäß Wietschel et al. (2010, S. 573) werden bis zu 13.000 Lade- und Entladezyklen erreicht. Bei täglicher Nutzung entspricht dies einer Lebensdauer von 35 Jahren. Die Reaktionszeit von Redox-Flow-Batterien liegt ähnlich wie bei anderen elektrochemischen Systemen im Sekundenbereich (vgl. Leonhardt et al., 2009, S. 132), weswegen es mit dieser Technologie möglich ist, Regelleistung jeden Typs bereitzustellen.

Die größte bisher realisierte Anlage befindet sich in Sorne Hill (Irland) und weist eine Leistung von 2 MW bei einem Speichervolumen von 12 MWh auf (siehe Eckroad, 2007, S. 2–29). Typische Anlagengrößen rangieren allerdings eher im zwei- bis dreistelligen kW-Bereich bei sechs bis acht Stunden Kapazität (vgl. Kaldellis et al., 2009b, S. 385). Die Herausforderungen der kommenden Jahre liegen insbesondere in der Entwicklung großer Systeme im zweistelligen Megawattbereich.

3.2.2.2 Natrium-Schwefel-Batterie

Im Gegensatz zur Redox-Flow-Batterie und vielen anderen elektrochemischen Speichern besitzen Hochtemperaturbatterien wie die Natrium-

Schwefel-Batterie einen festen Elektrolyt und flüssige Elektroden. Während des Entladevorgangs „wandern Natrium-Ionen aus dem Innenraum in den Außenraum und bilden dort Na/S-Verbindungen, die mit fortschreitender Entladung mehr Natrium enthalten" (vgl. Wietschel et al., 2010, S. 577). Beim Laden kehrt sich dieser Prozess um. Um die Elektroden flüssig zu halten, sind Betriebstemperaturen von 270 bis 350 °C erforderlich. Bei Anwendungen mit täglichen Anwendungszyklen und ausreichender Isolierung kann diese Temperatur durch die Reaktionswärme aufrechterhalten werden. Andernfalls muss über eine elektrische Heizung Wärme zugeführt werden, was sich negativ auf die Effizienz auswirkt. Ohne täglichen Zyklus muss pro Tag ca. 15 % des Speicherinhalts für die Wärmezufuhr aufgewendet werden. Dieser Batterietyp ist aus diesem Grund ungeeignet für Anwendungen mit einem längeren Zyklus, wie sie zum Beispiel bei einer Verwendung der Batterie als Wochen- oder Monatsspeicher für Elektrizität zu erwarten sind.

Der Wirkungsgrad beträgt bei Ausnutzung der Reaktionswärme 75 %. Die zyklische Lebensdauer beträgt bei einer Entladetiefe von bis zu zehn Prozent etwa 2.500 Zyklen und ist damit verglichen mit der Redox-Flow-Batterie weitaus geringer (vgl. Tübke und Noak, 2007, S. 199). Bei täglicher Nutzung entspricht dies einer kalendarischen Lebensdauer von lediglich sieben Jahren. Die volumetrische Energiedichte ist hingegen mit 170 Wh/l für einen stationären Speicher vergleichsweise hoch. Zeitweise war diese Batterietechnologie für die Verwendung in zukünftigen Hybrid- und Elektrofahrzeugen vorgesehen. Seit einigen Jahren konzentrieren sich die F&E-Aktivitäten für mobile Speicher jedoch auf die Lithium-Ionen-Batterie, die eine bessere gravimetrische Energiedichte aufweist. Die Aktivierungsgeschwindigkeit der Natrium-Schwefel-Systeme ist ähnlich hoch wie die von Redox-Flow-Batterien, d. h. eine Teilnahme an den unterschiedlichen Regelenergiemärkten ist grundsätzlich möglich.

In Japan wurden Projekte dieser Technologie mit Leistungen im ein- bis zweistelligen Megawattbereich realisiert. Leistung und Speichervolumen sind nicht getrennt skalierbar: Bei den realisierten Anlagen bewegt sich die Speicherkapazität zwischen sieben und acht Stunden. Der technologische Reifegrad der Natrium-Schwefel-Batterie ist höher als der von Redox-Flow-Batterien oder Druckluftspeichern. Sie ist bereits kommerziell verfügbar und wird von der japanischen Firma NGK Insulators vertrieben.

3.2.2.3 Wasserstoffspeicher

Strom kann elektrochemisch als Wasserstoff gespeichert werden, indem Wasser unter Einsatz von elektrischer Energie in einem Elektrolyseprozess in H_2 und O_2 aufgespalten wird. Der entstehende Wasserstoff kann anschließend in verdichteter Form in Salzkavernen gespeichert werden – in diesem Fall handelt es sich um einen zentralen Großspeicher, vergleichbar mit Pump- und Druckluftspeichern. Eine andere Möglichkeit ist die dezentrale Speicherung in Druckgasbehältern. Wasserstoff ist ein sehr vielseitiger Energieträger und kann je nach Verwendungszweck rückverstromt werden oder bspw. im Verkehrssektor als Kraftstoff verwendet werden. Für den Vergleich mit anderen Stromspeichertechnologien ist der Pfad der Rückverstromung von Bedeutung. In den Analysen im Rahmen dieser Arbeit wird von einer Rückverstromung in einer Brennstoffzelle (dezentraler Pfad) bzw. in einem GuD-Kraftwerk (zentraler Pfad) ausgegangen.

Ein großer Vorteil dieser Speichertechnologie ist die hohe volumetrische Energiedichte. Bereits in verdichteter Form kann – verglichen mit Druckluft – bei gleichem Speichervolumen eine bis zu sechzig mal größere Energiemenge gespeichert werden (vgl. Leonhardt et al., 2008, S. 25). Die geologische Speicherung von Wasserstoff ist daher für Anwendungsfälle, in denen große Mengen gespeichert werden müssen, aber nur eine begrenzte Anzahl geeigneter Salzkavernen zur Verfügung steht, besonders interessant. In flüssiger Form oder bei Einlagerung in Metallen sind zudem weitaus höhere Energiedichten von bis zu 1.000 Wh/l erreichbar (vgl. Wietschel et al., 2010, S. 568). Den gewichtigsten Nachteil stellen die hohen Wandlungsverluste dar: Die Gesamtkette von der Elektrolyse bis zur Rückverstromung besitzt einen Gesamtwirkungsgrad von lediglich 35 %[2]. Derart hohe Wandlungsverluste machen diese Art der Speicherung unattraktiv für den häufigen Einsatz. Langfristig sind nach Ansicht von Wietschel et al. (2010, S. 569) auch Gesamtwirkungsgrade von knapp 40 % wahrscheinlich, sofern der Wirkungsgrad des Elektrolyseurs auf 65 % gesteigert werden kann. Auch im dezentralen Pfad verbessert sich bei der Nutzung von Brennstoffzellen zur Rückverstromung der Gesamtwirkungsgrad nicht, da auch diese bestenfalls Wirkungsgrade von 60 % erreichen. Die Reaktionszeit von H_2-Speichersystemen reicht aus, um am Markt für Minutenreserve Kapazitäten anzubieten.

Die Komponenten für Wasserstoffspeicherwerke sind größtenteils in einem fortgeschrittenen Entwicklungsstadium. Bei der geologischen Speicherung von Wasserstoff liegen aus den USA und England langjährige Erfahrungen vor. Die Rückverstromung von Wasserstoff im GuD-Prozess ist bereits heute möglich, wobei bis zu 20 % Erdgas beigemischt werden müssen. Entwicklungspotenziale werden vor allem bei der Hochdruckelektrolyse gesehen, etwa beim Bau großer Systeme und beim Erreichen von Systemdrücken von 50 bar und mehr.

3.2.3 Parametrisierung der Eigenschaften und Kosten

Aussagen zur Wirtschaftlichkeit großtechnischer Speicherung von Elektrizität hängen nicht ausschließlich, aber in deutlichem Maße von den Annahmen zu den Anschaffungsausgaben für diese Systeme ab. Daher werden im Rahmen dieser Arbeit detaillierte Literaturrecherchen mit dem Ziel durchgeführt, eine möglichst vielfältige Datenbasis zu diesen Annahmen aufzubauen. Insgesamt werden knapp 30 bestehende Studien ausgewertet und daraus verschiedene technische und wirtschaftliche Parameter (Investition, Wirkungsgrad, Aktivierungsgeschwindigkeit, Energiedichte, typische

---

[2]Elektrolyse: 60%, Verdichtung: 97 %, GuD-Prozess: 60 %

Anlagengrößen, Lebensdauer) extrahiert. Die Gesamtinvestition ist grundsätzlich eine Funktion der leistungs- und arbeitsspezifischen Investitionen, da Leistung und Kapazität des Speichers nicht gekoppelt sein müssen (siehe Gleichung (3.1)). Hinzu kommen Bestandteile, die nicht mit der Anlagengröße skalieren[3].

$$I_{tot} = i_p \cdot P + i_w \cdot W + C \tag{3.1}$$

mit:

I_{tot} Gesamtinvestition (€)

i_p leistungsspezifische Investition (€/kW)

P Leistung (kW)

i_w arbeitsspezifische Investition (€/kWh)

W Speicherkapazität (kWh)

C nicht-spezifische Investition (€)

In der Mehrzahl der ausgewerteten Studien werden jedoch nicht getrennte Werte für die spezifischen Investitionen angegeben. Werden bspw. nur leistungsspezifische Werte angegeben, wird von festen Kapazitäten – gemessen in Stunden, die der Speicher unter Volllast ausspeichern kann – ausgegangen, wobei dieser Wert nicht immer genannt wird. Bei Batterietechnologien überwiegen hingegen Quellen, die lediglich arbeitsspezifische Investitionen angeben – mit der Begründung, dass diese die Investitionen für die Leistungseinheit weit übersteigen.

Die Annahme eines linearen Zusammenhangs für die Anschaffungsausgaben ist bei den großtechnischen Anlagen (Pump- und Druckluftspeicher) realistisch. Bei den anderen Systemen, die die Megawattklasse derzeit lediglich durch Zusammenschalten vieler kleiner Systeme erreichen (Redox-Flow-Batterie, Natrium-Schwefel-Batterie, Elektrolyseur), ist bei technischen Fortschritten eine signifikante Reduktion der Investitionsausgaben

---

[3]Diese hier als nicht-spezifisch bezeichneten Investitionen finden sich nur in wenigen Quellen wieder und geben bspw. die Investitionen pro Salzkaverne (unabhängig von deren Größe) an.

wahrscheinlich. Zudem ist mit Beginn der Massenfertigung mit sinkenden Produktionskosten zu rechnen. Für die Natrium-Schwefel-Batterie geben Wietschel et al. (2010, S. 579) bspw. ein Kostensenkungspotenzial in Höhe von 25 % an und stufen dieses als „mittel" ein, während für die Redox-Flow-Batterie ohne weitere Zahlenangaben lediglich die qualitative Einstufung „hoch" vorgenommen wird (siehe Wietschel et al., 2010, S. 575). In späteren Variationsrechnungen wird dies berücksichtigt.

Das Spektrum der Angaben zu Investitionen in Großspeicher ist in Abbildung 3.2 graphisch zusammengefasst[4]. Aus der Graphik lassen sich typische Charakteristiken dieser Speichertechnologien ablesen. Vergleicht man die Investitionen von diabaten (CAES) und adiabaten Druckluftspeichern (AA-CAES), zeigt sich vor allem bei den arbeitsspezifischen Investitionen ein deutlicher Unterschied von bis zu 30 €/kWh. Bei der adiabaten Variante sind diese höher, da noch ein Wärmespeicher benötigt wird. Erwartungsgemäß bewegen sich die Investitionen für Pumpspeicher (PSW) in einem vergleichsweise günstigen Bereich. Leistungsspezifisch finden sich jedoch Angaben von bis zu 1.500 €/kW. In Deane et al. (2010) wird diese hohe Bandbreite mit der starken Abhängigkeit der Investitionen von der Beschaffenheit des Standorts begründet.

Aus den Daten zu Wasserstoffspeichern lassen sich zwei Zusammenhänge ablesen: Die arbeitsspezifischen Investitionen werden von nahezu allen Quellen sehr niedrig – teilweise im Bereich von lediglich 1 €/kWh – angegeben. Dies hat technologische Gründe: Durch die relativ hohe volumetrische Energiedichte kann in einer Salzkaverne mit Wasserstoff 100-mal mehr Energie gespeichert werden als mit Druckluft. Hingegen bewegen sich die angegebenen leistungsspezifischen Ausgaben auf einem hohen Niveau (1.050 bis 3.000 €/kW). Die extreme Bandbreite ist ein Indikator für die große Unsicherheit, insbesondere was die zukünftigen Investitionen an-

---

[4]Aus dieser Darstellung lassen sich keine Werte**paare** für leistungs- und arbeitsspezifische Investitionen ablesen sondern lediglich die Bandbreiten der einen Größe, jeweils unabhängig von der anderen.

Abbildung 3.2: Bandbreite für Investitionen in Großspeicher

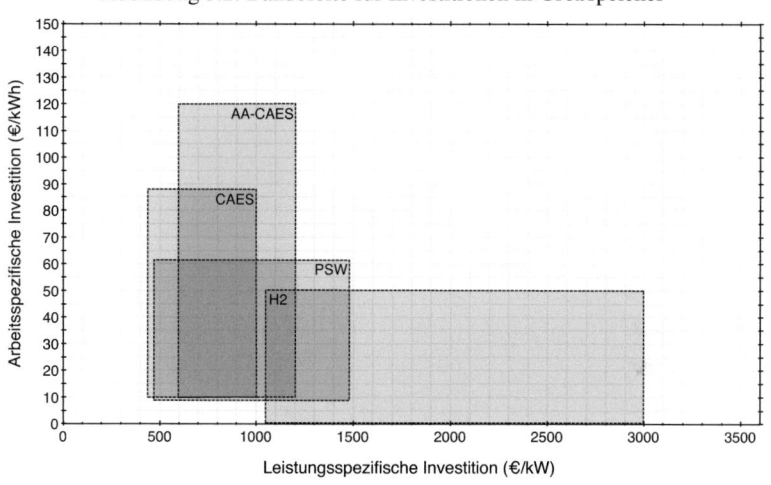

geht, da technische Fortschritte bei Elektrolyseuren zu einer signifikanten Absenkung der Investitionsausgaben führen können.

Die recherchierten Parameter sind in Tabelle 3.1 zusammengefasst. Die dort aufgeführten leistungs- und arbeitsspezifischen Investitionen sind – im Gegensatz zur Darstellung in Abbildung 3.2 – als Wertepaar, d. h. additiv zu interpretieren.

3.2.4 Vollkosten der Speicherung für unterschiedliche Anwendungszyklen

Um die ausgewählten Speicherpfade hinsichtlich ihrer Effizienz quantitativ vergleichen zu können, wird eine Vollkostenrechnung[5] für einen täglichen und einen wöchtentlichen Anwendungszyklus durchgeführt. Gegenüber früheren, publizierten Analysen (siehe Genoese und Wietschel, 2011) wird die Datenbasis aktualisiert und die Menge der betrachteten

---

[5]Im betriebswirtschaftlichen Sinne handelt es sich hierbei nicht um Kosten sondern um Ausgaben. In der Energiewirtschaft ist jedoch in diesem Zusammenhang der Begriff „Kosten" üblich.

Tabelle 3.1: Technische und wirtschaftliche Parameter ausgewählter Speichertechnologien

Technologie-kürzel[b]	Investitionen[a] leistungsspez. (€/kW)	Investitionen[a] arbeitsspez. (€/kWh)	Wirkungs-grad (%)	Aktiv.-geschw. (min)	Volum. Energied. (Wh/l)	Typische Anlagengr. (kW, kWh)	Kalend. Lebensd. (a)
PSW	470 − 1.000	10 − 20	70 − 85	≤ 5	0,7	10^5, 10^6	40 − 50
CAES	440 − 710	9 − 80	40 − 60	≤ 15	1,5 − 5	10^5, 10^6	20 − 30
AA-CAES	600 − 800	14 − 120	70	≤ 15	1,5 − 5	10^5, 10^6	20 − 30
RFB	875 − 1.500	147 − 167	70 − 80	≤ 1	20 − 30	10^2, 10^3	20 − 30
NaS	1.000 − 2.000	−[c]	75	≤ 1	170	10^4, 10^5	5 − 10
H$_2$-zen	1.100 − 2.050	1 − 40	30 − 40	≤ 15	160 − 400	10^5, 10^8	10 − 15
H$_2$-dezen	1.500 − 3.500	14 − 110	30 − 40	≤ 15	160 − 400	10^2, 10^5	10 − 15

[a]Quellen: Faulstich et al. (2010, S. 59–61), Cavallo (2001, S. 388), Höflich et al. (2010, S. 66 u. 71f.), Gonzales et al. (2004, S. 88), Schoenung und Hassenzahl (2003, S. 30), Schoenung (2001, S. 12), Farret und Simões (2006, S. 268), Gatzen (2008, S. 125), Sauer (2009, S. 19 u. 21f.), Pehnt und Höpfner (2009, S. 8), Kruck (2008, S. 30), Swider (2007a, S. 98f.), Schainker (2009, S. 10), Hartmann et al. (2010, S. 74), Filippini et al. (2001, S. 14), Wolf und Dötsch (2009, S. 112), Wietschel et al. (2009, S. 8), Wietschel et al. (2010, S. 565, 569, 574 u. 578), Wietschel et al. (2006, S. 110), Oberschmidt und Klobasa (2008, S. 4), Tapbury Management Limited (2006, S.82), Sauer (2006, S. 27), Eckroad (2007, S. 4–14), Kaldellis et al. (2009b, S. 388), Kaldellis et al. (2009a, S. 1302)

[b]PSW: Pumpspeicher, CAES: diabater Druckluftspeicher, AA-CAES: adiabater Druckluftspeicher, RFB: Vanadium-Redox-Flow-Batterie, NaS: Natrium-Schwefel-Batterie, H$_2$-zen: Zentraler Wasserstoffspeicher (Elektrolyseur, Salzkaverne, GuD-Kraftwerk), H$_2$-dezen: Dezentraler Wasserstoffspeicher (Elektrolyseur, Druckgasbehälter, Brennstoffzelle)

[c]Die Speicherkapazität ist nicht frei variierbar. Daher werden in der Literatur entweder nur leistungs- oder nur arbeitsspezifische Investitionen angegeben.

Speicherpfade erweitert. Die Zyklen werden in Anlehnung an Leonhardt et al. (2009) definiert: Beim täglichen Zyklus wird pro Tag einmal vollständig ein- und ausgespeichert. Das Speichervolumen ist so ausgelegt, dass der Energiespeicher maximal acht Stunden unter Volllast ausspeichern kann. Im Anwendungsfall der Wochenspeicherung dauert ein voller Zyklus knapp 17 Tage (0,06 Zyklen pro Tag) und die gewählte Speicherkapazität beträgt 20 Stunden.

Die Vollkosten pro umgesetzter Kilowattstunde werden wie folgt berechnet: Aus den Anwendungszyklen und der Auslegung des Systems wird zunächst die jährlich ausgespeicherte Strommenge berechnet. Die jährlich anfallenden Ausgaben werden anschließend auf diese Strommenge verteilt. Hierzu zählen die Annuität der Investition[6] sowie Wartungs- und (soweit vorhanden) variable Betriebsausgaben. Die Ergebnisse der Berechnungen sind in den Abbildungen 3.3 bis 3.6 dargestellt. Zusätzlich zur Bandbreite der Kostenangaben der Literaturrecherche sind mittelfristig zu erreichende Werte markiert.

3.2.4.1 Vollkosten der Tagesspeicherung

Erwartungsgemäß ist die wirtschaftlichste Speicheroption der Pumpspeicher mit 23 bis 51 €/MWh$_{el}$. Bei einem Ladestrompreis von 0 €/MWh$_{el}$ (siehe Abbildung 3.3) liegt der adiabate Druckluftspeicher in einem ähnlichen Bereich, wenn optimistische Schätzungen für die Investition angesetzt werden. Andere Speichertechnologien weisen Vollkosten auf, die bis zu 230 €/MWh$_{el}$ höher ausfallen. Die größte Kostenbandbreite zeigt das dezentrale Wasserstoffsystem, da hier die Literaturangaben zu den Investitionen für Elektrolyseure und Brennstoffzellen weit auseinandergehen.

Zu berücksichtigen ist, dass der Wirkungsgrad einer Speichertechnologie bei kostenlosem Ladestrom keinerlei Einfluss auf die Kosten hat. Setzt man einen Ladestrompreis von 15 €/MWh an (siehe Abbildung 3.4), verschie-

---

[6]Zinssatz: 10%, Abschreibungsdauer: technologiespezifisch in Anlehnung an die kalendarische Lebensdauer (siehe Tabelle 3.1)

Abbildung 3.3: Vollkosten der Tagesspeicherung (Ladestrom: 0 €/MWh$_{el}$)

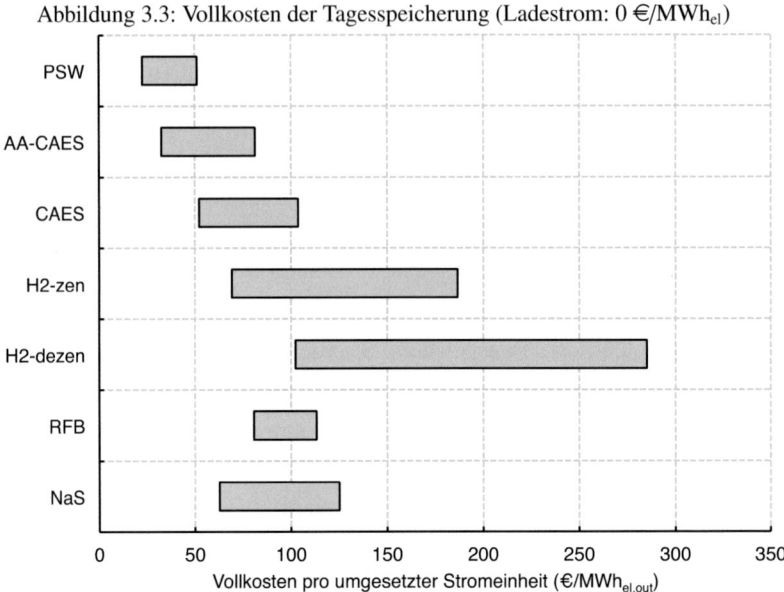

Abbildung 3.4: Vollkosten der Tagesspeicherung (Ladestrom: 15 €/MWh$_{el}$)

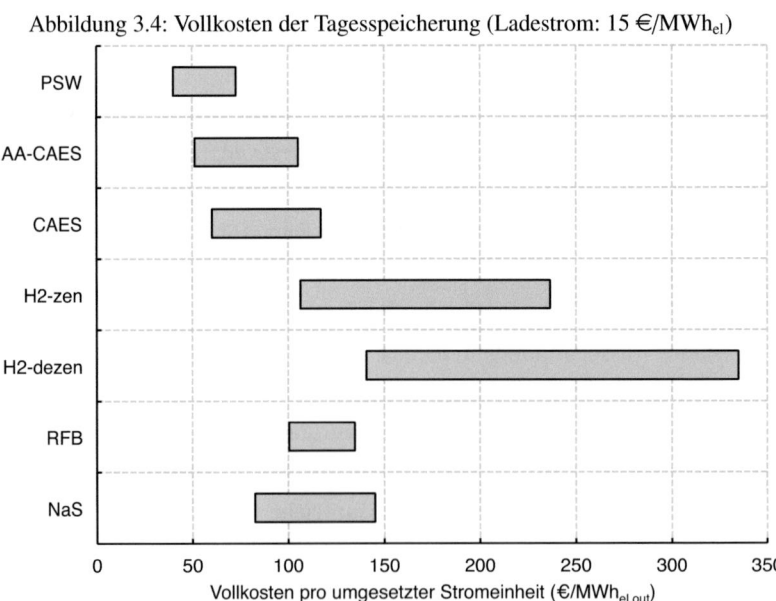

ben sich alle Kostenbalken nach rechts, und zwar umso stärker, je niedriger der Wirkungsgrad ist. Sichtbar wird dies insbesondere bei den beiden Speicherpfaden, die Elektrizität in Form von Wasserstoff zwischenspeichern, da hier die Wandlungsverluste mit Abstand am höchsten sind. Die geringe Rechtsverschiebung der Kosten für diabate Druckluftspeicher – vor allem verglichen mit der adiabaten Variante – resultiert daraus, dass die CAES-Technologie keine reine Speichertechnologie ist, da beim Ausspeichern Erdgas zugefeuert werden muss. Ihr rein elektrischer Wirkungsgrad ist aus diesem Grund sehr gut und nur dieser ist von Bedeutung für den Einfluss des Ladestrompreises auf die Vollkosten pro ausgespeicherter Strommenge. Im Gegenzug fallen bei der diabaten Variante zusätzliche Kosten an, und zwar für die Beschaffung von Erdgas und Emissionszertifikaten. Etwa 28 €/MWh$_{el}$ (38 bis 54 %) der Speichervollkosten für CAES lassen sich darauf zurückführen. Mittelfristig könnte dieser Kostenbestandteil auf 40 €/MWh$_{el}$ ansteigen, wenn bspw. für die Entwicklung von Gas- und CO$_2$-Preisen die Annahmen aus International Energy Agency (2008)[7] zugrundegelegt werden. Verglichen mit der AA-CAES-Technologie bedeutet dies, dass – für heutige Gas- und CO$_2$-Preise – der diabate Speicher ab einem Ladestrompreis von 17 €/MWh$_{el}$ ökonomisch vorteilhafter ist. Steigende Gas- und CO$_2$-Preise können diesen Punkt mittelfristig auf 30 bis 32 €/MWh$_{el}$ verschieben.

3.2.4.2 Vollkosten der Wochenspeicherung

Bei diesem Anwendungsfall werden die Technologien NaS und RFB nicht betrachtet. Bei der Natrium-Schwefel-Batterie lassen sich Leistungs- und Speichereinheit nicht getrennt skalieren, so dass ein Langzeitspeicher allenfalls durch Überdimensionierung der Leistungseinheit zu realisieren wäre. Dies ist wirtschaftlich nicht darstellbar. Die Redox-Flow-Batterie kommt grundsätzlich als Langzeitspeicher in Frage. Durch die relativ hohen ar-

---

[7]Erdgas: 32 €/MWh$_{th}$, CO$_2$: 20 €/t

45

Abbildung 3.5: Vollkosten der Wochenspeicherung (Ladestrom: 0 €/MWh$_{el}$)

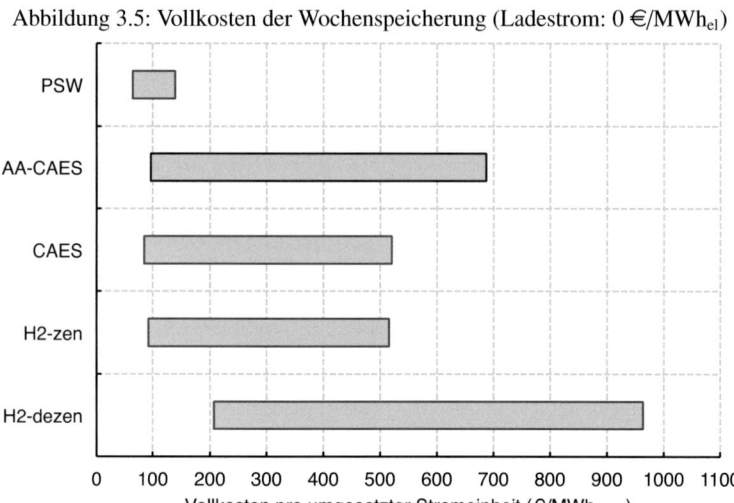

Abbildung 3.6: Vollkosten der Wochenspeicherung (Ladestrom: 15 €/MWh$_{el}$)

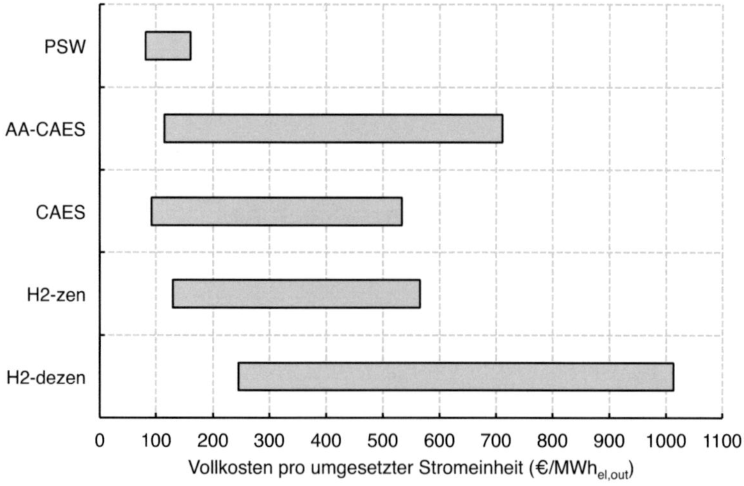

beitsspezifischen Investitionen (siehe Tabelle 3.1) ist sie jedoch weniger attraktiv gegenüber den anderen Speicheroptionen.

Ein Vergleich der Vollkosten bei wöchentlicher Ein- und Ausspeicherung zeigt die kostenseitige Überlegenheit von Pumpspeichern auch für diesen Anwendungsfall (siehe Abbildung 3.5). Adiabate Druckluftspeicher sind hierbei benachteiligt gegenüber der diabaten Technologie, da die arbeitsspezifischen Investitionen höher sind und die Speicherung größerer Strommengen damit vergleichsweise teuer wird. Der zentrale großtechnische Wasserstoffspeicher kann in diesem Anwendungszyklus und für den Fall, dass der Ladestrompreis bei Null liegt, mit Pump- und Druckluftspeichern konkurrieren. Der dezentrale H_2-Speicher ist hingegen kostenseitig kaum konkurrenzfähig gegenüber den anderen Technologien.

Wird ein Ladestrompreis von 15 €/MWh$_{el}$ angesetzt, zeigt sich wieder der Einfluss des Wirkungsgrads und die Wasserstoffspeichertechnologien fallen hinter den anderen Optionen zurück (siehe Abbildung 3.6). Die Wirkung ist jedoch geringer als bei einem täglichen Anwendungszyklus, da die Vollkosten zu einem wesentlichen Teil durch die Investitionsausgaben bestimmt werden. Variable Betriebskosten, die durch einen von Null verschiedenen Ladestrompreis verursacht werden, bewirken nur eine vergleichsweise niedrige Erhöhung der Vollkosten.

3.2.4.3 Schlussfolgerungen aus der Vollkostenanalyse

Insgesamt zeigt die Betrachtung der Vollkosten für unterschiedliche Anwendungszyklen, dass sich ein Wasserstoffspeicher kaum als Technologie für die Tagesspeicherung eignet, da genügend Alternativen existieren, die ökonomisch vorteilhafter sind. Die beiden anderen elektrochemischen Speicher RFB und NaS weisen derzeit höhere Vollkosten als Pump- und Druckluftspeicher auf. Bei der Wochenspeicherung ist hingegen Potenzial für die Wasserstoffspeicherung erkennbar. Insbesondere für den Fall, dass überschüssiger Strom anfällt, der entweder eingespeichert werden kann oder abgeregelt werden muss, weist der zentrale H_2-Speicher ähnliche Vollkosten wie Pump- und diabate Druckluftspeicher auf. Grundsätzlich sind Druckluftspeicher die interessanteste Alternative zu Pumpspeichern, wenn lediglich die Vollkosten als Vergleichskriterium herangezogen werden. Anzumerken ist, dass der ausschließliche Fokus auf die Vollkosten keine abschließende Bewertung der Technologien erlaubt. Eine wichtige Rolle spielen zum einen mögliche Einnahmen, die durch den Speichereinsatz an Strommärkten erzielt werden können. Diese werden im folgenden Abschnitt 3.2.5 für zurückliegende und in Kapitel 6 für zukünftige Jahre abgeschätzt. Zum anderen ist auch die mengenseitige Perspektive von großer Bedeutung, da bspw. das Potenzial für neu erschließbare Salzkavernen begrenzt ist und eine hohe Nutzungskonkurrenz mit Erdgasspeichern besteht. Wie in Genoese und Wietschel (2011, S. 30) gezeigt wurde, ließen sich durch eine Nutzung von 10 % der Kavernenprojekte, die sich derzeit gemäß Sedlacek (2009, S. 415) in Bau oder Planung befinden, Speicherkapazitäten von 21 GWh bzw. 1.200 GWh realisieren, wenn der Strom in Form von Druckluft bzw. Wasserstoff gespeichert wird. Die Unterschiede rühren von der überlegenen volumetrischen Energiedichte der Wasserstoffspeicherung her. Welche Speichertechnologie sich für diesen Anwendungsfall durchsetzt, ist aus diesem Grund nicht ausschließlich eine Kostenfrage sondern hängt auch von der Elektrizitätsmenge ab, die zwischengespeichert werden soll. Zudem können ökologische Aspekte eine Rolle spielen.

3.2.5 Mögliche historische Erlöse für Energiespeicher an Elektrizitätsmärkten

Preise für Elektrizität weisen eine – verglichen mit anderen Wirtschaftsgütern – hohe Volatilität auf, da Strom zu dem Zeitpunkt verbraucht werden muss, in dem er erzeugt wird, und die Nachfrage nur sehr schwach preiselastisch ist. Betreiber von Energiespeichern können diese Preisschwankungen ausnutzen, um den Speicher zu Schwachlastzeiten günstig mit

Elektrizität zu befüllen und ihn zu Starklastzeiten wieder zu entladen, wenn die Marktpreise hoch sind. Ein positiver Deckungsbeitrag wird erzielt, wenn die Wandlungsverluste kompensiert werden (siehe Ungleichung (3.2)).

$$p_{sell} \geq \frac{1}{\eta} \cdot p_{buy} \qquad (3.2)$$

mit:

p_{sell} Verkaufs- bzw. Entladepreis ($€$/MWh$_{el}$)

p_{buy} Kauf- bzw. Ladepreis ($€$/MWh$_{el}$)

η Gesamtwirkungsgrad (%)

Im Folgenden wird analysiert, welche Erlöse in den vergangenen Jahren möglich gewesen wären, wenn der Betreiber eines Speichersystems die Preisschwankungen optimal ausgenutzt hätte. Zunächst wird auf die Berechnungsmethodik eingegangen (siehe Abschnitt 3.2.5.1). Anschließend werden die Ergebnisse vorgestellt und diskutiert (siehe Abschnitt 3.2.5.2).

3.2.5.1 Berechnungsmethodik

Die Obergrenze historischer Erlösmöglichkeiten kann bei perfekter Preisvorhersage berechnet werden, indem Ein- und Ausspeichervorgänge so optimiert werden, dass der Deckungsbeitrag maximal wird. Im Rahmen dieser Arbeit wurde das zugehörige, lineare Optimierungsproblem zur Berechnung der Erlöse in Anlehnung an die Definitionen von Hartel et al. (2010) in der Programmiersprache Java implementiert und mit dem quelloffenen Solver GLPK[8] gelöst. Die Zielfunktion des Problems ist in Gleichung (3.3) aufgeführt.

$$CM = \sum_t \eta_{out} \cdot P_t^{out} \cdot p_t^{el} \cdot \Delta t - P_t^{in} \cdot p_t^{el} \cdot \Delta t \rightarrow MAX \qquad (3.3)$$

---

[8]siehe http://glpk.sourceforge.net

mit:

CM   Deckungsbeitrag (€)

t   Zeitschritt (−)

Δt Zeitunterschied zwischen zwei Zeitschritten (h)

P_t^{out} Brutto-Ausspeicherleistung in t, Entscheidungsvariable (MW_{el})

P_t^{in} Brutto-Einspeicherleistung in t, Entscheidungsvariable (MW_{el})

η_{out} Ausspeicherwirkungsgrad (%)

p_t^{el} Marktpreis in t (€/MWh_{el})

Die wichtigste Nebenbedingung ist die Einhaltung der Energiebilanz (siehe Gleichung (3.4)).

$$LVL_{t-1} + \eta_{in} \cdot P_{t-1}^{in} \cdot \Delta t - P_{t-1}^{out} \cdot \Delta t = LVL_t \qquad (3.4)$$

mit:

LVL_t Füllstand des Speichers in t, Entscheidungsvariable (MWh_{el})

η_{in} Einspeicherwirkungsgrad (%)

Zudem müssen die Leistungsgrenzen der Anlage eingehalten werden, d. h. maximale Ein- und Ausspeicherleistung müssen beachtet werden und der Füllstand darf die maximale Speicherkapazität nicht übersteigen. Alle Entscheidungsvariablen dieses Problems sind kontinuierlich.

3.2.5.2 Ergebnisse

Die vorgestellte Methodik wird auf die Preiszeitreihen der Strombörse „European Energy Exchange" (EEX) angewendet. Dort werden u. a. Stundenkontrakte für das Marktgebiet Deutschland/Österreich gehandelt. Ausgewertet werden die Spotmarktpreise der Jahre 2008 bis einschließlich 2011. Ausgewählte Kennzahlen der untersuchten Jahre sind in Tabelle 3.2 zusammengefasst. Seit Ende 2008 sind an der EEX negative Preisgebote zugelassen, um die Kosteneffizienz zu erhöhen und die Markträumung zu erleich-

Tabelle 3.2: Ausgewählte Kennzahlen der EEX-Preise (2008–2011)

Jahr	Minimum (€/MWh)	Maximum (€/MWh)	Mittelwert (€/MWh)	Std.abw.[a] (€/MWh)
2008	-101,52	494,26	65,76	28,65
2009	-500,02	182,05	38,85	19,41
2010	-20,45	131,79	44,49	13,97
2011	-36,82	117,49	51,08	13,68

[a]Standardabweichung

tern. (vgl. Grimm et al., 2008a, S. 155). Allerdings sind negative Markt-räumungspreise seit der Einführung vergleichsweise selten vorgekommen[9]. Auf die Wirtschaftlichkeit von Energiespeichern haben sie einen positiven Einfluss, da im Falle negativer Preise Wandlungsverluste beim Einspei-chern keine Rolle spielen. Ein grundsätzlich positiver Einflussfaktor ist der Wechsel zwischen sehr hohen und sehr niedrigen Strompreisen, da dies Ar-bitragegeschäfte möglich macht, aus denen ein positiver Deckungsbeitrag erzielt werden kann. Eine hohe Standardabweichung der Strompreise bei gleichzeitig hohen mittleren Strompreisen ist ein guter Indikator für derar-tige Wechsel.

Basierend auf diesen Zeitreihen und den einzelnen Technologie-Wirkungs-graden werden mithilfe des im vorherigen Abschnitt definierten Optimie-rungsproblems die maximal erzielbaren Deckungsbeiträge für die Jahre 2008 bis 2011 berechnet. Als Basissystem wird dabei ein Speichersystem mit acht Volllaststunden Kapazität gewählt, da dies eine typische Größe für existierende Einheiten darstellt, die heute am Markt agieren. Die Ergebnis-se relativ zur Annuität der Investition[10] sind in Abbildung 3.7 dargestellt.

---

[9]Die meisten Stunden mit negativen Preisen – 71 von 8.760 Stunden ($\approx 0,8\%$) – traten bis-her im Jahr 2009 auf, als die Stromnachfrage aufgrund der Folgen der Weltwirtschaftskrise signifikant unter den Werten der Vorjahre lag (siehe auch Genoese et al., 2010; Nicolosi, 2010). Mit Ansteigen der Stromnachfrage ging die Anzahl der Stunden mit negativen Prei-sen wieder zurück (2010: 12 Stunden, 2011: 15 Stunden).

[10]Zinssatz: 10%, Abschreibungsdauer: technologiespezifisch in Anlehnung an die kalendari-sche Lebensdauer (siehe Tabelle 3.1)

Abbildung 3.7: Obergrenze für den Deckungsbeitrag aus Handelsaktivitäten am Spotmarkt (2008–2011) relativ zur Annuität der Investition

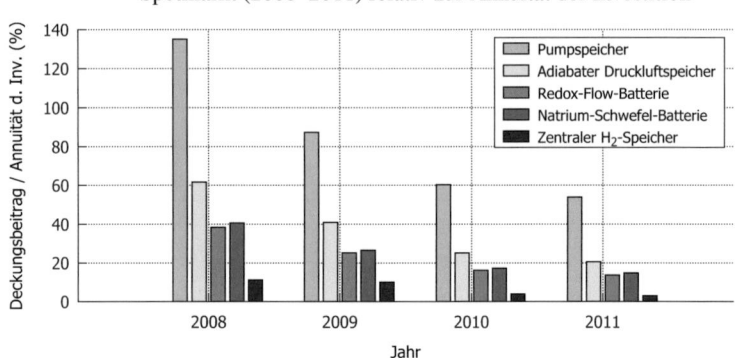

Das Jahr 2008 ist aufgrund der hohen Strompreise und der gleichzeitig hohen Preisvolatilität unabhängig von der eingesetzten Technologie das ertragreichste. Die Deckungsbeiträge der übrigen Jahre liegen deutlich unterhalb derer von 2008. Von allen Technologien werden nur mit dem Pumpspeicher und nur im Jahr 2008 Deckungsbeiträge erzielt, die oberhalb der Annuität der Investition liegen. In allen anderen Fällen wäre die Investition – sofern die Erlöse durch Stromhandel am Spotmarkt die einzige Einnahmequelle darstellen – nicht wirtschaftlich. Dies verdeutlicht die äußerst ungünstige Ausgangslage für Investitionen in Energiespeichertechnologien. Auffällig ist, dass die Deckungsbeiträge mit zunehmendem Preisjahr fallen. Ein Grund hierfür ist der Anstieg der Stromproduktion aus Photovoltaikanlagen, wodurch das Maximum der residualen Last zur Mittagszeit und damit das Preisniveau abgesenkt wird. Zudem stellen die Energieträgerpreise eine zentrale Einflussgröße dar. Speziell die Rohöl- und Erdgaspreise sind während der Wirtschaftskrise stark gesunken, wodurch auch die Strompreise gefallen sind. Die Erschließung großer Mengen unkonventioneller Erdgasvorkommen in den USA hat dazu geführt, dass in amerikanischen Kraftwerken vermehrt Erdgas und nicht Steinkohle zur Gewinnung von Elektrizität eingesetzt wird. Dieser Rückgang der Steinkohlenachfrage

Abbildung 3.8: Deckungsbeitrag aus Handelsaktivitäten am Spotmarkt (2008–2011) in Abhängigkeit der Speicherkapazität (Pumpspeicher)

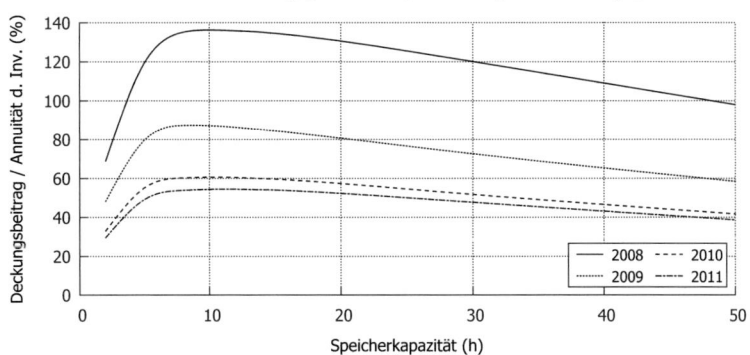

Abbildung 3.9: Deckungsbeitrag aus Handelsaktivitäten am Spotmarkt (2008–2011) in Abhängigkeit der Speicherkapazität (zentraler Wasserstoffspeicher)

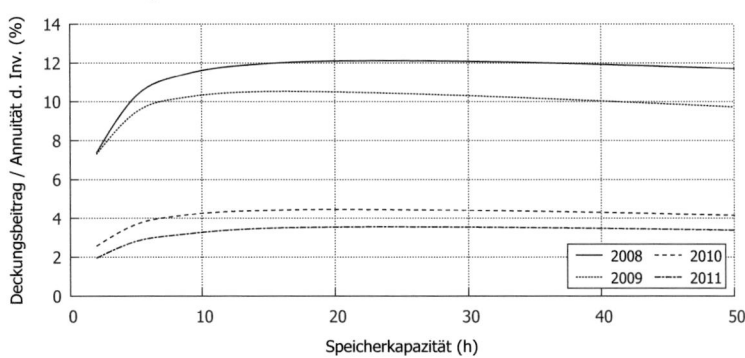

hat weltweit den Steinkohlepreis zurückgehen lassen – mit entsprechenden Auswirkungen auf die Strompreise.

Um auszuschließen, dass es passendere Basissysteme gibt als das gewählte mit acht Stunden maximalen Speichervolumens, werden Variationsrechnungen durchgeführt, in denen der jährliche Deckungsbeitrag für Systeme mit Speicherkapazitäten zwischen zwei und 50 Stunden berechnet wird. Untersucht werden die Pumpspeichertechnologie aufgrund ihrer vergleichsweise geringen Gesamt-Investitionen und die großtechnische Wasserstoffspeichertechnologie, da diese relativ niedrige arbeitsspezifische Investitionen aufweist und in der Vollkostenanalyse als vielversprechende Technologieoption für die Langzeitspeicherung identifiziert wurde. Die Ergebnisse sind in den Abbildungen 3.8 und 3.9 dargestellt. Gewählt wird wieder eine relative Darstellungsweise, da die Investitionsausgaben mit steigender Speicherkapazität zunehmen.

Die Variationsrechnungen für Pumpspeicher zeigen, dass der Quotient aus Deckungsbeitrag und Annuität der Investition außerhalb seines Maximums, das je nach Jahreszeitreihe im Bereich zwischen acht und zwölf Stunden Speicherkapazität liegt, in beide Richtungen signifikant abfällt. Weiterhin ist erkennbar, dass selbst durch die Wahl der optimalen Speicherkapazität verglichen mit den Ergebnissen des Basissystems nur marginale Verbesserungen erzielbar sind. Zudem ist dieser Punkt nicht konstant über die Jahre. Insgesamt kann für die Pumpspeichertechnologie ausgeschlossen werden, dass eine ungünstige Wahl der Speichergröße Ursache dafür ist, dass jüngere Jahreszeitreihen von EEX-Preisen zu wesentlich niedrigeren Deckungsbeiträgen führen.

Bei einem Wasserstoffspeicher ist das Maximum des Quotienten aus Deckungsbeitrag und Annuität der Investition wesentlich schwächer ausgeprägt. Im Gegensatz zu Pumpspeichern reicht hier der zusätzliche Deckungsbeitrag, der durch einen größeren Speicher erzielt werden kann, über einen weiten Kapazitätsbereich aus, um die zusätzlichen Investitionsausgaben zu decken. Dies verdeutlicht das Potenzial eines H_2-Speichers für

Anwendungen, in denen Strom länger als einen Tag zwischengespeichert werden soll. Ein wirtschaftlicher Betrieb ist jedoch bei den gegenwärtigen Preisen und Preisschwankungen nicht möglich. Hauptursache dafür ist, dass kaum Preise kleiner oder gleich 0 auftreten und somit der Wirkungsgrad von zentraler Bedeutung für die Auslastung wird. Das untere Quartil der Marktpreise betrug in den betrachteten Jahren stets mindestens 30 €/MWh$_{el}$, im hochpreisigen Jahr sogar 47 €/MWh$_{el}$. Bei 30 €/MWh$_{el}$ beträgt der minimale Verkaufspreis, ab dem ein kostendeckender Betrieb möglich ist, allerdings bereits über 80 €/MWh (siehe Ungleichung (3.2)). Diese Schwelle wurde abgesehen vom Jahr 2008 in weniger als 2,5% der Stunden überschritten, so dass die Auslastung des Speichers extrem niedrig bleibt.

3.2.6 Schlussfolgerung aus der Analyse der Vollkosten und der historischen Erlöse

Die Analysen zeigen, dass Energiespeicher generell vor der Herausforderung stehen, zu heutigen Marktbedingungen wirtschaftlich betrieben werden zu können. Zwar bewegen sich die Vollkosten pro ausgespeicherter Stromeinheit für Pump- und Druckluftspeicher bei einem täglichen Zyklus im zweistelligen Bereich und damit in der gleichen Größenordnung wie die Spotmarktpreise der vergangenen Jahre. Jedoch verdeutlicht die Berechnung der maximal erzielbaren Deckungsbeiträge, dass diese – bis auf eine Ausnahme – nicht ausreichen, um die Investitionsausgaben vollständig zu decken. Die einzige Ausnahme bildet die Pumpspeichertechnologie. Niedrigere Investitionen oder bessere Bedingungen auf der Erlösseite sind notwendig, um auch andere Technologien in den Bereich zu bringen, ab dem ein wirtschaftlicher Betrieb möglich ist.

Eine zunehmende Einspeisung von Strom aus erneuerbaren Energiequellen hat zunächst einen preisdämpfenden Effekt auf die Marktpreise (vgl. Sensfuß et al., 2008). Dies kann die Situation auf der Erlösseite verschlechtern, wenn das Maximum der Einspeisung – wie bei der Photovoltaik – mit einem lokalen Maximum der Last zusammenfällt. Jedoch sind auch positive Auswirkungen auf die Erlöse denkbar: In Zeiten niedriger Stromnachfrage und gleichzeitig guter Windverhältnisse ist mit sehr niedrigen Marktpreisen zu rechnen, wenn der Beitrag der Windenergie wie geplant weiter ansteigt. Mögliche zukünftige Entwicklungen und deren Auswirkungen auf die Rentabilität von Energiespeichern werden in Kapitel 6 detailliert und modellgestützt untersucht.

Für Wochenspeicher ist die Ausgangslage wesentlich ungünstiger: Auch wenn eine Technologieoption wie die Wasserstoffspeicherung mit ihrer hohen volumetrischen Energiedichte und ihren niedrigen arbeitsspezifischen Investitionen grundsätzlich ein Potenzial für die Langzeitspeicherung besitzt, zeigen die Analysen eine große Diskrepanz zwischen derzeit erzielbaren Erlösen und Vollkosten pro ausgespeicherter Strommenge.

3.3 Einsatz von Energiespeichern zur Integration erneuerbarer Energien

Die Nutzung von Energiespeichern zur verbesserten Integration erneuerbarer Energien ist ein wichtiger Themenschwerpunkt in der aktuellen energiepolitischen Diskussion. In ihrem Energiekonzept betont die Bundesregierung die Bedeutung von Energiespeichern und sieht den Ausbau ihrer Kapazitäten als einen Weg an, „um angesichts der deutlich zunehmenden fluktuierenden Stromerzeugung (..) die Versorgungssicherheit zu gewährleisten" (siehe Bund, 2010, S. 21). Konkret plant sie, „ die Forschung in neue Speichertechnologien deutlich [zu] intensivieren und [sie] zur Marktreife [zu] führen". Auch die Deutsche Energieagentur (dena) gibt zu bedenken, dass „bis 2020 (..) mindestens 14 GW Leistung entweder durch zusätzliche Energiespeicher und Lastmanagement aufgenommen oder durch den Ausbau der Grenzkuppelstellen exportiert werden [müssen], damit der Strom aus Erneuerbare-Energien-Anlagen nicht verworfen werden muss" (vgl.

Tiedemann et al., 2008, S. 62). In diesem Abschnitt werden Möglichkeiten aufgezeigt, wie unter Einsatz von Energiespeichern die Integration fluktuierender, regenerativer Energien erleichtert werden kann. Dabei wird auch auf die technischen Anforderungen und den Speicherbedarf eingegangen. Die verschiedenen fluktuierenden Erzeuger weisen sehr verschiedene Charakteristika hinsichtlich ihrer kurz- und mittelfristigen Variabilität sowie ihrer Prognosegenauigkeit auf. Dies beeinflusst die Anforderungen, die an Energiespeicher oder andere Integrationsmaßnahmen gestellt werden. Daher wird zunächst die Stromerzeugung aus regenerativen Quellen charakterisiert und verglichen.

3.3.1 Charakterisierung fluktuierender Stromerzeugung aus erneuerbaren Quellen

In Deutschland leisten schon heute Stromerzeuger aus Solarenergie sowie Windenergie an Land signifikante Beiträge zur Deckung der Stromversorgung (vgl. BMU, 2011b, S. 16). Auch die Stromerzeugung von Windkraftanlagen auf See spielt in anderen europäischen Ländern wie Großbritannien oder Dänemark bereits eine wesentliche Rolle im Strommix. Mittelfristig erwartet man auch für Deutschland einen steigenden Beitrag von Offshore-Windstrom (vgl. Fahl et al., 2010, S. 79, Klaus et al., 2010, S. 110f., Faulstich et al., 2010, S. 28 und Schlesinger et al., 2010, S. A 1-21). Neuen fluktuierenden Erzeugungstechnologien wie Wellenkraftwerken werden mittelfristig wegen ihres frühen Entwicklungsstadiums kaum Chancen eingeräumt (vgl. Held, 2011, S. 93f.). Seit Jahrzehnten etabliert und wichtiger Bestandteil des Energiesystems ist die erneuerbare Stromgewinnung aus Wasserkraft, deren Erzeugungsstruktur ebenfalls wetterabhängig ist. Die Elektrizitätsproduktion von Laufwasserkraftwerken ist allerdings – verglichen mit der von Wind- oder Solarenergieanlagen – geringeren Schwankungen unterlegen, so dass ihre Integration weniger Herausforderungen für das Energiesystem birgt. Zudem lässt sich die Planbarkeit der Produktion

Abbildung 3.10: Normierte Jahresdauerlinien der Windstromerzeugung an Land (2008–2011)

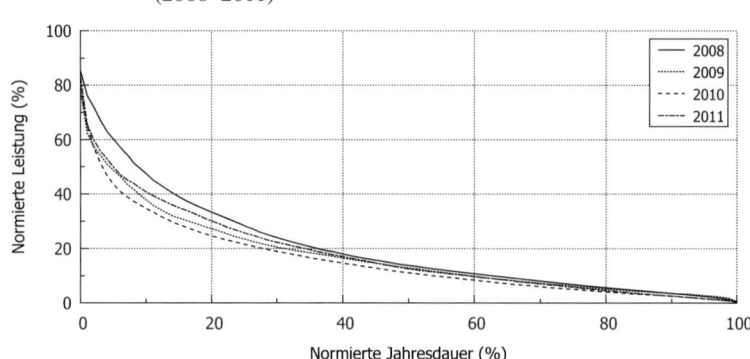

durch den Bau von Stauseen wesentlich verbessern. In den folgenden Abschnitten werden daher ausschließlich die Erzeugungszeitreihen von Solar- und Windkraftanlagen analysiert.

3.3.1.1 Charakterisierung fluktuierender Stromerzeugung aus Windenergie an Land

Aufgrund ihrer starken Verbreitung und Bedeutung für den Stromhandel gab es frühzeitig Transparenzinitiativen, um Zeitreihen der Stromerzeugung von Windkraftanlagen öffentlich zugänglich zu machen. Für die Jahre 2008 bis 2011 stehen vollständige, stündlich aufgelöste Zeitreihen für die Stromproduktion von Windkraftanlagen an Land zur Verfügung. Die normierten Jahresdauerlinien der Erzeugung[11] sind in Abbildung 3.10 dargestellt. Es wird eine normierte Darstellung gewählt, um die Jahre vergleichbar zu machen. In der Graphik werden die teilweise großen Unterschiede zwischen den einzelnen Jahren sichtbar: Je nach Wetterjahr waren in 7 bis 14 % der Zeit mindestens 40 % der Gesamtleistung abrufbar, in 54 bis 63 %

---

[11]Die Erzeugung wird auf die installierte Leistung normiert (siehe BMU, 2011b; Fried, 2012). In Ermangelung genauerer Daten wird für den Zubau innerhalb eines Jahres ein linearer Wachstum unterstellt.

Tabelle 3.3: Kennzahlen der Windstromerzeugung an Land (2008–2011)

Kennzahl		2008	2009	2010	2011
Volllaststunden	(h/a)	1775	1564	1432	1580
Minimum	(%)	0,5	0,7	0,5	0,3
Maximum	(%)	85,4	78,3	79,8	82,7
Mittelwert	(%)	20,2	17,2	15,5	17,8
Standardabweichung	(%)	17,9	14,3	13,9	15,5
Maximale Änderungsrate ↗	(%/h)	14,8	12,9	9,7	9,9
Mittlere Änderungsrate ↗	(%/h)	1,4	1,0	1,1	1,2
Maximale Änderungsrate ↘	(%/h)	12,8	18,2	11,0	9,6
Mittlere Änderungsrate ↘	(%/h)	1,3	1,0	1,1	1,2

der Zeit mindestens 10 %. Die Volllaststunden unterscheiden sich um bis zu 300 Stunden, d. h. bei gleicher installierter Leistung könnte die jährliche Stromproduktion um bis zu 20 % variieren. Dies erschwert die Untersuchung von zukünftigen Szenarien, da nicht von einer festen Strommenge ausgegangen werden kann sondern nur von einer installierten Leistung für ein bestimmtes Jahr. Die Annahme eines festen Anteils, den erneuerbare Energien zur Deckung der Stromnachfrage beitragen sollen, ist ohne weitere Variationsrechnungen problematisch.

Weitere ausgewählte Kennzahlen der Stromproduktion sind in Tabelle 3.3 zusammengefasst. Wetterlagen, in denen die Windproduktion deutschlandweit praktisch stillsteht und nur wenige hundert Megawatt eingespeist werden, sind in den vergangenen vier Jahren stets vorgekommen. Das Jahresmittel der Einspeisung bezogen auf die installierte Leistung schwankte zwischen 15 und 20 %; die Standardabweichungen lagen in der gleichen Größenordnung des Mittelwerts aber noch knapp darunter (14 bis 18 %). Dies verdeutlicht die große Streuung der Einspeisung. Die mittleren Laständerungsraten sind trotz der über die Jahre gestiegenen Gesamtleistung nahezu unverändert geblieben. Ein Trend, dass zunehmende Windstromeinspeisung immer größere Lastrampen verursacht, ist aus diesen Daten, die in stündlicher Zeitauflösung vorliegen, nicht zu entnehmen. Regionale Aus-

Tabelle 3.4: Kennzahlen der Prognosefehler für Windstromerzeugung an Land (2008–2011, Vortagesprognose)

Kennzahl		2008	2009	2010	2011
Minimum	(%)	-26,0	-25,1	-27,0	-24,5
Maximum	(%)	36,2	30,3	31,5	39,1
Mittelwert	(%)	-1,1	-0,3	-1,0	-0,6
Standardabweichung	(%)	5,7	5,1	5,1	5,1
RMSE^a	(%)	5,8	5,1	5,1	5,1
MAE^b	(%)	4,1	3,6	3,6	3,5
Vorzeichenwechsel	(–)	766	851	774	881
mittlere Dauer^c	(h)	262	132	163	112
maximale Dauer	(h)	16	11	15	12
mittlere Energie^d	(GWh)	18	12	16	12
maximale Energie	(GWh)	290	156	225	158

^{a}Wurzel des mittleren quadratischen Fehlers
^{b}Mittlerer absoluter Fehler
^{c}Dauer zwischen zwei Vorzeichenwechseln
^{d}Kumulierte Ausgleichsenergie zwischen zwei Vorzeichenwechseln

gleichseffekte können der Grund hierfür sein, d. h. ein deutschlandweiter, plötzlicher Leistungsabfall oder -anstieg ist unwahrscheinlich.

Die Netzbetreiber veröffentlichen zudem Daten zur Vortagesprognose von Windenergie. Eine Auswertung zeigt, dass der Prognosefehler – hier definiert als Differenz zwischen tatsächlicher und prognostizierter Erzeugung – in den vergangenen Jahren relativ stabil geblieben ist (siehe Tabelle 3.4). So bewegte sich bspw. der normierte RMSE in den letzten Jahren in einem Wertebereich von 5,1 bis 5,8 %. Durch Fortschritte in den Wetter- und Prognosemodellen wurden in der Vergangenheit große Verbesserungen in der Qualität der Windenergievorhersage erzielt. Die Abweichung zwischen tatsächlicher und prognostizierter Stromerzeugung aus Windkraftanlagen konnte zwischen 2002 und 2005 von 9,4 auf 5,7 % signifikant gesenkt werden[12]. Auffällig ist die Asymmetrie des Prognosefehlers: im Mittel ist er

---

[12]vgl. Klobasa, 2009, S. 115

Abbildung 3.11: Normierte Jahresdauerlinien der Solarstromerzeugung (2008–2011, ostdeutsches Netzgebiet)

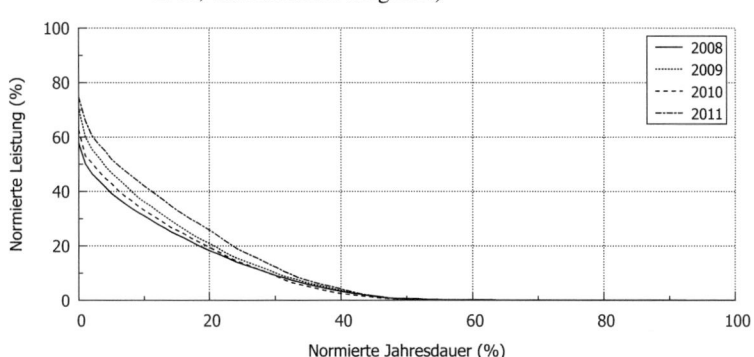

nicht Null sondern negativ, d. h. die Produktion wird überschätzt und es muss positive Ausgleichsenergie bezogen werden. Ob dieser systematische Fehler wirtschaftliche Gründe hat – etwa weil der Bezug positiver Ausgleichsenergie ökonomisch sinnvoller ist als die Veräußerung überschüssigen Stroms – kann auf Basis der vorhandenen Informationen nicht bewertet werden, da nicht offengelegt wird, an welchen Märkten bzw. durch welche Maßnahmen die Abweichungen ausgeglichen werden.

3.3.1.2 Charakterisierung fluktuierender Stromerzeugung aus Solarenergie

Vergleichbare Transparenzinitiativen wie für Windenergie an Land gibt es für die Produktion von Strom aus Solarenergie erst seit 2011 als Reaktion auf den massiven Anlagenzubau im Jahr 2010. Für die vorangehenden Jahre sind lediglich Meldungen eines einzelnen Übertragungsnetzbetreibers[13] für die Regelzone der ostdeutschen Bundesländer verfügbar. Stellt man die normierten Jahresdauerlinien[14] graphisch dar, so werden zwei wesentliche

---

[13] Es handelt sich um 50 Hertz Transmission, ehemals Vattenfall Transmission.
[14] Analog zu Windstrom wird auf die installierte Leistung normiert. Bundeslandspezifische Daten werden Berichten der Bundesnetzagentur entnommen (vgl. BNetzA, 2009a, S. 9,

Unterschiede zwischen Wind- und Solarstrom ersichtlich: Die Maxima der normierten Leistungswerte übersteigen 75 % – trotz der regionalen Begrenzung des Datensatzes – nicht, d. h. günstige Wetterbedingungen, die gleichzeitig in verschiedenen Regionen Deutschlands auftreten, sind seltener. Zudem schneidet die Dauerlinie die Abszisse bereits bei etwa 50 %, d. h. maximal während der Hälfte eines Jahres wird überhaupt Strom produziert.

Die Kennzahlen für Solarstrom (siehe Tabelle 3.5) zeigen, dass dessen Erzeugungscharakteristik gegenüber der von Windstrom Nachteile aufweist. Das Jahresmittel der Einspeisung, normiert auf die Kapazität, liegt bis zu elf Prozentpunkte darunter, wobei die Standardabweichung der Einspeisung durchgängig über ihrem Mittelwert liegt. Diese hohe Schwankungsbreite resultiert aus dem Tag- und Nachtzyklus der Erzeugung. Je nach Wetterjahr ist mit Volllaststunden zu rechnen, die 400 bis 1.000 Stunden unter denen von Windstrom liegen. Bei Mitberücksichtigung der süddeutschen Netzgebiete ist aufgrund der besseren solaren Einstrahlungsbedingungen allerdings mit einer Differenz zu den Volllaststunden von Windkraftanlagen an Land von weniger als 600 Stunden zu rechnen. Eine Auswertung der Daten für 2011 für das gesamtdeutsche Netzgebiet bestätigt dies. Auffällig ist die gegenüber Windstrom durchgängig höhere Änderungsrate der Einspeisung, d. h. starke Leistungsabfälle oder -anstiege kommen häufiger vor. Auch bei einer gesamtdeutschen Betrachtung liegen diese höher, d. h. regionale Ausgleichseffekte sind nicht erkennbar.

Tabelle 3.5: Kennzahlen der Solarstromerzeugung (2008–2011, ostdeutsches Netzgebiet)

Kennzahl		2008	2009	2010	2011
Volllaststunden	(h/a)	762	876	790	1010
Minimum	(%)	0,0	0,0	0,0	0,0
Maximum	(%)	58,9	71,1	62,7	74,9
Mittelwert	(%)	8,7	10,0	9,0	11,5
Standardabweichung	(%)	13,3	15,7	14,3	17,8
Maximale Änderungsrate ↗	(%/h)	22,9	18,0	17,9	19,7
Mittlere Änderungsrate ↗	(%/h)	2,7	3,1	2,5	3,5
Maximale Änderungsrate ↘	(%/h)	18,7	17,2	15,2	18,0
Mittlere Änderungsrate ↘	(%/h)	2,5	2,6	2,5	3,0

Abbildung 3.12: Normierte Jahresdauerlinien der Windstromerzeugung auf See (2008–2009, Datenbasis: modellierte Werte)

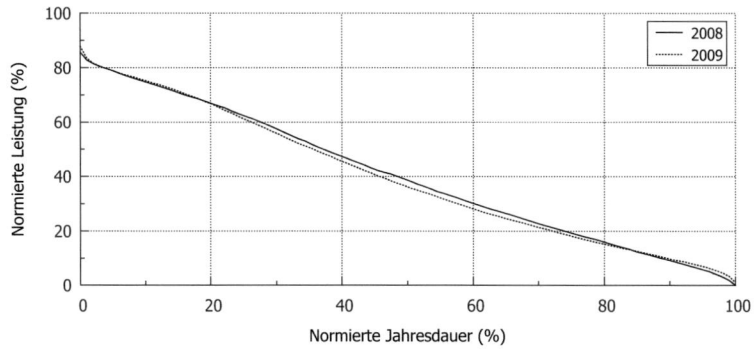

3.3.1.3 Charakterisierung fluktuierender Stromerzeugung aus Windenergie auf See

Zukünftig sieht man große Potenziale für die Stromerzeugung aus Windenergie auf See (vgl. Held et al., 2008). Bis 2011 waren in Deutschland allerdings Offshore-Anlagen mit einer Gesamtleistung von lediglich 60 MW an einem isolierten Standort in Betrieb. Dieser historische Datensatz ist zu klein für eine aussagekräftige Analyse. In anderen Ländern der Nord- und Ostsee ist die Anzahl bereits in Betrieb genommener Anlagen höher. Anfragen bei niederländischen, dänischen und schwedischen Netzbetreibern zur Offenlegung von Zeitreihen wurden jedoch mit der Begründung abgelehnt, dass es sich um betriebliche Daten der Anlagenbetreiber handele. Eine gesetzliche Verpflichtung zur Offenlegung wie in Deutschland gibt es nicht[15]. Daher wird auf Zeitreihen zurückgegriffen, die mit einem bottom-up Modell generiert wurden (siehe Klobasa, 2009, S. 134). Wichtige Eingangsdaten des Modells sind meteorologische Daten – z.B. die Windgeschwindigkeit, der Luftdruck und die Rauigkeit der Luft – sowie technische Daten zu Windkraftanlagen wie bspw. die Leistungskennlinien verschiedener Turbinentypen. Eine in Schubert (2011, S. 56) durchgeführte Validierung der modellierten Erzeugungszeitreihen für Onshore-Anlagen zeigte, dass die Abweichung[16] zwischen realen und simulierten Werten etwa 15 % beträgt. Mithilfe meteorologischer Daten von Messstationen in der Nord- und Ostsee sowie in Küstennähe werden mit der gleichen Methodik Zeitreihen für Windkraftanlagen auf See generiert. Insgesamt basieren die modellierten Zeitreihen auf Messungen von 54 Wetterstationen in den Jahren 2008 und 2009.

BNetzA, 2010a, S. 11 und BNetzA, 2011a, S. 13). Aufgrund der Dynamik des Anlagenzubaus und der daraus resultierenden Relevanz für die Anpassung der Einspeisevergütungssätze erfasst die Bundesnetzagentur seit 2009 monatlich zugebaute Kapazitäten (siehe BNetzA, 2012), d. h. im Gegensatz zu den Windstromdaten stehen monatliche Normierungsfaktoren zur Verfügung.

[15]Vereinzelt sind Monatsstatistiken verfügbar.

[16]Kennzahl: MAE

Tabelle 3.6: Kennzahlen der Windstromerzeugung auf See (2008–2009, Datenbasis: modellierte Werte)

Kennzahl		2008	2009
Volllaststunden	(h/a)	3563	3484
Minimum	(%)	0,1	1,1
Maximum	(%)	85,9	88,0
Mittelwert	(%)	40,6	39,8
Standardabweichung	(%)	24,1	24,1
Maximale Änderungsrate ↗	(%/h)	28,7	25,7
Mittlere Änderungsrate ↗	(%/h)	3,2	3,2
Maximale Änderungsrate ↘	(%/h)	23,8	26,8
Mittlere Änderungsrate ↘	(%/h)	3,2	3,1

Bereits aus der Form der Jahresdauerlinie (vgl. Abbildung 3.12) lässt sich ableiten, dass die abrufbare Leistung verglichen mit der Onshore-Variante im Mittel höher ist. Die Erzeugungsstruktur weist weitere signifikante Unterschiede auf (vgl. Kennzahlen in Tabelle 3.6). Aufgrund der besseren Windbedingungen auf See erreichen die Offshore-Volllaststunden Werte, die bis zu 2000 Stunden höher liegen. Im Mittel ist knapp 40 % der installierten Leistung abrufbar und in 90 % der Zeit ist mindestens 10 % der Leistung verfügbar. Der zeitliche Verlauf der Stromproduktion ist dagegen ungünstiger: Die Schwankungsbreite der Fluktuationen liegt bis zu zehn Prozentpunkte über der von Onshore-Windstrom. Auch die hohen Lastrampen verdeutlichen, dass stärkere Fluktuationen auftreten.

3.3.1.4 Vergleich der Erzeugungscharakteristiken und Ableitung von Herausforderungen bei der Integration fluktuierender Stromerzeugung

Die Struktur der Stromerzeugung aus Windkraft- und Solarenergieanlagen unterscheidet sich grundlegend. Die in den vorherigen Abschnitten berechneten Kennzahlen zu den Jahreszeitreihen haben deutliche Unterschiede in der mittleren Einspeisung und ihrer Schwankungsbreite sowie

Abbildung 3.13: Monatsmittel der Einspeisung und dessen Standardabweichung, normiert auf die installierte Leistung (2008–2011)

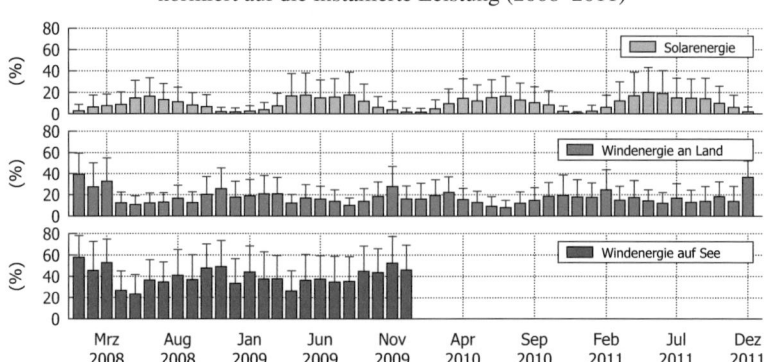

den Änderungsraten der Einspeisung aufgezeigt. Windkraft auf See weist die höchsten Volllaststunden auf, gefolgt von Windkraft an Land und Solarenergie. Die zeitliche Struktur der Fluktuation ist von besonderem Interesse, um Herausforderungen bei der Integration fluktuierender Stromerzeugung zu veranschaulichen. Betrachtet man die monatlichen bzw. saisonalen Schwankungen (siehe Abbildung 3.13), werden Unterschiede zwischen den einzelnen Erzeugungstechnologien sichtbar. Bei der Produktion aus Solarenergie ist ein jahreszeitlicher Zyklus erkennbar. Tendenziell ist die Windstromerzeugung in den Wintermonaten höher als in den Sommermonaten allerdings ist der jahreszeitliche Zyklus schwächer ausgeprägt. Dies gilt im Besonderen für Offshore-Windstrom. Trotzdem ist zwischen On- und Offshore eine Korrelation erkennbar. Die Schwankungsbreiten innerhalb eines Monats sind bei Onshore-Windstrom am geringsten und bei Photovoltaik-Strom am höchsten. Wählt man eine Darstellung in täglicher Zeitauflösung, so wird zusätzlich erkennbar, dass die Windstromerzeugung von Tag zu Tag stärker variiert als die Solarstromerzeugung. Auch mehrtägige Perioden, in denen die Einspeisung bei fast 0 % liegt, kommen häufig vor. Diese sind bei Windstrom zufällig über das Jahr verteilt, bei Solarstrom hingegen an den saisonalen Zyklus gekoppelt. Daher sind hier grundsätzlich längere Pe-

Abbildung 3.14: Tagesmittel der Einspeisung, normiert auf die installierte Leistung (2008–2011)

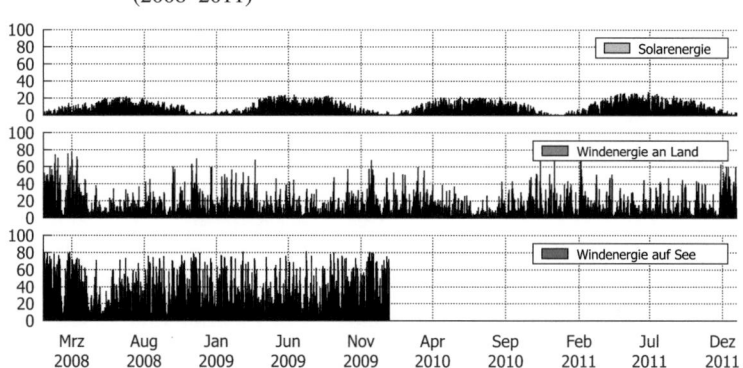

rioden niedriger Erzeugung zu überbrücken. Auch in dieser Darstellung wird die hohe zeitliche Korrelation der Stromproduktion von Windkraftanlagen an Land und auf See sichtbar. Das bedeutet, dass sich günstige wie ungünstige Windbedingungen sich zu gleichen oder zumindest ähnlichen Zeitpunkten bemerkbar machen.

Die Betrachtungen zeigen: Bei der Integration fluktuierender Stromerzeugung gibt es Herausforderungen auf verschiedenen zeitlichen Ebenen. Dies gilt insbesondere für ein zukünftiges Energiesystem mit einem steigenden Anteil erneuerbarer Energien und mit weniger Möglichkeiten, Schwankungen durch planbare Erzeugung auszugleichen. Bei einem hohen Beitrag von Solarstrom kann es erforderlich sein, saisonale Schwankungen auszugleichen, d. h. Strom, der in den sommerlichen Monaten produziert worden ist, wird in die Wintermonate verlagert. Der Ausgleich von Schwankungen innerhalb eines Monats ist ein Einsatzgebiet, das vor allem Windstrom betrifft. Ein möglicher Anwendungsfall wäre bspw. die Überbrückung von Windflauten. Im Tagesbereich könnte die Verlagerung solarer Stromproduktion von den Tages- in die Abendstunden eine Rolle spielen. Analog dazu ist eine Verlagerung von Windstrom in die Spitzenlastzeiten denkbar. Schließlich müssen wegen der begrenzten Vorhersagegenauigkeit Prognosefehler ausgeglichen werden. Wie den Kennzahlen aus Tabelle 3.4 zu entnehmen ist, geht es hier um den Stundenbereich.

In den folgenden Abschnitten werden diese vier Anwendungsfälle näher betrachtet und Anforderungen abgeleitet, die Energiespeicher erfüllen müssen, damit sie eingesetzt werden können.

3.3.2 Einsatz von Energiespeichern zur saisonalen Produktionsverlagerung von Solarstrom

Bei diesem Einsatzgebiet würde Strom während der Monate April bis September eingespeichert, um die vergleichsweise niedrige Einspeisung in den verbleibenden Monaten anzuheben (vgl. Abbildung 3.13). Dabei müssten enorme Strommengen zwischengespeichert werden. Eine Auswertung der gesamtdeutschen Zeitreihe 2011 zeigt: Um in den Wintermonaten eine Einspeiseleistung von durchgängig drei Gigawatt[17] zu halten, müssten über 17 TWh Strom ausgespeichert werden. Berücksichtigt man die Wandlungsverluste beim Ausspeichern, wären je nach verwendeter Speichertechnologie Kapazitäten zwischen 19 und 28 TWh erforderlich, um diese Zeiträume zu überbrücken. Übertragen auf ein zukünftiges Energiesystem mit einem hohen Solarstromanteil würde dies bedeuten, dass Kapazitäten im zwei- bis dreistelligen Terawattstundenbereich zur Verfügung stehen müssten. Dass hier Energiespeicher einen wirtschaftlich sinnvollen Beitrag leisten können, ist aufgrund ihrer vergleichsweise hohen Investitionen nicht zu erwarten. Zudem ist fraglich, ob eine saisonale Verlagerung der Solarstromproduktion im europäischen Stromversorgungssystem zwingend erforderlich ist, da andere fluktuierende Erzeuger mit großer Wahrscheinlichkeit einen größeren Beitrag leisten werden. Dies zeigt eine Auswertung zukünftiger Energieszenarien (vgl. Kapitel 6.1). Die saisonalen Schwankungen – insbesondere die niedrige Erzeugung in den Wintermonaten – werden überlagert von der Einspeisecharakteristik von Windkraftanlagen, die kein zy-

---

[17]Dies entspricht der mittleren Einspeisung während der Sommermonate 2011.

Abbildung 3.15: Windenergieeinspeisung und Nachfragelast im Januar 2009

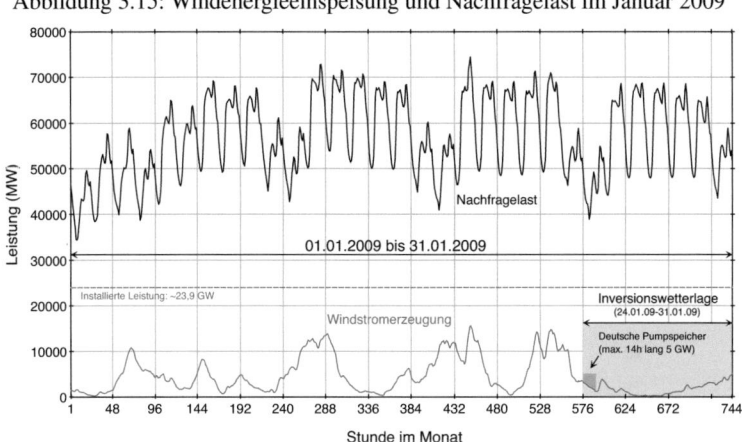

klisches Minimum in den Wintermonaten aufweist. Anders zu bewerten ist ein Stromsystem, in dem Solarstrom die Gesamteinspeisung dominiert, etwa ein Inselsystem. Hierbei handelt es sich jedoch um eine sehr spezielle Anwendung, die außerhalb des Schwerpunkts dieser Arbeit liegt und auf die deshalb nicht weiter eingegangen wird.

3.3.3 Einsatz von Energiespeichern zur Überbrückung von Windflauten

Bei der Erzeugung von Strom aus Windenergie muss mit längeren Perioden gerechnet werden, in denen extrem wenig Strom eingespeist wird. Typischerweise geschieht dies bei einer Inversionswetterlage, bei der eine Vermischung einzelner Luftschichten unterdrückt wird, so dass nahezu Windstille herrscht. Wie in Abbildung 3.15 dargestellt, können solche Wetterlagen durchaus eine ganze Woche andauern und dabei große Teile des Landes gleichzeitig erfassen. In den ersten drei Wochen des Monats Januar 2009 betrug die Einspeisung im Mittel fünf Gigawatt. Gemessen an der installierten Leistung von knapp 24 GW entspricht dies einer moderaten Einspeisung. In der letzten Woche sank die Einspeisung wegen einer Inversionswetterlage dramatisch ab – Windenergieanlagen speisten in der Wochenmitte für knapp 40 Stunden sogar nur einige Hundert Megawatt ins Stromnetz ein. Grundsätzlich ist der Einsatz von Energiespeichern eine geeignete Maßnahme, um solche Perioden zu überbrücken, indem der zu windstarken Zeiten eingespeicherte Strom während einer Windflaute wieder ausgespeichert wird. Mit den derzeitigen Speicherkapazitäten hätte man allerdings lediglich 14 Stunden lang eine Leistung[18] von fünf Gigawatt bereitstellen können. Mittelfristig – wenn nicht nur fünf Gigawatt sondern weite Teile der Nachfragelast durch fluktuierende erneuerbare Energien gedeckt werden sollen – stellt eine solche Wetterlage das Energiesystem vor eine schwierige Herausforderung, da in einem kohlendioxidarmen Stromsektor nur wenige thermische Kraftwerke zur Verfügung stehen werden, um solche Perioden zu überbrücken. Wenn Energiespeicher diese Aufgabe übernehmen sollen, müssen die Speicherkapazitäten von der Größenordnung Gigawattstunden auf Terawattstunden ausgebaut werden. Aus technologischer Sicht kommen hierfür vor allem Technologien mit einer hohen volumetrischen Energiedichte in Frage. Da derartige Wetterverhältnisse selten Gesamtdeutschland erfassen, ist mit einer niedrigen Auslastung derartiger Anlagen zu rechnen.

3.3.4 Einsatz von Energiespeichern zur Produktionsverlagerung im Stunden- und Tagesbereich

Eine interessante Anwendungsmöglichkeit für Energiespeicher besteht darin, die Stromproduktion aus erneuerbaren Energien im Stunden- und Tagesbereich zu verlagern. Ersichtlich wird dies insbesondere bei der Solarstromerzeugung. Wie Abbildung 3.16 entnommen werden kann, gibt es einen zeitlichen Versatz zwischen dem Zeitpunkt der maximalen täglichen Einspeisung aus Solaranlagen am Mittag und der maximalen täglichen

---

[18]Windeinspeisung plus Turbinierleistung

Abbildung 3.16: Solarstromproduktion und vertikale Systemlast im März 2012

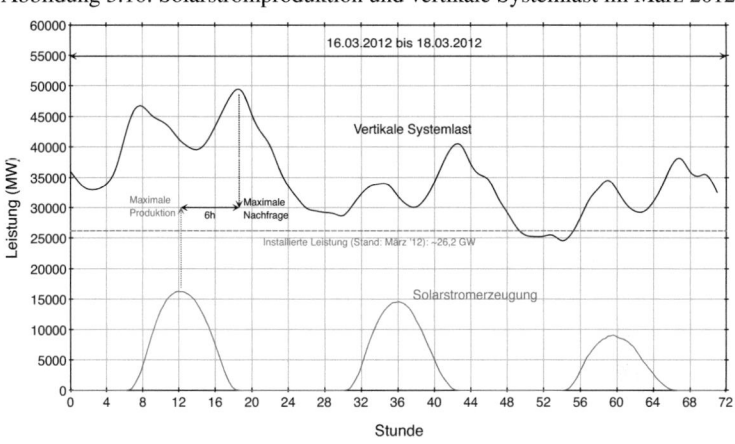

Nachfragelast[19] am Abend. Dieser beträgt je nach Jahreszeit fünf bis sechs Stunden. Mittels Speicherung könnte ein Teil der Produktion verlagert werden, damit er in den Abendstunden zur Verfügung steht. Notwendige Bedingungen für die ökonomische Vorteilhaftigkeit einer solchen Verlagerung sind, dass in den Abendstunden nur teurerer Strom zur Verfügung steht, um die Nachfrage zu decken, und dass die Kosten der Verlagerung – verursacht durch Wandlungsverluste – die Einnahmen nicht übersteigen. Die Überlegungen gelten analog für Windstrom; hier ist der zeitliche Versatz allerdings eine Zufallsgröße, da die Produktion nur einen sehr schwachen Tageszyklus aufweist. Der Anwendungsfall stellt deutlich niedrigere Anforderungen an die Gesamtspeicherkapazität als die beiden vorangegangenen Fälle und ist deshalb weniger kapitalintensiv. Um genau zu prüfen, wann und wie oft die genannten Bedingungen erfüllt sind, empfiehlt sich eine modellgestützte Analyse, die Alternativen zur Speicherung in Betracht zieht. Dieser Anwendungsfall wird detailliert in Kapitel 6 betrachtet.

---

[19]Dargestellt ist die vertikale Systemlast. Diese wird an den Übergabestellen zwischen dem Übertragungsnetz und den Verteilnetzen gemessen. Sie ergibt sich aus dem Saldo der Endverbraucherlasten und der dezentralen Erzeugung in den Verteilnetzen.

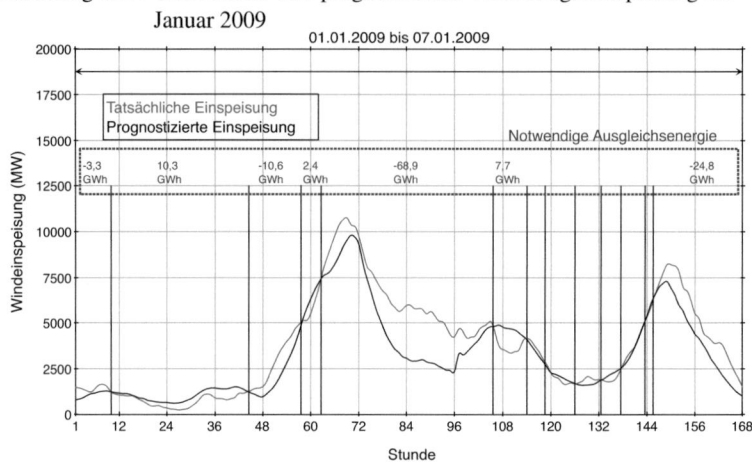

Abbildung 3.17: Tatsächliche und prognostizierte Windenergieeinspeisung im Januar 2009

3.3.5 Einsatz von Energiespeichern zum Ausgleich von Prognosefehlern

Ein Teil der Einsatzplanung erfolgt im Stromsektor 24 Stunden im Voraus. Aufgrund der Wetterabhängigkeit der Stromerzeugung aus Wind- und Solarenergieanlagen ist eine vollständig fehlerfreie Prognose für den Folgetag unmöglich. Ein typischer Verlauf von prognostizierter und tatsächlicher Windenergieeinspeisung ist in Abbildung 3.17 dargestellt. Der Horizont für die dargestellte Prognose beträgt 24 Stunden. Zum Ausgleich der Vorhersageabweichungen können bspw. Energiespeicher eingesetzt werden. Da das Vorzeichen des Prognosefehlers häufig wechselt (vgl. Tabelle 3.4), liegt die notwendige Ausgleichsenergie im ein- oder zweistelligen Gigawattstundenbereich. Selbst bei einer Verdopplung der installierten Windleistung liegt die für den Ausgleich nötige Speicherkapazität noch mindestens eine Größenordnung unter der Kapazität, die für die Überbrückung von längeren Windflauten vorgehalten werden müsste. Eine hohe volumetrische Energiedichte ist hier aus diesem Grund weniger gefragt. Aus technologischer

Sicht entscheidender ist, dass sich die Wandlungsverluste in Grenzen halten, da aufgrund der häufigen Vorzeichenwechsel des Prognosefehlers von einer hohen Auslastung auszugehen ist.

3.3.6 Konkurrierende Maßnahmen zur Integration erneuerbarer Energien

Die Herausforderungen bei der Integration fluktuierender Stromproduktion bestehen zusammengefasst darin, dass ein zufällig schwankendes Stromangebot einer zufällig schwankender Stromnachfrage angepasst werden muss. Maßnahmen zur Integration lassen sich daher grundsätzlich in angebots- und nachfrageseitige Maßnahmen einteilen.

3.3.6.1 Maßnahmen auf der Angebotsseite

Angebotsseitig verändert sich durch die zunehmende Einspeisung fluktuierender erneuerbarer Energien die Situation nicht *grundlegend*. Statt einer zufällig schwankenden Nachfragelast muss eine zufällig schwankende Residuallast[20] gedeckt werden. Grundsätzlich ist das Energiesystem angebotsseitig darauf ausgelegt, auf Änderungen der Last zu reagieren. Beim sogenannten Lastfolgebetrieb wird bspw. die Produktionsleistung eines thermischen Kraftwerks automatisch an die sich ändernde Nachfragelast angepasst. Die meisten thermischen Kraftwerke der Mittel- und Spitzenlast sind für den Lastfolgebetrieb geeignet[21]. Auch große Lastrampen, wie sie in den Morgenstunden oder zur Mittagszeit auftreten, stellen kein Problem für das heutige Stromversorgungssystem dar. Bestehende Maßnahmen, die auf der Angebotsseite zur Stabilisierung des Energiesystems zur Verfügung stehen, eignen sich daher auch zur Integration erneuerbarer Energien. Durch den

---

[20]Der Begriff bezeichnet die Differenz zwischen Nachfragelast und vorrangiger Einspeisung aus erneuerbaren Energien. In manchen Arbeiten wird diese Größe auch als thermische Restlast bezeichnet.

[21]In Hundt et al. (2009) wird angemerkt, dass Kernkraftwerke neuerer Bauart ebenfalls in diesem Modus betrieben werden können.

steigenden Anteil regenerativer Erzeugung müssen im Wesentlichen folgende Aspekte beachtet werden: Die Planbarkeit von extremen Laständerungen wird aufgrund der Zufälligkeit der Produktion erschwert und extrem niedrige oder gar negative thermische Restlasten können auftreten. Zudem muss die Angebotsseite in der Lage sein, auf schnellere Wechsel zwischen niedriger und hoher Residuallast zu reagieren. Daraus ergeben sich höhere Anforderungen an thermische Kraftwerke hinsichtlich ihrer Flexibilität. Zusätzliche Flexibilität in einem vorhandenen Kraftwerksportfolio kann entweder durch neue Kraftwerkstechnologien oder durch Energiespeicher bereitgestellt werden (vgl. Genoese et al., 2012). Im Rahmen dieser Arbeit werden die angebotsseitigen Maßnahmen detailliert modelliert, untersucht und bewertet. Einzelheiten zur Modellierung folgen in Kapitel 5; eine vergleichende Bewertung der Maßnahmen wird in Kapitel 6 vorgenommen.

3.3.6.2 Maßnahmen der Nachfrageseite

In den vergangenen Jahrzehnten spielte die Steuerung der Nachfrage kaum eine Rolle. Damit Angebot und Nachfrage zu allen Zeiten übereinstimmen, wurde stets auf angebotsseitige Maßnahmen zurückgegriffen. Grundsätzlich bieten nachfrageseitige Verlagerungspotenziale die Möglichkeit, die „Gesamteffizienz des Gesamteffizienz des Stromversorgungssystems zu steigern" (siehe Klobasa, 2009, S. 1). Potenziale gibt es sowohl auf Seiten von Privat- als auch von Großverbrauchern. Die Nachfragelast von Haushaltsgeräten wie Waschmaschinen und Kühlschränke kann ebenso verlagert werden wie die von Industrieprozessen wie z.B. die Stahlherstellung im Elektrostahlverfahren. Zukünftig könnte auch die Verlagerung des Ladevorgangs von Elektroautos eine nachfrageseitige Steuerungsmaßnahme sein. Notwendig für eine intelligente Steuerung ist der Aufbau einer entsprechenden Infrastruktur („smart grid"), die es ermöglicht, Verbrauchsgeräte direkt zu steuern oder den Verbrauchern sinnvolle Preissignale zu übermitteln. In Klobasa (2009) werden in allen Bereichen der Stromnachfrage

Lastverlagerungspotenziale identifiziert. Modellgestützte Analysen dieser Arbeit zeigen, dass „in Deutschland ca. 3 GW in der Industrie, weitere 3 GW im GHD-Sektor und weitere 4 GW im Haushaltsbereich im Mittel zur Verfügung [stehen]". In Ohrem et al. (2007, S. 54) werden sogar bis zu 7 GW Verlagerungspotenzial für den Haushaltsbereich angegeben. Einer raschen Realisierung im Haushaltssektor, wo die Potenziale am größten ind, stehen z.b. hohe spezifische Aktivierungskosten im Wege. Es müssen viele kleine Verbraucher angesprochen und gesteuert werden. Im Industriesektor sind die spezifischen Aktivierungskosten für eine Lastverlagerung geringer, da es sich um großtechnische Prozesse handelt. Das realisierbare Potenzial ist allerdings großen Einschränkungen unterworfen, da die Verbrauchslasten nicht beliebig regelbar sind. In einem Elektrostahlwerk kann bspw. die Last des Elektroofens (50 bis 70 MW) nicht gedrosselt sondern nur zu- oder abgeschaltet werden. Der Prozess kann zudem nicht beliebig lange unterbrochen werden, da es nachgelagerte Prozessschritte (Gießen, Walzen) gibt. Auch im Haushaltsbereich ist eine Lastverlagerung, die über den einstelligen Stundenbereich hinausgeht, kaum vorstellbar.

Damit stellen nachfrageseitige Maßnahmen kein gleichwertiges Substitut für Energiespeicher dar: Die in den Abschnitten 3.3.2 bis 3.3.5 beschriebenen Speichereinsatzmöglichkeiten zur verbesserten Integration fluktuierender Erzeugung können nicht oder nur eingeschränkt von einer intelligent gesteuerten Last übernommen werden. Fragwürdig erscheint zudem, ob der Aufbau der für eine intelligente Laststeuerung notwendigen Infrastruktur mit dem dynamischen Zubau der erneuerbaren Energien zeitlich Schritt halten kann.

Energiespeicher können aufgrund ihrer Fähigkeit, dem System Strom zu entnehmen, auch als nachfrageseitige Maßnahme eingeordnet werden. In den Kapiteln 5 und 6 wird darauf eingegangen, wie die Ladeleistung von Energiespeichern sinnvoll gesteuert und welcher Beitrag zur EE-Systemintegration damit geleistet werden kann.

4 Modelle für die Abbildung eines Elektrizitätssystems

4.1 Einführung

Eine Analyse der möglichen historischen Erlöse für Energiespeicher hat gezeigt, dass diese unter heutigen Rahmenbedingungen nicht rentabel sind. Wie außerdem in Kapitel 2 gezeigt wurde, hat sich der Stromsektor seit der Liberalisierung stark gewandelt: Die Beschaffung von Strom und Regelleistung erfolgt im liberalisierten System rein marktbasiert. Die Preisbildungsprozesse an den Handelsplätzen für Elektrizität sind komplex und es bestehen Wechselwirkungen zwischen den Märkten. Aufgrund des steigenden Anteils fluktuierender erneuerbarer Energien – ein erklärtes energiepolitisches Ziel der Bundesregierung und aller im Bundestag vertretenen Parteien – befindet sich der Stromsektor weiterhin im Wandel. Der Einfluss regulatorischer Rahmenbedingungen im Bereich erneuerbarer Energien auf die Preisbildungsprozesse ist hoch und demnach relevant für die Bewertung von Energiespeichern. Eine quantitative Analyse der Bedeutung von Energiespeichern im zukünftigen Stromversorgungssystem erfordert daher den Einsatz eines Modells des Stromsektors, das die wesentlichen Rahmenbedingungen und Marktregeln abbildet. In diesem Kapitel wird darauf eingegangen, welchen Anforderungen ein Modell des Elektrizitätssektors genügen muss, damit es zur Bewertung von Energiespeichern eingesetzt werden kann. Existierende Modellansätze werden vorgestellt und auf Defizite sowie Schwächen untersucht, um den Forschungsbedarf in diesem Bereich aufzuzeigen. Anschließend wird ein Modellierungsansatz ausgewählt.

4.2 Modellanforderungen

Ein Modell ist grundsätzlich eine zweckorientierte Abbildung des Originals auf ein anderes System[1]. Welche Anforderungen an ein Modell gestellt werden, hängt somit davon ab, welche Bestandteile des Originals in welchem Detailgrad abgebildet werden sollen. Konkret betrifft dies bspw. die zeitliche und räumliche Auflösung des Modells, die Abbildung von Energietechnologien, Märkten und Akteuren im Modell.

Wie in Abschnitt 2.2.1 gezeigt wurde, werden am wichtigsten Marktplatz für den Stromhandel, dem Spotmarkt, 24 stündliche Kontrakte für den Folgetag gehandelt. Die Preise für diese Kontrakte variieren zudem zwischen einzelnen Stunden signifikant: Im Mittel beträgt die stündliche Änderungsrate etwa 10 % des Jahresmittelwerts. Daher sollte die zeitliche Auflösung eines Modells, das die Vorgänge auf den Strommärkten abbildet, mindestens stündlich sein. Aus den Betrachtungen zur Charakteristik der Einspeisung aus regenerativen Energiequellen in Abschnitt 3.3.1 folgt zudem, dass es insbesondere bei der Windenergie keine „typischen" Tage gibt, die repräsentativ für viele andere Tage im Jahr sind. Die Einspeisung besitzt gewisse Saisonalitäten, diese sind aber schwach ausgeprägt. Daher ist nicht nur eine stündliche Auflösung von besonderer Wichtigkeit sondern auch die Abbildung des gesamten Jahres in dieser Auflösung.

Da es einen europäischen Netzverbund gibt, ist es nicht sinnvoll, die Vorgänge in Deutschland losgelöst von den Vorgängen in den Nachbarländern Deutschlands zu modellieren. Der Spotmarkt der EEX ist zwar ein Handelsplatz für das Stromversorgungsgebiet Deutschlands, jedoch agieren auch ausländische Händler an dieser Börse als Käufer und Verkäufer. Auch bei den Regelleistungsmärkten sind inzwischen ausländische Anbieter zugelassen, obgleich es hier strenge Vorgaben gibt und die Nutzung ausländischer Anlagen nur eingeschränkt möglich ist, da aus Gründen der Netzstabilität häufig erforderlich ist, dass Regelenergie innerhalb der deutschen Re-

---

[1] vgl. bspw. Fichtner (2004, S. 49)

gelzonen aktiviert wird. Eine Auswertung der akzeptierten Gebote der unterschiedlichen Regelleistungsmärkte zeigt, dass Bieter aus ausländischen Regelzonen derzeit nur eine marginale Rolle spielen und diese zudem auf den Minutenreservemarkt beschränkt ist. Ein Modell des deutschen Stromsektors sollte möglichst die angrenzenden Länder mit abbilden, zumindest aber typische Im- und Exportgebote für den Spotmarkt berücksichtigen.

Die technologische Vielfalt im Stromsektor ist sehr hoch. Wetterabhängige, regenerative Stromerzeugungstechnologien unterscheiden sich bspw. deutlich, was die Charakteristik der Einspeisung angeht. Selbst die Charakteristiken von Windkraft an Land und auf See unterscheiden sich signifikant (vgl. Abschnitt 3.3.1.4). Dies muss bei der Modellierung berücksichtigt werden. Die Form der zukünftigen residualen Last hängt stark von der Zusammensetzung des zukünftigen regenerativen Strommixes ab, selbst wenn der erzielte Anteil regenerativer Stromerzeugung identisch ist. Die Form der residualen Last hat wiederum Einfluss auf die Entscheidung, welche konventionellen Technologien zur Deckung dieser Last eingesetzt werden sollten. In der konventionellen Stromerzeugung durch thermische Kraftwerke gibt es große Unterschiede insbesondere in der Dynamik und Flexibilität der Anlagen, also ihrer Fähigkeit auf Änderungen zu reagieren. Technisch-wirtschaftliche Parameter wie (Teillast-)Wirkungsgrade, Mindestbetriebs- und Mindeststillstandszeiten sowie begrenzte Laständerungsgeschwindigkeiten müssen bei der Modellierung berücksichtigt werden. Andernfalls werden die Kosten unterschätzt, die bei der Integration erneuerbarer Energien entstehen. Gravierender als ein Unterschätzen der Kosten ist jedoch, dass bei einer Nichtberücksichtigung der Kraftwerksdynamik problematische Situationen, in denen regenerativer Strom nicht ohne Gefährdung der Netzstabilität eingespeist werden kann, unter Umständen außer Acht gelassen werden. Ein Modell des Stromsystems, das die Herausforderungen bei der Integration erneuerbarer Energien untersucht, erfordert somit eine detaillierte Abbildung des Kraftwerkseinsatzes. Ein vergleichbarer Detailgrad ist auch für den Einsatz von Energiespeichern notwendig, da diese ähnliche Aufgaben übernehmen. Durch die Liberalisierung des Stromsektors haben sich neue Vertriebsmöglichkeiten für Elektrizität ergeben. Auch ist die Anzahl der Akteure in diesem Sektor stark angestiegen (siehe Abschnitt 2.1.1). Sowohl für Strom als auch für Regelleistung gibt es entsprechende Handelsplätze. Die Möglichkeit, an unterschiedlichen Märkten zu handeln, sowie die Perspektive unterschiedlicher Marktakteure ist bei einer Bewertung von Energiespeichern zu berücksichtigen. Ein Energieversorger mit einem großen Kraftwerksportfolio kann aufgrund seines Kenntnisstands den erwarteten Spotmarktpreis genauer prognostizieren als bspw. ein Betreiber von Windkraftanlagen. Die Spotmarktprognose ist von zentraler Bedeutung, da die Möglichkeit besteht, die Elektrizitätserzeugung auch auf anderen Märkten als dem Spotmarkt anzubieten. Wird die Kraftwerksleistung bspw. am zeitlich vorgelagerten Regelenergiemarkt angeboten, kann diese Leistung nicht mehr am Spotmarkt vermarktet werden. Potenziell entgangene Gewinne am Spotmarkt werden daher als Opportunitätskosten in die Gebote der zeitlich vorgelagerten Märkten eingepreist.

4.3 Bestehende Modellierungsansätze

Für den Strom- und Energiesektor im Allgemeinen existiert eine Vielzahl von Modellen. Diese unterscheiden sich je nach Anwendungszweck in zeitlicher und räumlicher Auflösung, im Detaillierungsgrad der Abbildung von Technologien, Märkten und Akteuren sowie im Modellierungsansatz. Connolly et al. (2010) haben allein 37 Modelle identifiziert und verglichen, die sich für die Untersuchung von Fragestellungen im Umfeld der Integration erneuerbarer Energien eignen. Die große Anzahl an Modellen macht eine geeignete Klassifizierung erforderlich, um einen geordneten Überblick über die unterschiedlichen Ansätze zu erhalten. Ventosa et al. (2005) nehmen eine Unterteilung in drei Hauptkategorien vor: Optimierungs-,

Gleichgewichts- und Simulationsmodelle (siehe Abbildung 4.1a). Enzensberger (2003) wählt hingegen zwei Oberklassen: Top-down- und Bottom-up-Modelle (siehe Abbildung 4.1b). Ein Vergleich zeigt, dass alle Modell-

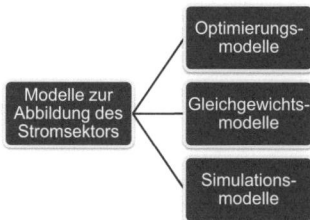

(a) Klassifizierung von Modellen des Stromsektors in Anlehnung an Ventosa et al. (2005)

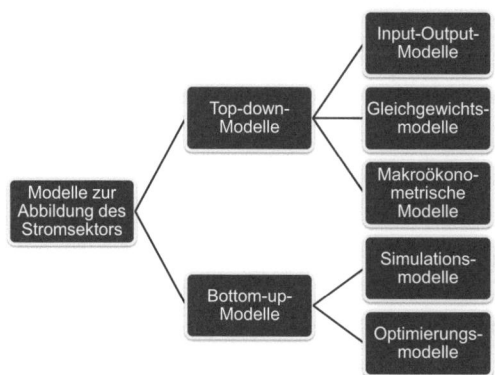

(b) Klassifizierung von Modellen des Stromsektors in Anlehnung an Sensfuß (2008)

klassen der ersten Einteilung in der zweiten enthalten sind. Enzensberger (2003) unterscheidet lediglich zusätzlich zwischen den makroökonomisch geprägten Top-down-Modellen, zu denen die Gleichgewichtsmodelle gehören, und den technologisch geprägten Bottom-up-Modellen, zu denen die Optimierungs- und Simulationsmodelle gehören. Wie Ventosa et al. (2005, S. 904) argumentiert wird, ist der geringe bzw. fehlende Technikbezug von makroökonomisch geprägten Modellen nicht grundsätzlich durch den Modellansatz bedingt sondern eher eine notwendige Vereinfachung, durch die die zugrundeliegenden Differenzialgleichungen in einem vertretbaren Zeitaufwand lösbar bleiben sollen. Bei Bottom-up-Modellen steht die detaillierte Abbildung der technisch-wirtschaftlichen Charakteristika eines Systems im Vordergrund. Daher eignen sich derartige Modellansätze besonders, um Technologien zu bewerten. Im Folgenden wird näher auf etablierte Modelle dieser Kategorie eingegangen. Im Vordergrund der Untersuchung steht dabei, in welcher Form Energiespeichertechnologien in den jeweiligen Modellen abgebildet sind.

4.3.1 Optimierungsmodelle

Optimierungsmodelle werden im Elektrizitätssektor zur Bearbeitung von Fragestellungen eingesetzt, die sowohl einen kurz- als auch einen langfristigen Zeithorizont haben können. Gemein ist Modellen dieser Klasse, dass die Abbildung unterschiedlicher Marktakteure nicht möglich ist. Ventosa et al. (2005) bezeichnen Modelle dieser Kategorie daher als „single-firm optimization models". Bei einem kurzfristigen Zeithorizont steht die Abbildung von technischen Restriktionen beim Einsatz von Stromerzeugungstechnologien wie thermischen Kraftwerken im Vordergrund. Die verwendeten Restriktionen können dabei einen intertemporalen Charakter aufweisen, etwa um begrenzte Laständerungsgeschwindigkeiten oder Mindestbetriebszeiten von Kraftwerken abzubilden. Die Zielfunktion des Problems ist i. d. R. so definiert, dass eine vorgegebene Stromnachfrage kostenminimal aus Sicht eines zentralen Planers gedeckt werden soll. Dieser besitzt perfekte Kenntnisse über alle Akteure, deren Anlagen und Strombedarf. Die zentralen Entscheidungsvariablen des Optimierungsproblems sind Ein-

und Ausschaltvorgänge sowie die eingesetzte Kapazität einzelner Kraftwerke. Das zugrundeliegende Optimierungsproblem ist in der Regel ein gemischt-ganzzahliges, wobei Nichtlinearitäten in der Produktionsfunktion umgangen werden, indem diese stufenweise linearisiert wird. Für die Lösung des resultierenden linearen, gemischt-ganzzahligen Optimierungsproblems steht eine Reihe kommerzieller und frei verfügbarer Programmbibliotheken zur Verfügung.

Bei einem langfristigen Zeithorizont von 20 bis 40 Jahren steht in der Regel die Kapazitätsplanung im Vordergrund. Das Optimierungsproblem ist so definiert, dass – bei einer gegebenen Stromnachfrage, die zu decken ist – die sämtliche Ausgaben für die Stromerzeugung und für den Zubau von Kapazitäten minimiert werden. Wichtige exogene Parameter sind dabei die verfügbaren Kraftwerkstechnologien, die anhand von technischen und wirtschaftlichen Kenngrößen wie Wirkungsgrad und Investitionen charakterisiert werden, sowie die Entwicklung der Energieträger- und CO_2-Preise. Um die Zahl der Entscheidungsvariablen und damit die Rechenzeit nicht zu stark anwachsen zu lassen, wird der Kraftwerkseinsatz häufig weniger detailliert abgebildet als bei einem Kurzfristmodell, bei dem der Zeithorizont typischerweise nicht mehr als ein Jahr beträgt. So werden bspw. An- und Abfahrvorgänge von Kraftwerken nicht abgebildet, um die Deklaration binärer Variablen zu vermeiden. Das resultierende Optimierungsproblem ist dann rein linear. Die Komplexität des Problems kann weiter verringert werden, indem die Anzahl intertemporaler Nebenbedingungen reduziert wird. Für den Kurzfristbereich hat bspw. die Universität Stuttgart ein Modell entwickelt, das u. a. zur empirischen Analyse der Preisbildung an Elektrizitätsmärkten eingesetzt wurde (vgl. Ellersdorfer et al., 2008; Sun und Ellersdorfer, 2009). Die zeitliche Auflösung des Modells beträgt 8.760 Stunden pro Jahr bei einem Zeithorizont von einem Jahr. Regional deckt dieses Modell das Stromhandelsgebiet Deutschland ab. Kraftwerke werden blockscharf abgebildet, sofern sie eine Kapazität von mindestens 50 MW aufweisen. Kleinere Kraftwerke werden in geeigneter Form – bspw. nach zweckmäßigen Brennstoff- und Altersklassen – zusammengefasst. Energiespeicher werden blockscharf abgebildet, wobei Einspeicher- und Ausspeicherverluste getrennt voneinander bilanziert werden. Im zugrundeliegenden Optimierungsproblem werden eine Vielzahl von technischen Restriktionen berücksichtigt: So sind Nebenbedingungen zur Einhaltung der Mindestleistung, der Mindestbetriebs- und Mindeststeststillstandszeit sowie der begrenzten Leistungsänderungsgeschwindigkeit integriert. In weiteren Nebenbedingungen kann vorgegeben werden, wie viel drehende und nicht drehende Reserve in positiver Richtung vorgehalten werden soll. Investitionsentscheidungen und die Leistungsvorhaltung in negativer Richtung sind nicht Teil des Modells.

Im Langfristbereich kann grundsätzlich noch zwischen myopischen und sogenannten *perfect foresight* Ansätzen unterschieden werden. Ein Vertreter der ersten Kategorie ist das Modell BALMOREL (Baltic Model of Regional Electricity Liberalization). Myopisch ist der Ansatz, da trotz des langen Zeithorizonts von 20 bis 40 Jahren immer nur in Jahresschritten optimiert wird (siehe Raven, 2010). Daraus können Investitionsentscheidungen in Technologien resultieren, die sich im Nachhinein als nicht kostenoptimal herausstellen. Das Modell wurde ursprünglich für den baltischen Raum konzipiert. Aufgrund der freien Verfügbarkeit des Modellquelltextes ist es möglich, andere Regionen abzubilden, sofern die notwendigen Eingangsdaten zur Verfügung stehen. Entsprechende Modellerweiterungen wurden bspw. für Deutschland (vgl. Cremer, 2005; Ball et al., 2007) und die EU-25 (vgl. Schmidt und Cremer, 2006) durchgeführt. Die zeitliche Auflösung ist frei wählbar und daher eher von der zeitlichen Auflösung der verfügbaren Eingangsdaten sowie den Anforderungen an die Rechenzeit abhängig. Bei einem langfristigen Zeithorizont sind 192 Zeitsegmente pro Jahr üblich, d. h. ein Jahr wird repräsentiert durch einen typischen Werk- und einen typischen Wochenendtag pro Jahreszeit, und zwar in stündlicher Auflösung. Die Charakteristik eines gesamten Windjahrs können hierdurch nicht abgebildet werden. BALMOREL bildet den Strom- und KWK-Sektor ab. Der Kraftwerkseinsatz wird ohne die Verwendung von binären oder ganzzahligen Variablen modelliert. Aus diesem Grund greifen viele Nebenbedingungen, die zur Beschreibung der Dynamik von Kraftwerken dienen, nicht. Ebensowenig können An- und Abfahrvorgänge mit Kosten versehen werden. Energiespeicher werden durch ihre Leistung, ihre Speicherkapazität und ihre Effizienz im Modell abgebildet. Da das Optimierungsproblem rein linear ist, macht es keinen Unterschied, ob ein aggregierter Energiespeicher mit einer durchschnittlichen, gewichteten Effizienz abgebildet wird oder jeder Block mit seiner individuellen Effizienz. Analoges gilt für konventionelle Kraftwerke. Der Ausbau erneuerbarer Energien muss exogen vorgegeben werden.

Das Optimierungsmodell PERSEUS (Programme Package for Emission Reduction Strategies in Energy Use and Supply) der Universität Karlsruhe ist ein Beispiel für einen Ansatz mit *perfect foresight*, d. h. es werden nicht mehrere Optimierungen nacheinander für einzelne Perioden durchgeführt sondern eine einzige für den gesamten Zeithorizont, in der alle Eingangsdaten einfließen. Es handelt sich um eine integrierte Optimierung der Produktions- und Investitionsentscheidungen. Im Rahmen der betrachteten Nebenbedingungen und der vorhandenen Kostendaten sind somit alle Kapazitätszubauentscheidungen kostenoptimal. Das Modell wurde bereits für eine Vielzahl von Fragestellungen eingesetzt und wird kontinuierlich weiterentwickelt (vgl. Fichtner, 1999; Enzensberger, 2003; Möst, 2006; Perlwitz, 2007; Rosen, 2008). Der Zeithorizont des Modells beträgt typischerweise 30 bis 40 Jahre bei einer Auflösung von 36 Zeitscheiben innerhalb eines Jahres. Modelliert wird i. d. R. der europäische Raum. Der Ausbau erneuerbarer Energien ist im Gegensatz zu BALMOREL eine modellendogene Größe. Über Nebenbedingungen im Optimierungsproblem kann bspw. vorgegeben werden, welcher Anteil des Strombedarfs durch regenerative Erzeugung gedeckt werden soll. Zur ökonomischen Bewertung der verschiedenen Technologien sind regionale Kostenpotenzialkurven als Eingangsdaten hinterlegt. Zusätzlich kann staatliche Förderung einzelner Technologien in Form von negativen Steuern abgebildet werden. Zudem kann im Optimierungsproblem als Nebenbedingung ein Reduktionsziel für CO_2-Emissionen im Stromsektor vorgegeben werden, d. h. es werden Obergrenzen festgelegt, die nicht überschritten werden dürfen. Aus dem Schattenpreis der entsprechenden Nebenbedingung kann ein CO_2-Preis abgeleitet werden. Die Modellierung des Kraftwerks- und Speichereinsatzes in PERSEUS ist vergleichbar mit der in BALMOREL.

Am Energiewirtschaftlichen Institut an der Universität zu Köln (EWI) kommen sowohl Optimierungsmodelle mit einem kurz- als auch mit einem langfristigen Zeithorizont zum Einsatz. Das Kurzfristmodell DIANA (Dispatch and Network Analysis, siehe EWI, 2012) bildet den europäischen Raum in stündlicher Zeitauflösung ab. Es berechnet den kostenoptimalen Kraftwerkseinsatz für ein Jahr, woraus die Grenzkosten der Erzeugung ableitet werden. Der Kraftwerkseinsatz wird allerdings lediglich für Deutschland optimiert. Für die Nachbarländer werden jeweils stündliche Kostenzeitreihen exogen vorgegeben (vgl. Gatzen, 2008, S. 94), um den Stromaustausch mit diesen Ländern abzubilden. Da Anfahrkosten berücksichtigt werden, müssen die konventionellen Kraftwerkskapazitäten in Blöcken aufgeteilt vorliegen. Angaben zum Detaillierungsgrad dieser Aufteilung liegen nicht vor.

Um die langfristige Entwicklung des Energiesystems zu bestimmen, kann das Kurzfristmodell DIANA mit dem Langfristmodell DIANA-INVEST gekoppelt werden, dessen zeitlicher Horizont bis zum Jahr 2040 reicht. Die zeitliche Auflösung des Langfristmodells beträgt 288 Stunden pro Jahr, d. h. pro Jahreszeit wird ein repräsentativer Werktag, Samstag und Sonntag mit einer Genauigkeit von 24 Stunden optimiert. Es dient primär der Bestimmung der Kapazitäten, die zugebaut werden müssen. Preiszeitreihen für die zukünftigen Jahre werden durch exogene Vorgabe der aus DIANA-INVEST resultierenden Zubauten mit DIANA bestimmt.

Speziell für die Bewertung von Energiespeichern setzt Gatzen (2008) ein drittes Modell namens DIMEX (Dispatch Model Exogenous Pricing) ein, das mit DIANA und DIANA-Invest gekoppelt wird. Bei gegebener Preiszeitreihe bestimmt DIMEX den maximalen Deckungsbeitrag, den ein Energiespeicher mit bestimmten Eigenschaften (Wirkungsgrad, Leistung, Speicherkapazität) durch Ein- und Ausspeichervorgänge erzielen kann. Daraus leitet der Autor Schlussfolgerungen zur Wirtschaftlichkeit von Energiespeichern ab.

4.3.2 Simulationsmodelle

Grundsätzlich wird in Simulationsmodellen die zeitliche Entwicklung eines Systems berechnet. Dies erfolgt bspw. dadurch, dass Akteure des Systems in jedem Zeitschritt basierend auf vorgegebenen Entscheidungsregeln handeln; in diesem Fall spricht man von agentenbasierten Simulationsmodellen. In systemdynamischen Simulationsmodellen werden Wirkungszusammmenhänge zwischen einzelnen Komponenten eines Systems mithilfe von Differenzialgleichungen abgebildet (vgl. Möst und Fichtner, 2009).

Simulationsmodelle eignen sich besonders, um verschiedene Akteure und einen unterschiedlichen Kenntnisstand oder unterschiedliche Handlungsstrategien einzelner Akteure zu modellieren (vgl. Enzensberger, 2003). Auch kann eine zeitlich verzögerte Wirkung von Entscheidungen besser abgebildet werden als mit Optimierungsmodellen.

In Genoese (2010, S. 91 ff.) wird im Überblick über agentenbasierte Simulationsmodelle in der Energiewirtschaft festgestellt, dass diese grundsätzlich geeignet seien, das Marktgeschehen im Elektrizitätsmarkt zu simulieren. Die Mehrzahl der Modelle sei für Analysen mit kurzfristigen Zeithorizont entwickelt worden. Agentenbasierte Simulationsmodelle, die Investitionsentscheidungen abbilden, seien weniger verbreitet. Allerdings würden häufig Modelle mit stilisierten Daten etwa zum Kraftwerkspark verwendet. Im Vordergrund stünde weniger die Abbildung eines realen Systems als die Untersuchung theoretischer Fragestellungen. Das agentenbasierte Simulationsmodell PowerACE (vgl. Sensfuß, 2008; Genoese, 2010) setzt hier an: Es bildet die relevanten Akteure und die Marktgeschehnisse am deutschen Strommarkt ab. Anbieter und Nachfrager geben in regelmäßig wiederkehrenden Auktionen Preis- und Volumengebote ab; der Marktpreis ergibt sich dann aus dem Schnittpunkt der aggregierten Angebots- und Nachfragekurve. Die hohe zeitliche Auflösung von 8.760 Stunden pro Jahr ermöglicht eine fundierte Bewertung der fluktuierenden Stromerzeugung aus regenerativen Energien. Zudem wird der deutsche Kraftwerkspark blockscharf abgebildet. Dies ermöglicht eine gute Modellierung der konventionellen Stromerzeugung und der daraus resultierenden Emissionen. Jedoch werden bei der Bestimmung des Kraftwerkseinsatzes keine der in vielen Optimierungsmodellen üblichen intertemporalen Restriktionen berücksichtigt. Energiespeicher werden ebenfalls blockscharf abgebildet. Ihr Einsatz erfolgt entweder basierend auf einem statischen Profil oder kann preisgesteuert erfolgen, d. h. Lade- bzw. Entladegebote werden möglichst zu den (erwarteten) günstigsten bzw. teuersten Stunden platziert. Die modellierten Preiszeitreihen wurden anhand historischer Daten validiert (siehe Genoese, 2010, S. 159 ff.). Für die Jahre 2001 und 2004 betrug bspw. die Korrelation zwischen der simulierten und der realen Strompreiszeitreihe bis zu 70 %. Auch hinsichtlich der CO_2-Emissionen und der Stromerzeugung nach Energieträger wurde eine gute Übereinstimmung festgestellt, wobei die Stromproduktion aus Steinkohleanlagen über- und die aus Gaskraftwerken unterschätzt wurde.

4.3.3 Vergleich von Simulations- und Optimierungsmodellen

Sowohl Simulations- als auch Optimierungsmodelle gehören zur Klasse der Bottom-up-Modelle, in denen technische Charakteristika eines Energiesystems sehr detailliert abgebildet werden können. Dennoch unterscheiden sich die zugrundeliegenden Modellphilosophien signifikant: In Optimierungsmodellen wird der optimale Wert einer Zielfunktion unter vorgegebenen Rahmenbedingungen aus Sicht eines zentralen Planers bestimmt.

In der Regel wird das Problem der kostenminimalen Deckung einer vorgegeben Stromnachfrage gelöst. Technische Restriktionen und andere Vorgaben wie die Einhaltung bestimmter Emissionsgrenzen können sehr gut über Nebenbedingungen abgebildet werden. Hingegen ist der Grundgedanke eines Simulationsmodells, dass die zeitliche Abfolge des Marktgeschehens unter Berücksichtigung unterschiedlicher Akteure simuliert werden soll. Simulationsmodelle sind damit grundsätzlich myopisch, da eine sukzessive Entscheidungsabfolge stattfindet. In der agentenbasierten Simulation sind die Marktpreise das Resultat einer Auktion – es handelt sich um einen realen, imperfekten Markt mit unvollständiger Markttransparenz, d. h. den Akteuren liegen keine oder unvollständige Informationen über die Gutseigenschaften und die Preise ihrer Wettbewerber vor. Bei Optimierungsmodellen wird hingegen der Schattenpreis der Nebenbedingung zur Nachfragedeckung als Marktpreis interpretiert. Eine der grundlegenden Voraussetzungen für diese Interpretation ist die Annahme eines perfekten Markts mit vollständiger Information (vgl. Swider et al., 2007, S. 4). Diese Voraussetzung ist in der Realität nicht erfüllbar. Dennoch hat sich die Methodik bei der Untersuchung energiewirtschaftlicher Fragestellungen bewährt, da diese Modelle in der Regel nicht primär dazu dienen, Marktpreise mit größtmöglicher Genauigkeit zu erklären, sondern Zusammenhänge aufzudecken und Einflussfaktoren zu isolieren. Der agentenbasierte Ansatz erlaubt es hingegen, auch Kostenbestandteile zu berücksichtigen, die sich aus Abweichungen vom Idealzustand des Modells der vollständigen Konkurrenz ergeben.

4.4 Schwächen etablierter Ansätze bei der Abbildung von Energiespeichern

Die zunehmende Bedeutung von Energiespeichern im Stromversorgungssystem ist eng verknüpft mit dem steigenden Beitrag fluktuierender, regenerativer Stromerzeugung zur Deckung der Nachfrage. Wie in Abschnitt 3.3.1

gezeigt wurde, gibt es bei der Integration dieser Stromerzeugung Herausforderungen auf verschiedenen zeitlichen Ebenen. Insofern ist die von den meisten Optimierungsmodellen gewählte Repräsentation regenerativer Stromeinspeisung mithilfe weniger Typtage pro Jahr als kritisch anzusehen. Beim Zusammenfassen einer Jahreszeitreihe zu wenigen typischen Tagen mitteln sich unweigerlich seltene aber extreme Situationen wie bspw. eine mehrtägige Inversionswetterlage heraus. Ein Energiesystem mit einem hohen Anteil wetterabhängiger Erzeugung darf aber nicht auf mittlere oder typische Tage ausgelegt werden, da sonst der Kapazitätsbedarf unterschätzt wird. Ansätze mit einer niedrigen zeitlichen Auflösung sind somit weniger geeignet, um den Bedarf und die Wirtschaftlichkeit von Energiespeichertechnologien zu analysieren.

Die Ausführungen zu den energiepolitischen und -wirtschaftlichen Rahmenbedingungen heben zudem hervor, dass es wichtig ist, verschiedene Akteure zu betrachten (vgl. Kapitel 2). Es macht bspw. einen Unterschied, ob ein Windparkbetreiber oder ein großer Energieversorger in einen Energiespeicher investiert. Zudem werden durch die Verwendung einer bei Optimierungsmodellen üblichen zentralen Zielfunktion wesentliche Eigenschaften eines liberalisierten Systems ignoriert. Es wird bspw. vernachlässigt, dass Akteure an verschiedenen Märkten handeln und Entscheidungen treffen, die auf unvollständigen Informationen basieren. Die Möglichkeit, Elektrizität an verschiedenen Märkten vermarkten zu können, führt bspw. zu Opportunitätskosten an den zeitlich vorgelagerten Märkten. Dieser Sachverhalt lässt sich mit Optimierungsmodellen nicht abbilden – Wechselwirkungen zwischen den Märkten werden vernachlässigt. Dies führt zu einer Unterschätzung der Marktpreise und damit der Erlöse, die mit einem Energiespeicher erzielt werden können.

Auffallend an den etablierten Modellansätzen ist zudem, dass Energiespeicher eine untergeordnete Rolle im Modell spielen. Häufig werden sie aggregiert betrachtet und ihr Beitrag zur Bereitstellung negativer Leistungsreserve wird vernachlässigt. Es ist nachvollziehbar, dass dies für heutige Systeme eine valide Vereinfachung ist, da Energiespeicher nicht sehr weit verbreitet sind und sich ihr Einsatz größtenteils auf die Verlagerung von günstigem Nachtstrom in die Lastspitzen zur Mittagszeit beschränkt. Für zukünftige Systeme mit einem hohen Anteil fluktuierender Erzeugung muss der Einsatz von Energiespeichern allerdings mit einem vergleichbaren Detailgrad modelliert werden wie der Einsatz von Kraftwerken. Aufgrund der zunehmenden wetterabhängigen Einspeisung kann davon ausgegangen werden, dass sich in Zukunft die Maxima und Minima der residualen Last immer wieder verlagern.

Der Ansatz von Gatzen (2008) ermöglicht eine gute Bewertung von Energiespeichern. Als kritisch anzusehen ist die gekoppelte Verwendung von drei Modellen, ohne dass Wechselwirkungen zwischen den Modellen berücksichtigt werden. Insbesondere zwischen DIANA und DIMEX sind starke Rückkopplungen zu erwarten. Die aus dem Kraftwerkseinsatzmodell DIANA abgeleiteten Strompreise werden ohne Volumenbegrenzung an DIMEX – dem Modell, das den größtmöglichen Deckungsbeitrag eines Speichers bestimmt – weitergegeben, d. h. die Preise verändern sich durch den Speichereinsatz nicht, sei der einzelne Speicher noch so groß. Der Autor setzt vereinfachend eine beliebig preisinelastische Stromnachfrage an. Durch diese Vereinfachung wird der Wert von Energiespeichern überschätzt, da zusätzliches Angebot den Entladestrompreis dämpft und zusätzliche Nachfrage den Ladestrompreis ansteigen lässt, woraus insgesamt ein niedrigerer Deckungsbeitrag resultiert.

Agentenbasierte Simulationsmodelle sind weniger etabliert als Optimierungsmodelle, wenn es um die Abbildung realer Systeme geht. Große Fortschritte wurden in diesem Bereich mit dem Modell PowerACE erzielt, das bspw. erfolgreich zur Bewertung des Merit-Order-Effekts[2] oder zur Messung von Marktmacht auf dem deutschen Strommarkt[3] eingesetzt worden ist. Verbesserungspotenzial wird gemäß Genoese (2010, S. 200f.) in ver-

---

[2]vgl. Sensfuß et al. (2008)
[3]vgl. Möst und Genoese (2009)

schiedenen Punkten gesehen. Auf der Stromangebotsseite wird als verbesserungswürdig angesehen, dass wichtige intertemporale Restriktionen beim Kraftwerkseinsatz – Mindeststillstands- und Mindestbetriebszeiten sowie begrenzte Laständerungsgeschwindigkeiten – nicht berücksichtigt werden. Dadurch würden die Produktionskosten unterschätzt. Bei einer quantitativen Bewertung von Energiespeichern ist dieser Punkt als besonders kritisch anzusehen: Energiespeicher bringen zusätzliche Flexibilität ins Kraftwerksportfolio, indem sie in bestimmten Zeitpunkten bspw. Kraftwerke auslasten, die sonst abgeschaltet werden müssten. Mindeststillstandszeiten oder Teillastwirkungsgrade können so vermieden werden. Dadurch können Produktionskosten eingespart werden. Die Höhe der Einsparungen ist ein Maß für den Wert des Energiespeichers. Werden die Kosten unterschätzt, wird auch dessen Wert unterschätzt.

4.5 Auswahl eines Modellierungsansatzes für die Analyse

Die im Rahmen dieser Arbeit bearbeitete Fragestellung besitzt einen starken Technologiebezug. Dies legt den Einsatz eines Bottom-up-Modells nahe, d. h. eines Optimierungs- oder eines Simulationsmodells. Die Analyse etablierter Ansätze und Modelle zur Bearbeitung energiewirtschaftlicher Fragestellungen zeigt, dass es in beiden Ansätzen Schwachpunkte und Defizite gibt. Diese äußern sich in erster Linie darin, dass der Wert eines Energiespeichers leicht unterschätzt werden kann. Für eine Bewertung von Energiespeichertechnologien aus ökonomischer Sicht ist dies aber ein zentraler Nachteil – eine Investition könnte fälschlicherweise als unwirtschaftlich gelten. Ein Modellierungsansatz zur Bewertung von Energiespeichertechnologien muss daher in diesem Punkt robuster als bestehende Ansätze sein. Überschätzt werden kann der Wert von Energiespeichern, wenn vernachlässigt wird, dass ein Energiespeicher den Preisbildungsmechanismus beeinflusst. Integrierte Ansätze sind daher gekoppelten Ansätzen zu bevorzugen, d. h. Energiespeicher sollten möglichst in ein bestehendes Marktmodell mit angemessener Genauigkeit integriert werden und nicht in einem dem Marktmodell nachgelagerten Einsatzmodell bewertet werden. Alternativ sind auch Ansätze mit iterativer Kopplung denkbar, um den angesprochenen Rückwirkungen Rechnung zu tragen.

Als Basis für den Modellierungsansatz erscheint ein agentenbasiertes Simulationsmodell besser geeignet als ein Optimierungsmodell. Zum einen wird hier der zeitliche Ablauf Marktgeschehens abgebildet, so dass Wechselwirkungen zwischen den Märkten – etwa Opportunitätskosten – modelliert werden können. Zum anderen ist die Akteursperspektive zentraler Bestandteil der agentenbasierten Simulation und ist damit besser mit den Rahmenbedingungen des liberalisierten Stromsektors vereinbar. Für die Analysen ist es allerdings zwingend erforderlich, dass Elemente aus der Optimierung in die Modelllogik integriert werden, um sicherzustellen, dass die Produktionskosten nicht unterschätzt werden. Hier bietet es sich an, bestimmte Schritte in der Simulation, die auf Entscheidungsregeln basieren, durch Optimierungsprobleme zu ersetzen. Die Optimierungsprobleme werden dann nicht für das gesamte System sondern nur getrennt für jeden Agenten einzeln gelöst.

Aufbauend auf dem Strommarktmodell PowerACE werden im Rahmen dieser Arbeit diese und andere Erweiterungen umgesetzt. Neben der Integration von Elementen aus der Optimierung steht die bessere Abbildung von Energiespeichern und Regelleistungsemärkten im Vordergrund. Im nachfolgenden Kapitel 5 werden die Veränderungen und Erweiterungen vorgestellt, diskutiert und validiert.

5 Modellierung des deutschen Elektrizitätssystems unter besonderer Berücksichtigung von Energiespeichern

5.1 Einführung

Wie in den vorangegangenen Kapiteln gezeigt wurde, erfordert die Analyse der Bedeutung von Energiespeichern im zukünftigen Stromversorgungssystem eine kombinierte Betrachtung von Technologien und Märkten. In diesem Kapitel wird das für die energiewirtschaftlichen Analysen eingesetzte Modell mitsamt seiner Datenbasis vorgestellt und anschließend anhand von historischen Marktdaten validiert.

5.2 Überblick über das Modell

Die Basis für das im Rahmen dieser Arbeit von Grund auf weiterentwickelte Modell ist das agentenbasierte Simulationsmodell PowerACE (vgl. Sensfuß, 2008; Genoese, 2010). Die grundlegend veränderten Modellteile sind im folgenden Modellüberblick entsprechend gekennzeichnet.

PowerACE ist ein in der Programmiersprache Java geschriebenes Simulationsprogramm, das die zentralen Abläufe beim Handel, bei der Erzeugung und bei der Verteilung von Strom simuliert. Es handelt sich um eine agentenbasierte Simulation, d. h. die wichtigsten Akteure des Stromsektors sind in Form von sogenannten Agenten abgebildet (siehe Abbildung 5.1). Agenten auf der Angebotsseite sind bspw. Energieversorgungs-

Abbildung 5.1: Struktur des Modells

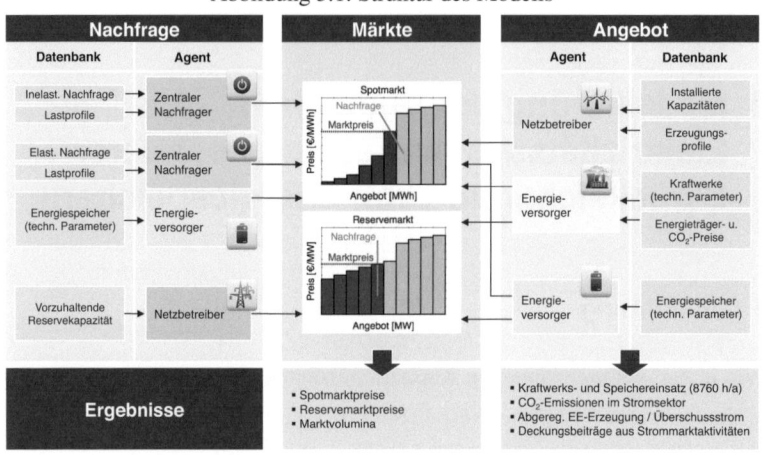

unternehmen[1], die die Stromproduktion ihrer thermischen Kraftwerke und Energiespeicher vermarkten oder Übertragungsnetzbetreiber, die gemäß der Ausführungsverordnung der Bundesnetzagentur den gesamten Strom aus erneuerbaren Energiequellen an der Börse veräußern müssen. Auf der Nachfrageseite handelt ein zentraler Nachfrageagent das Lastprofil des gesamten Verbrauchs. Dabei besteht in der weiterentwickelten Modellversion die Möglichkeit, zwischen preiselastischer und preisinelastischer Nachfrage zu unterscheiden, um u. a. den Effekt der Lastverlagerung zu untersuchen. Grundsätzlich denkbar ist bspw. die Verlagerung der Ladevorgänge von Elektroautos und von industriellen Produktionsprozessen, implementiert wird die preiselastische Nachfrage von Energiespeichern beim Ladevorgang. Marktseitig bildet das Modell einen vortäglichen Spot- und ver-

---

[1]Mit jeweils eigenen Agenten modelliert werden die überregionalen Energieversorger E.ON, EnBW, RWE, Vattenfall und Evonik-Steag. Kraftwerkskapazitäten, die im Besitz von Stadtwerken sind oder der industriellen Eigenproduktion zugeordnet werden können, werden hingegen aggregiert modelliert (zentraler Stadtwerke-Agent, zentraler Industrie-Agent).

schiedene Reservemärkte[2] ab. Die zeitliche Auflösung des Modells und seiner Eingangsdaten beträgt 8.760 Stunden pro Jahr.

Die wichtigsten Modellergebnisse sind die stündlichen Marktpreise der Spotmarktauktionen, der stündliche Einsatz von thermischen Kraftwerken und Energiespeichern und die daraus resultierenden Kosten, die CO_2-Emissionen im Stromsektor sowie die Einnahmen der einzelnen Agenten, die sich aus den Marktaktivitäten ergeben.

Der Simulationsablauf eines Zeitschritts aus Sicht eines Strom handelnden Agenten ist in Abbildung 5.2 aufgeführt. Die Darstellung entspricht dem Entwicklungsstand von PowerACE, wie er in Sensfuß (2008) und Genoese (2010) dokumentiert ist. Im ersten Schritt erstellen die Agenten eine Preisprognose für den Spotmarkt. Diese dient als Basis für die Gebote, die anschließend für die Spotmarktauktion abgegeben werden. Nach der Markträumung ist jedem Agent die veräußerte Strommenge und der Marktpreis bekannt. Ein dedizierter Kraftwerkseinsatzplan wird nicht erstellt. Im Rahmen dieser Arbeit wird das Modell an verschiedenen Stellen grundlegend erweitert (siehe Abbildung 5.3): Es werden u. a. zusätzliche Simulationsschritte eingeführt, um technisch-wirtschaftliche Restriktionen bei der Vorhaltung von Regelleistung und beim Einsatz von Energiespeichern sowie von thermischen Kraftwerken abzubilden. Bestehende Simulationsschritte werden zudem überarbeitet und verbessert. Die Änderungen und Neuerungen werden im Abschnitt 5.5 im Detail beschrieben.

Zur Einhaltung dieser Restriktionen werden in den Schritten *Prognoseerstellung (Spotmarkt)* und *Erstellung des Einsatzplans* Verfahren aus der linearen Optimierung in die agentenbasierte Marktsimulation integriert. Bevor auf die Modellierung von Märkten und Marktteilnehmern im Detail eingegangen wird, werden zunächst die verwendeten Optimierungsverfahren mathematisch beschrieben.

---

[2]Der Begriff Reservemarkt wird in dieser Arbeit als Synonym für den Begriff Regelenergiemarkt verwendet. Gemeint sind damit alle Regelenergiearten, die in den Zuständigkeitsbereich der Netzbetreiber fallen, d. h. die Primär- und Sekundärregelung sowie die Minutenreserve.

Abbildung 5.2: Simulationsablauf eines Zeitschritts (Stand des Modells in Sensfuß, 2008; Genoese, 2010)

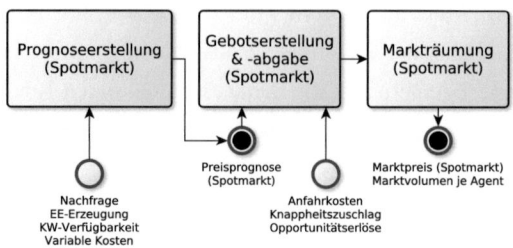

Abbildung 5.3: Simulationsablauf eines Zeitschritts (heutiger Stand des Modells)

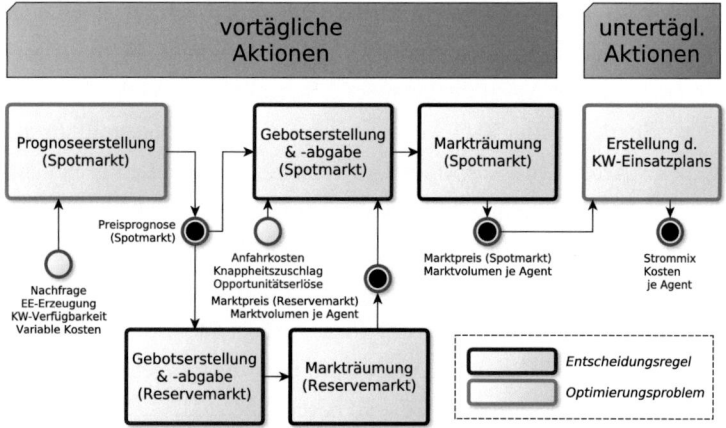

5.3 Mathematische Formulierung der verwendeten Optimierungsverfahren

Sowohl die Erstellung der Preisprognose als auch die Erstellung des Kraft-werkseinsatzplans (KW-Einsatzplan) basiert auf der Lösung des Optimie-rungsproblems der kostenminimalen Strombereitstellung und Regelleis-tungsvorhaltung. Bei Optimierungsproblemen dieser Art geht es darum, eine vorhandene Strom- und Regelleistungsnachfrage mit einer gegebenen Menge an Kraftwerken und Energiespeichern und unter Berücksichtigung technischer sowie wirtschaftlicher Restriktionen kostenminimal zu decken. Zentrale Ergebnisse der Optimierung sind der tatsächliche Einsatz der Kraftwerke und Speicher sowie die Grenzkosten der Erzeugung. Im Simulationsschritt, in dem die Preisprognose erstellt wird, werden diese Grenzkosten als Prognose für den Spotmarktpreis interpretiert.

Die mathematische Formulierung dieses Optimierungsproblems wird im Folgenden in zwei Schritten vorgestellt. Zunächst wird – in Anlehnung an Carrion und Arroyo (2006) und Ellersdorfer et al. (2008) – das Optimierungsproblem der kostenminimalen Strombereitstellung beschrieben, d. h. die Vorhaltung von Regelleistung wird zunächst nicht betrachtet. Anschließend werden die Erweiterungen beschrieben, mit denen die Vorhaltung positiver wie negativer Regelleistung abgebildet werden kann. Häufig liegt der Schwerpunkt von Arbeiten zu diesem Thema auf der Beschreibung des Einsatzes thermischer Kraftwerke (vgl. Simoglou et al., 2010; Arroyo und Conejo, 2000; Sun und Ellersdorfer, 2009; Arroyo und Conejo, 2004), und der Einsatz von Energiespeichern wird entweder vereinfacht abgebildet oder vernachlässigt. Aus diesem Grund wird in beiden Schritten im Besonderen auf die Modellierung von Energiespeichern eingegangen.

5.3.1 Formulierung ohne Berücksichtigung von Leistungsvorhaltung

Die Entscheidungsvariablen des Problems sind in Tabelle 5.1 aufgeführt. Um den Kraftwerkseinsatz abzubilden, werden für jedes thermische Kraftwerk und für jede Stunde drei Variablen benötigt. Die Erzeugungsleistung wird als kontinuierliche Variable deklariert. Binäre Variablen werden für den Betriebs- und Anfahrzustand benötigt. Diese haben genau dann den Wert eins, wenn das Kraftwerk im betrachteten Zeitschritt betrieben bzw. angefahren wird. Für die Abbildung der Energiespeicher sind in dieser Formulierung pro Anlage und Stunde drei kontinuierliche Variablen für die

Tabelle 5.1: Entscheidungsvariablen des Optimierungsproblems

Variable	Einheit	Typ	Beschreibung
$P_{tu,h}$	MW_{el}	kont.	(Netto-)Erzeugungsleistung des Kraftwerks tu in der Stunde h
$ON_{tu,h}$	–	binär	Betriebszustand von tu in h (an / aus)
$ST_{tu,h}$	–	binär	Anfahrzustand von tu in h (fährt an / fährt nicht an)
$P_{su,h}^{in}$	MW_{el}	kont.	(Brutto-)Einspeicherleistung des Energiespeichers su in der Stunde in h
$ON_{su,h}^{in}$	–	binär	Betriebszustand (Einspeich.) von su in h
$ST_{su,h}^{in}$	–	binär	Anfahrzustand (Einspeich.) von su in h
$P_{su,h}^{out}$	MW_{el}	kont.	(Brutto-)Ausspeicherleistung von su in h
$ON_{su,h}^{out}$	–	binär	Betriebszustand (Ausspeich.) von su in h
$ST_{su,h}^{out}$	–	binär	Anfahrzustand (Ausspeich.) von su in h
$LVL_{su,h}$	MWh_{el}	kont.	Füllstand von su in h

Ein- und Ausspeicherleistung und den Speicherfüllstand nötig sowie vier binäre Variablen für die Beschreibung des Betriebs- und Anfahrzustands (jeweils im Ein- und Ausspeichermodus). Im Folgenden werden die Zielfunktion und die Nebenbedingungen des Problems im Detail erläutert. Zur besseren Übersicht sind alle verwendeten Parameter in Tabelle 5.2 aufgelistet.

Zu minimieren sind die Gesamtkosten[3] der Stromerzeugung (C^{el}), d. h. die Summe der Kosten über alle Anlagen und über die Zeit (siehe Gleichung (5.1)). Die Kosten einer thermischen Anlage tu zu einer bestimmten Stunde h werden mit $C_{tu,h}^{el}$ bezeichnet und setzen sich aus ihren Produktions- sowie ihren Anfahrkosten zusammen (siehe Gleichung (5.2)). Sie hängen von den Entscheidungsvariablen $P_{tu,h}$ und $ST_{tu,h}$ ab. Sollen Teillastwirkungsgrade abgebildet werden, kommt eine Abhängigkeit von $ON_{tu,h}$ hinzu.

---

[3]Betriebswirtschaftlich handelt es sich hierbei nicht um Kosten sondern um Ausgaben. In der Energiewirtschaft ist jedoch in diesem Zusammenhang der Begriff „Kosten" üblich.

Tabelle 5.2: Parameter des Optimierungsproblems

Parameter	Einheit	Beschreibung
$p_{tu,h}^{fuel}$	€/MWh$_{th}$	Preis für den im Kraftwerk tu verwendeten Energieträgers in der Stunde h
c_{tu}^{tp}	€/MWh$_{th}$	Transportkosten des in tu verwendeten Energieträgers
p_h^{cert}	€/t	CO_2-Zertifikatspreis
$\epsilon_{tu}^{CO_2}$	t/MWh$_{th}$	Emissionsfaktor des in tu verwendeten Energieträgers
c_{tu}^{oth}	€/MWh$_{el}$	Sonstige spezifische Stromerzeugungskosten von tu
$\hat{\eta}_{tu}$	%	Wirkungsgrad am max. Betriebspunkt von tu
$\check{\eta}_{tu}$	%	Wirkungsgrad am min. Betriebspunkt von tu
$\hat{p}_{tu}$	MW$_{el}$	Maximaler Betriebspunkt von tu
$\lambda_{tu} \cdot \hat{p}_{tu}$	MW$_{el}$	Minimaler Betriebspunkt von tu
$c_{tu,h}^{st}$	€/MW$_{el}$	Spezifische Anfahrkosten von tu in h
$c_{tu,h}^{var}$	€/MWh$_{el}$	Spezifische variable Kosten von tu in h am maximalen Betriebspunkt
τ_{tu}^{st}	h	Startdauer von tu
f_{tu}^{add}	–	Kostenfaktor für den zusätzlichen Brenn–stoffbedarf von tu
f_{tu}^{abr}	–	Kostenfaktor für den zusätzlichen Ver–schleiß von tu
γ_{tu}	MW$_{el}$/h	Maximale stündliche Änderungsrate von tu
τ_{tu}^{off}	h	Mindeststillstandszeit von tu
τ_{tu}^{on}	h	Mindestbetriebszeit von tu
$\hat{p}_{su}^{in}$	MW$_{el}$	Maximale Netto-Einspeicherleistung des Energiespeichers su
$\lambda_{su}^{in} \cdot \hat{p}_{su}^{in}$	MW$_{el}$	Minimale Netto-Einspeicherleistung von su
$\hat{p}_{su}^{out}$	MW$_{el}$	Maximale Netto-Ausspeicherleistung von su
$\lambda_{su}^{out} \cdot \hat{p}_{su}^{out}$	MW$_{el}$	Minimale Netto-Ausspeicherleistung von su
c_{su}^{st}	€/MW$_{el}$	Spezifische Anfahrkosten von su
η_{su}^{in}	%	Wirkungsgrad von su beim Einspeichern
η_{su}^{out}	%	Wirkungsgrad von su beim Ausspeichern
$\hat{l}_{su}$	MWh$_{el}$	Maximales Speichervolumen von su
D_h	MW$_{el}$	Nachfragelast in der Stunde h

Die Kosten für den Betrieb einer Speicheranlage su zum Zeitpunkt h werden mit $C^{el}_{su,h}$ bezeichnet. Sie entsprechen den Anfahrkosten, die bei jedem Start der Anlage anfallen (siehe Gleichung (5.3)), weswegen die Kostenfunktion eines Speichers lediglich von den Entscheidungsvariablen $ST^{in}_{tu,h}$ und $ST^{out}_{tu,h}$ abhängt. Variable Einsatzkosten sind vernachlässigbar, da kein Brennstoff für den Betrieb eines Speichers benötigt wird.

$$C^{el} = \sum_{tu}\sum_{h} C^{el}_{tu,h} + \sum_{su}\sum_{h} C^{el}_{su,h} \to \text{MIN} \tag{5.1}$$

$$C^{el}_{tu,h} = \underbrace{C^{var}_{tu,h}}_{\substack{\text{variable} \\ \text{Kosten} \\ [\text{€}]}} + \underbrace{C^{st}_{tu,h}}_{\substack{\text{Anfahr-} \\ \text{kosten} \\ [\text{€}]}} \tag{5.2}$$

$$C^{el}_{su,h} = \underbrace{C^{st}_{su,h}}_{\substack{\text{Anfahr-} \\ \text{kosten} \\ [\text{€}]}} = \underbrace{c^{st}_{su}}_{[\text{€}/\text{MW}_{el}]} \cdot \left(\underbrace{\hat{p}^{in}_{su}}_{[\text{MW}_{el}]} \cdot \underbrace{ST^{in}_{su,h}}_{[-]} + \underbrace{\hat{p}^{out}_{su}}_{[\text{MW}_{el}]} \cdot \underbrace{ST^{out}_{su,h}}_{[-]} \right) \tag{5.3}$$

Die Größe des ersten Summanden aus Gleichung (5.2) ist maßgeblich determiniert durch den Brennstoffverbrauch der Anlage:

$$C^{var}_{tu,h} = \underbrace{\phi^{fuel}_{tu,h} \cdot \Delta h}_{\substack{\text{Brennstoffver-} \\ \text{brauch in } \Delta h \\ [\text{MWh}_{th}]}} \cdot \left(\underbrace{p^{fuel}_{tu,h}}_{\substack{\text{Brennstoff-} \\ \text{preis} \\ [\text{€}/\text{MWh}_{th}]}} + \underbrace{c^{tp}_{tu}}_{\substack{\text{Transport-} \\ \text{kosten} \\ [\text{€}/\text{MWh}_{th}]}} + \underbrace{p^{cert}_{h}}_{\substack{\text{Zertifikats-} \\ \text{preis} \\ [\text{€}/t]}} \cdot \underbrace{\epsilon^{CO_2}_{tu}}_{\substack{\text{Emissions-} \\ \text{faktor} \\ [t/\text{MWh}_{th}]}} \right) + \underbrace{C^{oth}_{tu,h}}_{\substack{\text{sonst. variable} \\ \text{Kosten} \\ [\text{€}]}} \tag{5.4}$$

Zwischen den sonstigen variablen Kosten – hierzu zählen beispielsweise Steuern auf die erzeugte Strommenge – und der Erzeugungsleistung $P_{tu,h}$

besteht ein rein linearer Zusammenhang:

$$C^{\text{oth}}_{\text{tu,h}} = \underbrace{c^{\text{oth}}_{\text{tu}}}_{[\text{€/MWh}_{\text{el}}]} \cdot \underbrace{\Delta h}_{[\text{h}]} \cdot \underbrace{P_{\text{tu,h}}}_{[\text{MW}_{\text{el}}]} \tag{5.5}$$

Der Brennstoffverbrauch ist abhängig vom Wirkungsgrad der Anlage $\hat{\eta}_{\text{tu}}$. Unter der Annahme, dass dieser in allen Betriebspunkten der Anlage konstant ist, verhalten sich Brennstoffverbrauch und Stromproduktion $P_{\text{tu,h}}$ proportional zueinander:

$$\phi^{\text{fuel}}_{\text{tu,h}} = \underbrace{\frac{1}{\hat{\eta}_{\text{tu}}}}_{\left[\frac{\text{MW}_{\text{th}}}{\text{MW}_{\text{el}}}\right]} \cdot \underbrace{P_{\text{tu,h}}}_{[\text{MW}_{\text{el}}]} \tag{5.6}$$

Soll das Teillastverhalten von Kraftwerken abgebildet werden, muss berücksichtigt werden, dass der Wirkungsgrad nur am maximalen Anlagenbetriebspunkt $\hat{\eta}_{\text{tu}}$ beträgt. In Ellersdorfer et al. (2008, S. 8f.) wird der Teillastbetrieb eines Kraftwerks mit folgendem Ansatz abgebildet: Wenn $\check{\eta}_{\text{tu}}$ den Wirkungsgrad am niedrigsten Betriebspunkt ($\lambda_{\text{tu}} \cdot \hat{p}_{\text{tu}}$) bezeichnet, so ergibt sich für den Brennstoffverbrauch der folgende Ausdruck[4]:

$$\phi^{\text{fuel}}_{\text{tu,h}} = \underbrace{\frac{1}{1 - \lambda_{\text{tu}}}}_{[-]} \cdot \underbrace{\frac{\check{\eta}_{\text{tu}} - \lambda_{\text{tu}} \cdot \hat{\eta}_{\text{tu}}}{\check{\eta}_{\text{tu}} \cdot \hat{\eta}_{\text{tu}}}}_{\left[\text{MW}_{\text{th}}/\text{MW}_{\text{el}}\right]} \cdot \underbrace{P_{\text{tu,h}}}_{[\text{MW}_{\text{el}}]}$$
$$+ \underbrace{\frac{\lambda_{\text{tu}}}{1 - \lambda_{\text{tu}}}}_{[-]} \cdot \underbrace{\frac{\hat{\eta}_{\text{tu}} - \check{\eta}_{\text{tu}}}{\check{\eta}_{\text{tu}} \cdot \hat{\eta}_{\text{tu}}}}_{\left[\text{MW}_{\text{th}}/\text{MW}_{\text{el}}\right]} \cdot \underbrace{\hat{p}_{\text{tu}}}_{[\text{MW}_{\text{el}}]} \cdot \underbrace{\text{ON}_{\text{tu,h}}}_{[-]} \tag{5.7}$$

Sowohl in Gleichung (5.6) als auch in Gleichung (5.7) geht die Entscheidungsvariable $P_{\text{tu,h}}$ rein linear ein. Das Optimierungsproblem bleibt daher bei dieser Form der Berücksichtigung von Teillastwirkungsgraden ein lineares Problem. Der Aspekt der Linearität ist von besonderer Bedeutung

---

[4]Der Ausdruck gilt unter der Annahme eines linearen Zusammenhangs zwischen Wirkungsgrad und Produktion mit den beiden Stützpunkten $\phi^{\text{fuel}}_{\text{tu,h}}(\hat{p}_{\text{tu}}) = \frac{\hat{p}_{\text{tu}}}{\hat{\eta}_{\text{tu}}}$ und $\phi^{\text{fuel}}_{\text{tu,h}}(\lambda_{\text{tu}} \cdot \hat{p}_{\text{tu}}) = \frac{\lambda_{\text{tu}} \cdot \hat{p}_{\text{tu}}}{\check{\eta}_{\text{tu}}}$.

für die Lösbarkeit eines größeren Optimierungsproblems, wie es die kostenminimale Einsatzplanung aller Kraftwerke eines Landes darstellt.

Der zweite Summand aus Gleichung (5.2) ist linear mit der Entscheidungsvariable $ST_{tu,h}$ verknüpft (siehe Gleichung (5.8)). Die binäre Variable $ST_{tu,h}$ hat nur dann den Wert eins, wenn eine Anlage im Zeitschritt h angefahren wird. Dies bedeutet, dass die Anfahrkosten ($c_{tu}^{st} \cdot \hat{p}_{tu}$) bei jedem Anfahrvorgang der Anlage anfallen. Nach Genoese (2010, S. 120) setzen sich diese Kosten einerseits aus dem Brennstoffmehrbedarf und andererseits aus dem zusätzlichen Verschleiß der Anlage während der Dauer des Anfahrvorgangs zusammen. Sie sind proportional zu den spezifischen variablen Kosten[5] $c_{tu,h}^{var}$.

$$
\begin{aligned}
C_{tu,h}^{st} &= \underbrace{c_{tu,h}^{st}}_{[\text{€}/\text{MW}_{el}]} \cdot \underbrace{\hat{p}_{tu}}_{[\text{MW}_{el}]} \cdot \underbrace{ST_{tu,h}}_{[-]} \\[2ex]
&= \underbrace{c_{tu,h}^{var}}_{[\text{€}/\text{MWh}_{el}]} \cdot \underbrace{\tau_{tu}^{st}}_{[h]} \cdot \left(\underbrace{f_{tu}^{add}}_{[-]} + \underbrace{f_{tu}^{abr}}_{[-]} \right) \cdot \hat{p}_{tu} \cdot ST_{tu,h}
\end{aligned}
\tag{5.8}
$$

Alternativ können die Anfahrkosten auch in Abhängigkeit der Stillstandszeit (vgl. Nowak und Römisch, 2000, S. 255) oder in Abhängigkeit verschiedener thermischer Betriebszustände (vgl. Simoglou et al., 2010, S. 1968) abgebildet werden. Beide Ansätze eignen sich eher für die Beschreibung kleinerer Systeme, da die Anzahl der Nebenbedingungen beträchtlich[6] zunimmt.

Damit ist die Zielfunktion des Problems (Gleichung (5.1)) vollständig definiert. Da sowohl kontinuierliche als auch ganzzahlige Variablen vorkom-

---

[5]Die spezifischen variablen Kosten entsprechen den variablen Kosten am maximalen Betriebspunkt dividiert durch die maximale Erzeugungsleistung und werden gemäß folgender Formel berechnet: $c_{tu,h}^{var} = C_{tu,h}^{var}(P_{tu,h} := \hat{p}_{tu})/\hat{p}_{tu}$

[6]Für jedes Kraftwerk und jede Stunde werden T zusätzliche Nebenbedingungen benötigt, wobei T die Zeit bezeichnet, die vergehen muss, bis das Kraftwerk vollständig abgekühlt ist.

men und alle Variablen linear in die Zielfunktion eingehen, handelt es sich um ein lineares, gemischt-ganzzahliges Optimierungsproblem. Wichtigste Nebenbedingung des Problems ist die Deckung der Stromnachfrage. Zu jeder Stunde h muss die Summe aus Erzeugungs- und Ausspeicherleistung größer oder gleich der Summe aus Nachfragelast und Einspeicherleistung sein:

$$\sum_{tu} P_{tu,h} + \sum_{su} \left(\eta_{su}^{out} \cdot P_{su,h}^{out} \right) = D_h + \sum_{su} P_{su,h}^{in} \qquad (5.9)$$

Zudem gibt es eine Reihe technischer und physikalischer Restriktionen für den Betrieb der thermischen Kraftwerke und der Energiespeicher, die im Folgenden formuliert werden.

5.3.1.1 Restriktionen für den Betrieb von thermischen Kraftwerken

Die Leistungsgrenzen einer Anlage können mithilfe der binären Variable $ON_{tu,h}$, die nur dann einen von Null verschiedenen Wert hat, wenn das Kraftwerk in Betrieb ist, abgebildet werden (Minimalleistung: Ungleichung (5.10), Maximalleistung: Ungleichung (5.11)).

$$P_{tu,h} \geq \lambda_{tu} \cdot \hat{p}_{tu} \cdot ON_{tu,h} \qquad (5.10)$$

$$P_{tu,h} \leq \hat{p}_{tu} \cdot ON_{tu,h} \qquad (5.11)$$

Die Erzeugungsleistung von Kraftwerken kann von einem Zeitschritt zum nächsten nur mit einer begrenzten Geschwindigkeit geändert werden. Wenn γ_{tu} die maximale Laständerungsgeschwindigkeit im Zeitintervall $\Delta h = 1h$ bezeichnet, so müssen folgende Ungleichungen erfüllt werden, um die Begrenzung einzuhalten:

$$(\Delta h)^{-1} \cdot (P_{tu,h} - P_{tu,h-1}) \geq -\gamma_{tu} \cdot ON_{tu,h} \quad - (\Delta h)^{-1} \cdot \hat{p}_{tu} \cdot (1 - ON_{tu,h})$$

$$(5.12)$$

$$(\Delta h)^{-1} \cdot (P_{tu,h} - P_{tu,h-1}) \leq \gamma_{tu} \cdot ON_{tu,h-1} \quad + (\Delta h)^{-1} \cdot \hat{p}_{tu} \cdot (1 - ON_{tu,h-1})$$

$$(5.13)$$

Kraftwerke sind nicht beliebig flexibel, was die Anzahl der An- und Abfahrvorgänge pro Zeitintervall angeht. Einmal eingeschaltet, müssen bestimmte Kraftwerkstypen mindestens für eine gewisse Zeitspanne betrieben werden (Mindestbetriebszeit τ_{tu}^{on}). Umgekehrt muss nach einem Abschaltvorgang eine bestimmte Zeit vergehen, ehe das Kraftwerk neu angefahren werden kann (Mindeststillstandszeit τ_{tu}^{off}). Die Ursachen hierfür liegen in Prozessen, die der Verbrennung vor- oder nachgelagert sind. Hierzu zählt bspw. der Prozess der Rauchgaswäsche. Mathematisch lassen sich die Einhaltung der Mindestbetriebszeit durch die Ungleichungen (5.14) und die Einhaltung der Mindeststillstandszeit durch die Ungleichungen (5.15) beschreiben.

$$\sum_{t=h}^{h+\tau_{tu}^{on}-1} ON_{tu,t} \geq (ON_{tu,h} - ON_{tu,h-1}) \cdot \tau_{tu}^{on}$$

$$(5.14)$$

$$\sum_{t=h}^{h+\tau_{tu}^{off}-1} (1 - ON_{tu,t}) \geq (ON_{tu,h-1} - ON_{tu,h}) \cdot \tau_{tu}^{off}$$

$$(5.15)$$

5.3.1.2 Restriktionen für den Betrieb von Energiespeichern

Die Ein- und Ausspeicherleistung einer Speichereinheit kann nur in folgenden Grenzen variiert werden:

$$P_{su,h}^{in} \geq \lambda_{su}^{in} \cdot \frac{\hat{p}_{su}^{in}}{\eta_{su}^{in}} \cdot ON_{su,h}^{in} \tag{5.16}$$

$$P_{su,h}^{in} \leq \frac{\hat{p}_{su}^{in}}{\eta_{su}^{in}} \cdot ON_{su,h}^{in} \tag{5.17}$$

$$P_{su,h}^{out} \geq \lambda_{su}^{out} \cdot \frac{\hat{p}_{su}^{out}}{\eta_{su}^{out}} \cdot ON_{su,h}^{out} \tag{5.18}$$

$$P_{su,h}^{out} \leq \frac{\hat{p}_{su}^{out}}{\eta_{su}^{out}} \cdot ON_{su,h}^{out} \tag{5.19}$$

Ein simultanes Ein- und Ausspeichern wird mit folgender Restriktion ausgeschlossen:

$$ON_{su,h}^{in} + ON_{su,h}^{out} \leq 1 \tag{5.20}$$

Notwendig für eine korrekte Bilanzierung der Energie zwischen zwei Zeitschritten mit $\Delta h = 1h$ ist schließlich folgende Kontinuitätsgleichung[7]:

$$LVL_{su,h-1} + \eta_{su}^{in} \cdot P_{su,h-1}^{in} \cdot \Delta h - P_{su,h-1}^{out} \cdot \Delta h = LVL_{su,h} \tag{5.21}$$

Schließlich darf zu keinem Zeitpunkt der Füllstand $LVL_{su,h}$ das maximale Speichervolumen $\hat{l}_{su}$ überschreiten oder negativ werden:

$$0 \leq LVL_{su,h} \leq \hat{l}_{su} \tag{5.22}$$

5.3.1.3 Bestimmung der binären Zustandsvariablen für Anfahrvorgänge

Der Wert der binären Zustandsvariable $ST_{tu,h}$ ist festgelegt durch den Betriebszustand im aktuellen und vergangenen Zeitschritt (siehe Ungleichun-

---

[7]Erforderlich für eine eindeutige Bestimmung ist, dass der anfängliche Füllstand $LVL_{su,0}$ gesetzt wird.

gen 5.23 und 5.24). In dieser Formulierung ist $ST_{tu,h}$ zudem relaxiert, so dass sie als kontinuierliche Variable deklariert werden kann.

$$ST_{tu,h} \geq ON_{tu,h} - ON_{tu,h-1} \tag{5.23}$$

$$ST_{tu,h} \geq 0 \tag{5.24}$$

In gleicher Weise können die binären Variablen $ST_{su,h}^{in}$ und $ST_{su,h}^{out}$ festgelegt und relaxiert werden (siehe Ungleichungen (5.25) bis (5.28)). Zu berücksichtigen ist, dass ein Wechsel vom Einspeicher- in den Ausspeichermodus keinen Anfahrvorgang darstellt.

$$ST_{su,h}^{in} \geq ON_{su,h}^{in} - ON_{su,h-1}^{in} - ON_{su,h-1}^{out} \tag{5.25}$$

$$ST_{su,h}^{out} \geq ON_{su,h}^{out} - ON_{su,h-1}^{out} - ON_{su,h-1}^{in} \tag{5.26}$$

$$ST_{su,h}^{in} \geq 0 \tag{5.27}$$

$$ST_{su,h}^{out} \geq 0 \tag{5.28}$$

5.3.2 Formulierung mit Berücksichtigung von Leistungsvorhaltung

Für die Berücksichtigung von Leistungsvorhaltung müssen weitere Entscheidungsvariablen definiert werden. In diesem Modellansatz wird Sekundär- und Tertiärregelleistung in positiver wie negativer Richtung abgebildet. Für jede dieser vier Regelleistungsarten müssen pro Kraftwerk eine und pro Energiespeicher zwei zusätzliche Entscheidungsvariablen definiert werden. Diese sind in Tabelle 5.3 aufgeführt. Die neu hinzugekommenen Parameter sind in Tabelle 5.4 aufgelistet. Die Präqualifikationskriterien für die verschiedenen Regelleistungsarten im europäischen Stromversorgungssystem unterscheiden sich insbesondere hinsichtlich der erforderlichen Mindestaktivierungsgeschwindigkeit einer Anlage. Dies hat zur Folge, dass manche Regelleistungsarten nur von bestimmten Kraftwerkstypen bzw. Energiespeichertechnologien vorgehalten werden können. Sekundärregelener-

Tabelle 5.3: Zusätzliche Entscheidungsvariablen des Optimierungsproblems

Variable	Einheit	Typ	Beschreibung
$P_{tu,h}^{srp}$	MW_{el}	kont.	Vorgehaltene pos. Sekundärregelleistung des Kraftwerks tu in der Stunde h
$P_{tu,h}^{srn}$	MW_{el}	kont.	Vorgehaltene neg. Sekundärregelleistung des Kraftwerks tu in der Stunde h
$P_{tu,h}^{trp}$	MW_{el}	kont.	Vorgehaltene pos. Tertiärregelleistung des Kraftwerks tu in der Stunde h
$P_{tu,h}^{trn}$	MW_{el}	kont.	Vorgehaltene neg. Tertiärregelleistung des Kraftwerks tu in der Stunde h
$P_{su,h}^{in,srp}$	MW_{el}	kont.	Vorgehaltene pos. Sekundärregelleistung des Energiespeichers su in h (Einspeich.)
$P_{su,h}^{out,srp}$	MW_{el}	kont.	Vorgehaltene pos. Sekundärregelleistung des Energiespeichers su in h (Ausspeich.)
$P_{su,h}^{in,srn}$	MW_{el}	kont.	Vorgehaltene neg. Sekundärregelleistung des Energiespeichers su in h (Einspeich.)
$P_{su,h}^{out,srn}$	MW_{el}	kont.	Vorgehaltene neg. Sekundärregelleistung des Energiespeichers su in h (Ausspeich.)
$P_{su,h}^{in,trp}$	MW_{el}	kont.	Vorgehaltene pos. Tertiärregelleistung des Energiespeichers su in h (Einspeich.)
$P_{su,h}^{out,trp}$	MW_{el}	kont.	Vorgehaltene pos. Tertiärregelleistung des Energiespeichers su in h (Ausspeich.)
$P_{su,h}^{in,trn}$	MW_{el}	kont.	Vorgehaltene neg. Tertiärregelleistung des Energiespeichers su in h (Einspeich.)
$P_{su,h}^{out,trn}$	MW_{el}	kont.	Vorgehaltene neg. Tertiärregelleistung des Energiespeichers su in h (Ausspeich.)

Tabelle 5.4: Zusätzliche Parameter des Optimierungsproblems

Parameter	Einheit	Name
D_h^{srp}	MW_{el}	Vorzuhaltende pos. SRL in h
D_h^{srn}	MW_{el}	Vorzuhaltende neg. SRL in h
D_h^{trp}	MW_{el}	Vorzuhaltende pos. TRL in h
D_h^{trn}	MW_{el}	Vorzuhaltende neg. TRL in h

gie muss innerhalb von maximal fünf Minuten vollständig erbracht werden können. Lediglich die Anfahrzeit von Pumpspeichern liegt in diesem Bereich. Alle anderen Einheiten können nur Sekundärregelleistung vorhalten, wenn sie bereits vor der Aktivierung gedrosselt in Betrieb waren (*drehende Reserve*). Tertiärregelenergie muss innerhalb von maximal 15 Minuten vollständig erbracht werden. Technisch möglich ist dies mit Gaskraftwerken sowie Pump- und Druckluftspeichern, selbst wenn sie vor der Aktivierung nicht in Betrieb waren. Andere Kraftwerkstypen haben hingegen Anfahrzeiten von über 15 Minuten und können diese Art der Regelleistung nur in Form von drehender Reserve vorhalten.

5.3.2.1 Vorhaltung positiver Tertiärregelleistung

In jeder Stunde h muss positive Tertiärregelleistung in Höhe von D_h^{trp} vorgehalten werden. Beiträge hierzu leisten thermische Kraftwerke – eingeschaltete und schnell startende ruhende Anlagen – sowie Energiespeicher aller Art:

$$\sum_{tu \in \{slow\}} P_{tu,h}^{trp} + \sum_{tu \in \{fast\}} P_{tu,h}^{trp} + \sum_{su} \left(P_{su,h}^{in,trp} + P_{su,h}^{out,trp} \right) = D_h^{trp} \qquad (5.29)$$

Der erste Teil der Summe (*slow*) umfasst die Einheiten, deren Anfahrzeit mehr als 15 Minuten beträgt. Die in Stunde h ausgeschalteten Einheiten ($ON_{tu,h} = 0$) können demnach keinen Beitrag zur vorhaltbaren Regelleistung liefern. Die maximale Menge an Regelleistung, die vorgehalten werden kann, ist dann begrenzt durch:

$$0 \leq P_{tu,h}^{trp} \leq \hat{p}_{tu} \cdot ON_{tu,h} - P_{tu,h} \qquad (5.30)$$

Der zweite Teil der Summe (*fast*) umfasst schnell startende Einheiten mit einer Anfahrzeit, die maximal bei 15 Minuten liegt. Hier ist das Regelleistungsband gegeben durch:

$$(1 - ON_{tu,h}) \cdot \lambda_{tu} \cdot \hat{p}_{tu} \leq P_{tu,h}^{trp} \leq \hat{p}_{tu} - P_{tu,h} \tag{5.31}$$

Die restlichen Teile der Summe beschreiben den Beitrag von Energie-speichern. Beim Einspeichern kann maximal positive Regelleistung in Hö-he der derzeitigen Einspeicherleistung bereitgestellt werden, wobei die mi-nimale Einspeicherleistung nicht unterschritten werden darf:

$$0 \leq P_{su,h}^{in,trp} \leq P_{su,h}^{in} - \lambda_{su}^{in} \cdot \frac{\hat{p}_{su}^{in}}{\eta_{su}^{in}} \cdot ON_{su,h}^{in} \tag{5.32}$$

Im Ausspeichermodus verhält sich eine Speichereinheit wie ein Kraftwerk, d. h. das Regelleistungsband ist begrenzt durch:

$$\left(1 - ON_{su,h}^{out}\right) \cdot \lambda_{su}^{out} \cdot \hat{p}_{su}^{out} \leq P_{su,h}^{out,trp} \leq \hat{p}_{su}^{out} - \eta_{su}^{out} \cdot P_{su,h}^{out} \tag{5.33}$$

5.3.2.2 Vorhaltung negativer Tertiärregelleistung

Stromerzeugende Einheiten – d. h. thermische Kraftwerke und Energie-speicher im Ausspeichermodus – können negative Tertiärregellenergie nur erbringen, indem sie ihre Produktionsleistung drosseln. Dies bedeutet, dass die in h ausgeschalteten Einheiten ($ON_{tu,h} = 0$ oder $ON_{su,h}^{out} = 0$) keinen Bei-trag zur Deckung des Regelleistungsbedarfs leisten können. Im Einspei-chermodus können alle betrachteten Speichertechnologien negative Tertiär-regelleistung vorhalten. Summiert müssen diese Beiträge mindestens D_h^{trn} ergeben:

$$\sum_{tu} P_{tu,h}^{trn} + \sum_{su} \left(P_{su,h}^{in,trn} + P_{su,h}^{out,trn}\right) = D_h^{trn} \tag{5.34}$$

Für stromerzeugende Einheiten ist das Regelleistungsband nach oben da-durch beschränkt, dass die Anlage von ihrem derzeitigen Betriebspunkt nur bis zur Minimalleistung gedrosselt werden kann. Es gelten daher – analog zu den Ungleichungen (5.32) – folgende Einschränkungen:

$$0 \leq P_{tu,h}^{trn} \leq P_{tu,h} - \lambda_{tu} \cdot \hat{p}_{tu} \cdot ON_{tu,h} \tag{5.35}$$

$$0 \leq P_{su,h}^{out,trn} \leq \eta_{su}^{out} \cdot P_{su,h}^{out} - \lambda_{su}^{out} \cdot \hat{p}_{su}^{out} \cdot ON_{su,h}^{out} \tag{5.36}$$

Energiespeicher im Einspeichermodus verhalten sich bei der Bereitstellung negativer Regelleistung wie Energiespeicher im Ausspeichermodus, die positive Regelleistung vorhalten sollen (vgl. Ungleichungen (5.33)):

$$\left(1 - ON_{su,h}^{in}\right) \cdot \lambda_{su}^{in} \cdot \frac{\hat{p}_{su}^{in}}{\eta_{su}^{in}} \leq P_{su,h}^{in,trn} \leq \frac{\hat{p}_{su}^{in}}{\eta_{su}^{in}} - P_{su,h}^{in} \tag{5.37}$$

5.3.2.3 Zusätzliche Vorhaltung positiver Sekundärregelleistung

Die für Tertiärregelung genannten Restriktionen gelten in ähnlicher Form auch für die Sekundärreserve. Änderungen ergeben sich insbesondere bei der Vorhaltung positiver Regelleistung durch thermische Kraftwerke. Die höheren Anforderungen an die Anfahrzeit schließen einen Beitrag von ausgeschalteten Einheiten unabhängig davon aus, welcher Technologieklasse sie angehören. Zudem muss berücksichtigt werden, dass sich der Beitrag einer einzelnen Anlage auf Sekundär- und Tertiärregelleistung aufteilen kann.

Thermische Einheiten leisten zur Sekundärregelleistung nur einen Beitrag als drehende Reserve. Dies gilt auch für Energiespeichertechnologien im Ausspeichermodus, die Anfahrzeiten über fünf Minuten aufweisen. Hierzu gehören bspw. Druckluftspeicher aber nicht Pumpspeicherkraftwerke. Im Einspeichermodus ist die Vorhaltung positiver Regelleistung ohnehin nur in Form von drehender Reserve möglich.

Die Summe aller Beiträge kann gemäß folgendem Ausdruck dargestellt werden und muss gleich der vorzuhaltenden Regelleistung sein.

$$\sum_{tu} P_{tu,h}^{srp} + \sum_{su \in \{slow\}} P_{su,h}^{out,srp} + \sum_{su \in \{fast\}} P_{su,h}^{out,srp} + \sum_{su} P_{su,h}^{in,srp} = D_h^{srp} \tag{5.38}$$

Für thermische Kraftwerke ist ein Beitrag zur Sekundärregelleistung von ausgeschalteten Einheiten ausgeschlossen (siehe Ungleichungen (5.39)). Abhängig von ihrer Anfahrzeit (größer oder kleiner 15 Minuten) gelten für die Summe aus bereitgestellter Sekundär- und Tertiärregelleistung die bekannten Begrenzungen (Ungleichungen (5.40) und (5.41)).

$$0 \leq P_{tu,h}^{srp} \leq \hat{p}_{tu} \cdot ON_{tu,h} \tag{5.39}$$

$$(1 - ON_{tu,h}) \cdot \lambda_{tu} \cdot \hat{p}_{tu} \leq P_{tu,h}^{srp} + P_{tu,h}^{trp} \leq \hat{p}_{tu} - P_{tu,h} \tag{5.40}$$

$$0 \leq P_{tu,h}^{srp} + P_{tu,h}^{trp} \leq \hat{p}_{tu} \cdot ON_{tu,h} - P_{tu,h} \tag{5.41}$$

Im Ausspeichermodus verhalten sich Energiespeicher mit Anfahrzeiten größer 5 aber kleiner 15 Minuten ähnlich zu Gaskraftwerken. Ihre Beiträge sind gemäß der Ungleichungen (5.42) und (5.43) begrenzt. Bei schnell startenden Speichertechnologien (Pumpspeicher, elektrochemische Batteriespeicher) entfällt die erste Nebenbedingung.

$$0 \leq P_{su,h}^{out,srp} \leq \hat{p}_{su}^{out} \cdot ON_{su,h}^{out} \tag{5.42}$$

$$\left(1 - ON_{su,h}^{out}\right) \cdot \lambda_{su}^{out} \cdot \hat{p}_{su}^{out} \leq P_{tu,h}^{out,srp} + P_{su,h}^{out,trp} \leq \hat{p}_{su}^{out} - \eta_{su}^{out} \cdot P_{su,h}^{out} \tag{5.43}$$

Im Einspeichermodus sind gegenüber der Tertiärregelleistung keine zusätzlichen Nebenbedingungen zu definieren, da diese Regelleistung nur in Form von drehender Reserve bereitgestellt werden kann:

$$0 \leq P_{su,h}^{in,srp} + P_{su,h}^{in,trp} \leq P_{su,h}^{in} - \lambda_{su}^{in} \cdot \frac{\hat{p}_{su}^{in}}{\eta_{su}^{in}} \cdot ON_{su,h}^{in} \tag{5.44}$$

113

5.3.2.4 Zusätzliche Vorhaltung negativer Sekundärregelleistung

Die Nebenbedingungen für die Vorhaltung von negativer Tertiärregelleistung müssen nur leicht angepasst werden, damit sie auf die Sekundärregelleistung übertragen werden können. Auf Seiten der stromerzeugenden Einheiten gibt es keine Änderungen, da in diesen Fällen ohnehin nur auf drehende Reserve zurückgegriffen werden kann, so dass die höheren Anforderungen bezüglich der Anfahrzeit keine Rolle spielen. Lediglich die Menge der zugelassenen Kraftwerkstechnologien verringert sich, da höhere Laständerungsgeschwindigkeiten nötig sind. Auschgeschlossen sind insbesondere ältere Braunkohletechnologien. Bei Energiespeichern im Einspeichermodus muss hingegen differenziert werden zwischen den Technologien mit Anfahrzeiten von maximal fünf Minuten und den restlichen Technologien.

Einen Beitrag zur Vorhaltung negativer Sekundärregelleistung leisten demnach folgende Terme, die aufsummiert die nachgefragte Regelleistung ergeben müssen:

$$\sum_{tu} P_{tu,h}^{srn} + \sum_{su} P_{su,h}^{out,srn} + \sum_{su \in \{slow\}} P_{su,h}^{in,srn} + \sum_{tu \in \{fast\}} P_{su,h}^{in,srn} = D_h^{srn} \quad (5.45)$$

Für die einzelnen Beiträge der stromerzeugenden Einheiten gelten folgende Beschränkungen:

$$0 \leq P_{tu,h}^{srn} + P_{tu,h}^{trn} \leq P_{tu,h} - \lambda_{tu} \cdot \hat{p}_{tu} \cdot ON_{tu,h} \quad (5.46)$$

$$0 \leq P_{su,h}^{out,srn} + P_{su,h}^{out,trn} \leq P_{su,h}^{out} - \lambda_{su}^{out} \cdot \eta_{su}^{out} \cdot \hat{p}_{su}^{out} \cdot ON_{su,h}^{out} \quad (5.47)$$

Die möglichen Beiträge von Energiespeichern im Einspeichermodus hängen von der Schnelligkeit des Anfahrvorgangs ab. Wenn dieser weniger als fünf Minuten andauert, gelten für die Summe aus Sekundär- und Tertiärregelleistung die lediglich die Einschränkungen aus den Ungleichungen (5.49). Übersteigt die Dauer des Einschaltvorgangs fünf Minuten[8], muss zusätzlich die Nebenbedingung aus Ungleichung (5.48) erfüllt werden.

$$0 \leq P_{su,h}^{in,srn} \leq \frac{\hat{P}_{su}^{in}}{\eta_{su}^{in}} \cdot ON_{su,h}^{in} \tag{5.48}$$

$$\left(1 - ON_{su,h}^{in}\right) \cdot \lambda_{su}^{in} \cdot \frac{\hat{P}_{su}^{in}}{\eta_{su}^{in}} \leq P_{su,h}^{in,srn} + P_{su,h}^{in,trn} \leq \frac{\hat{P}_{su}^{in}}{\eta_{su}^{in}} - P_{su,h}^{in} \tag{5.49}$$

5.4 Modellierung der Märkte

5.4.1 Spotmarkt

Der Spotmarkt ist der zentrale Marktplatz für Stromhandelsaktivitäten in Deutschland (vgl. Abschnitt 2.2.1). Täglich werden zweiseitige, geschlossene Auktionen für Stromlieferungen am Folgetag durchgeführt, in denen Kontrakte für einzelne Stunden gehandelt werden. Anbieter und Nachfrager geben Gebote für die einzelnen Stunden des Folgetags ab, wobei ein Gebot Informationen über die zu verkaufende bzw. die zu kaufende Menge sowie den Preis pro Mengeneinheit enthält. Im Modell ist pro Gebot eine Mindestmenge in Höhe von einer Megawattstunde festgelegt, das Gebotsinkrement beträgt ebenfalls eine Megawattstunde. Der stündliche Marktpreis bestimmt sich dann aus dem Schnittpunkt der aggregierten Angebots- und Nachfragekurve. Es handelt sich – wie bei der Strombörse EEX bzw. EPEX Spot – um eine Einheitspreisauktion, d. h. nur dieser Marktpreis und nicht der Gebotspreis ist für die Zahlungsflüsse nach der Markträumung relevant. Gegenüber früheren Modellversionen (vgl. Sensfuß, 2008, S. 80 und Genoese, 2010, S. 114 f.) wird in diesem Modellansatz unterschieden zwischen den Auktionsgeboten der Nachfrager und denen der Anbieter. Dies ist notwendig, um preislimitierte Nachfragegebote zu erstellen, wie sie zum

---

[8]Für Technologien mit Anfahrdauern größer 15 Minuten müssten die Nebenbedingungen umformuliert werden (vergleichbar zu den Ungleichungen (5.30)). Dieser Fall hat jedoch keine praktische Relevanz, da alle betrachteten Energiespeichertechnologien nach maximal 15 Minuten Anfahrzeit voll verfügbar sind.

Beispiel für die Vermarktung der Einspeicherleistung von Energiespeichern oder von verlagerbarer Last notwendig sind. Ein Gebot eines Nachfragers repräsentiert die Bereitschaft, bis zu einem Preis p eine Menge q zu erwerben. Hingegen repräsentiert ein Gebot eines Anbieters die Bereitschaft, ab einem Preis p eine Menge q zu produzieren.

Die Gebote eines Nachfrageagenten i zur Stunde h – sogenannte *bids* – lassen sich als eine Menge von Preis-Volumen Tupeln auf folgende Weise darstellen:

$$\text{bid}_{i,h}^{\text{spot}} = \left\{ \left(p_{i,h,1}^{\text{bid}}, q_{i,h,1}^{\text{bid}} \right), ..., \left(p_{i,h,n}^{\text{bid}}, q_{i,h,n}^{\text{bid}} \right) \right\} \tag{5.50}$$

mit:

bid	Gebot eines Nachfragers
i	Agent
h	Stunde
p^{bid}	Preis, bis zu dem der Nachfrager Elektrizität erwerben würde
q^{bid}	Volumen des Gebots
$n := n_{i,h}^{\text{bid}} \in \mathbb{N}$	Anzahl der Tupel für Agent i in der Stunde h

Entsprechend gilt für die Gebote eines Anbieters i zur Stunde h, den sogenannten *asks*:

$$\text{ask}_{i,h}^{\text{spot}} = \left\{ \left(p_{i,h,1}^{\text{ask}}, q_{i,h,1}^{\text{ask}} \right), ..., \left(p_{i,h,m}^{\text{ask}}, q_{i,h,m}^{\text{ask}} \right) \right\} \tag{5.51}$$

mit:

ask	Gebot eines Anbieters
i	Agent
h	Stunde
p^{ask}	Preis, ab dem der Anbieter Elektrizität produzieren würde
q^{ask}	Volumen des Gebots
$m := m_{i,h}^{\text{ask}} \in \mathbb{N}$	Anzahl der Tupel für Agent i in der Stunde h

In dieser Formulierung sind sowohl in Gleichung (5.50) als auch in Gleichung (5.51) alle Gebotsvolumina positiv. Nachdem alle Händler ihre Gebote abgegeben haben, werden diese so aggregiert, dass für jede Stunde eine Menge $\text{bid}_h^{\text{spot}}$ und eine Menge $\text{ask}_h^{\text{spot}}$ vorliegt. Anschließend werden diese sortiert, wobei Gebote der Nachfrager nach absteigendem Preis geordnet werden[9] und Gebote der Anbieter nach aufsteigendem Preis[10]. Die so geordneten Mengen lassen sich gemäß der Gleichungen (5.52) und (5.53) darstellen.

$$\text{bid}_h^{\text{spot}} = \left\{\left(p_{h,1}^{\text{bid}}, q_{h,1}^{\text{bid}}\right), ..., \left(p_{h,u}^{\text{bid}}, q_{h,u}^{\text{bid}}\right), ..., \left(p_{h,U}^{\text{bid}}, q_{h,U}^{\text{bid}}\right)\right\} \tag{5.52}$$

$$\text{ask}_h^{\text{spot}} = \left\{\left(p_{h,1}^{\text{ask}}, q_{h,1}^{\text{ask}}\right), ..., \left(p_{h,v}^{\text{ask}}, q_{h,v}^{\text{ask}}\right), ..., \left(p_{h,V}^{\text{ask}}, q_{h,V}^{\text{ask}}\right)\right\} \tag{5.53}$$

mit:

$$U := U_h^{\text{bid}} = \sum_i n_{i,h}^{\text{bid}} \qquad \text{Gesamtanzahl der Tupel (Gebote der Nachfrager)}$$

$$V := V_h^{\text{ask}} = \sum_i m_{i,h}^{\text{ask}} \qquad \text{Gesamtanzahl der Tupel (Gebote der Anbieter)}$$

Der Einheitspreis P_h wird gebildet durch den Schnittpunkt von Angebots- und Nachfragekurve (siehe Gleichung (5.54)):

$$P_h = \max_{\substack{\tilde{u} \in U \\ \tilde{v} \in V}} \left(p_{h,\tilde{u}}^{\text{ask}} \mid p_{h,\tilde{u}}^{\text{ask}} \leq p_{h,\tilde{v}}^{\text{bid}} \wedge \sum_{u=1}^{\tilde{u}} q_{h,\tilde{u}}^{\text{ask}} \geq \sum_{v=1}^{\tilde{v}} q_{h,\tilde{v}}^{\text{bid}} \right) \tag{5.54}$$

Das zu diesem Preis gehandelte Volumen Q_h wird dann gemäß Gleichung (5.55) bestimmt:

$$Q_h = \min \left(\sum_{u=1}^{\tilde{u}} q_{h,u}^{\text{bid}}, \sum_{v=1}^{\tilde{v}} q_{h,v}^{\text{ask}} \right) \tag{5.55}$$

---

[9] Die vollständige Ordnungsregel für *bids* lautet: $(p, q) < (\tilde{p}, \tilde{q}) \Leftrightarrow p > \tilde{p} \vee (p = \tilde{p} \wedge q > \tilde{q})$
[10] Die vollständige Ordnungsregel für *asks* lautet: $(p, q) < (\tilde{p}, \tilde{q}) \Leftrightarrow p < \tilde{p} \vee (p = \tilde{p} \wedge q < \tilde{q})$

mit:

ũ   Index des marginalen Nachfragergebots

ṽ   Index des marginalen Anbietergebots

Ein Einheitspreis kann nicht bestimmt werden, wenn ein Angebotsüber-hang (maximale Nachfrage ist geringer als unlimitiertes Angebot) oder ein Nachfrageüberhang (maximales Angebot ist größer als unlimitierte Nach-frage) vorliegt. In diesem Fall erfolgt eine Zuteilung pro rata (vgl. Grimm et al., 2008b).

5.4.2 Reservemärkte

Bei den Reservemärkten treten die Netzbetreiber als einzige Nachfrager auf, die ihren Regelleistungsbedarf vollständig über den Markt decken müs-sen. Es handelt sich um eine einseitige, geschlossene Auktion. Gehandelt wird im Gegensatz zum Spotmarkt nicht Elektrizität sondern die vorzu-haltende Leistung, wobei der Netzbetreiber diese im Bedarfsfall aktivieren kann. Im Folgenden wird der Markt für positive und negative Minutenre-serve beschrieben. Die Marktregeln gelten analog für Primär- und Sekun-därregelung, lediglich die Periodizität und zeitliche Aufteilung der Tage in Blöcke variieren (vgl. Abschnitt 2.2.1.4).

Am Markt für Minutenreserve werden Blockkontrakte für sechs Zeitschei-ben á vier Stunden (von 00:00 bis 04:00 Uhr, von 04:00 bis 08:00 Uhr usw.) gehandelt. Die Auktion findet täglich statt, und zwar vor der Spotmarktauk-tion. Die Gebote bestehen aus einem Tripel aus Leistungspreis, Arbeitspreis und Volumen. Die Mindestangebotsgröße und das Angebotsinkrement be-tragen im Modell jeweils ein Megawatt.

Für die Auktion der positiven Minutenreserve lassen sich die Gebote eines Agenten i für eine Zeitscheibe z auf folgende Weise darstellen:

$$\text{bid}_{i,z}^{trp} = \left\{ \left(p_{i,z,1}^{trp,cp}, p_{i,z,1}^{trp,el}, q_{i,z,1} \right), ..., \left(p_{i,z,n}^{trp,cp}, p_{i,z,n}^{trp,el}, q_{i,z,n} \right) \right\} \tag{5.56}$$

mit:

bid	Gebot
i	Agent
z	Zeitscheibe
$p^{trp,cp}$	Leistungspreis (€/MW)
$p^{trp,el}$	Arbeitspreis (€/MWh)
q	Volumen des Gebots (MW)
$n := n_{i,z}^{trp} \in \mathbb{N}$	Anzahl der Tripel für Agent i in der Zeitscheibe z

Nach dem Ende der Auktion werden die Gebote aggregiert und nach aufsteigendem Leistungspreis sortiert[11].

$$
\begin{aligned}
\text{bid}_z^{trp} = \Big\{ &\left(p_{z,1}^{trp,cp}, p_{z,1}^{trp,el}, q_{z,1} \right), ..., \left(p_{z,u}^{trp,cp}, p_{z,u}^{trp,el}, q_{z,u} \right), ..., \\
&\left(p_{z,n}^{trp,cp}, p_{z,n}^{trp,el}, q_{z,U} \right) \Big\}
\end{aligned}
\tag{5.57}
$$

mit:

$$
U := U_z^{trp} = \sum_i n_{i,z}^{trp} \qquad \text{Gesamtanzahl der Tripel in der Zeitscheibe z}
$$

Das letzte Angebot, das für die Deckung des Regelleistungsbedarfs notwendig ist, bestimmt den Einheitspreis. Dies lässt sich mathematisch wie folgt formulieren:

$$
P_z^{trp,cp} = \min_{\tilde{u} \in U} \left(p_{z,\tilde{u}}^{trp,cp} \mid \sum_{u=1}^{\tilde{u}} q_{z,u} \geq D_z^{trp} \right)
\tag{5.58}
$$

---

[11]Bei der Angebotsauswahl spielt der Arbeitspreis keine Rolle. Die vollständige Ordnungsregel lautet: $(p^{cp}, q) < (\tilde{p}^{cp}, \tilde{q}) \Leftrightarrow p^{cp} < \tilde{p}^{cp} \vee (p^{cp} = \tilde{p}^{cp} \wedge q < \tilde{q})$

mit:

$P_z^{\text{trp,cp}}$ Einheitspreis (€/MW)

$\tilde{u} := u(P_z)$ Index des marginalen Gebots

D_z^{trp} Regelleistungsbedarf in der Zeitscheibe z (MW)

5.5 Modellierung der Marktteilnehmer

Wie in Abbildung 5.3 gezeigt, durchlaufen die Agenten in der Simulation täglich folgende Schritte:

- Prognoseerstellung für den Spotmarkt

- Gebotserstellung und -abgabe für die Reservemärkte

- Gebotserstellung und -abgabe für den Spotmarkt

- Erstellung des Einsatzplans

Agenten mit thermischen Kraftwerken in ihrem Erzeugungsportfolio müssen zudem täglich ihre Liste verfügbarer Einheiten anpassen. In den kommenden Abschnitten werden diese Schritte und die Entscheidungsregeln dieser Schritte erläutert.

5.5.1 Bestimmung nichtverfügbarer Kraftwerke

Die verfügbare Leistung von Kraftwerken ist im Modell eine stochastische Größe und wird „durch Ziehung einer gleichverteilten Zufallsvariable bestimmt" (siehe Genoese, 2010, S. 118). Die Daten zur durchschnittlichen Verfügbarkeit der modellierten Kraftwerkstechnologien befinden sich im Anhang in Tabelle A.1. Der Netzbetreiber-Agent und die Nachfrage-Agenten überspringen diesen Simulationsschritt, da sie keine (steuerbaren) Erzeugungskapazitäten besitzen. Bei der Simulation historischer Jahre werden zusätzlich monatliche Verfügbarkeiten für Kernkraftwerke verwendet, da deren verfügbare Leistung starken Schwankungen unterliegt, die nicht ausschließlich technische Gründe haben. Diese Daten werden monatlich vom Statistischen Bundesamt veröffentlicht (siehe Leschke, 2012).

5.5.2 Prognoseerstellung (Spotmarkt)

Dieser Simulationsschritt wird von allen Agenten durchgeführt, die preislimitierte Anbietergebote für den Spotmarkt oder die Reservemärkte erstellen. In der derzeitigen Modellversion sind dies die Energieversorger-Agenten.

Die Preisprognose für den Spotmarkt ist eine wichtige Voraussetzung für die Bestimmung der Preislimits in den Geboten für Spot- und Reservemarktauktionen. In früheren Modellversionen wurde „die Preisprognose (..) als Schnittpunkt der Merit-Order-Kurve und der thermischen Restlast realisiert" (siehe Genoese, 2010, S. 119). Im Rahmen dieser Arbeit wird dieser Modellteil grundlegend neu entwickelt. Um wirtschaftlich-technische Restriktionen bereits bei der Prognoseerstellung zu berücksichtigen, wird der prognostizierte, stündliche Spotmarktpreis aus den Grenzkosten der Erzeugung (vgl. Ungleichung (5.9)) des in Kapitel 5.3 beschriebenen Optimierungsproblems bestimmt, wobei dem Optimierungsproblem als Nachfragelast D_h die residuale Last (Systemlast abzüglich vorrangiger Einspeisung aus erneuerbaren Energiequellen) übergeben wird. Der zeitliche Horizont der Optimierung beträgt 30 Stunden[12]. Es handelt sich um eine Gesamtoptimierung über die Kraftwerke und Energiespeicher aller Agenten.

Unsicherheiten bei der Last- und Windprognose werden dabei nicht berücksichtigt, da hier die verfügbare Datenlage unvollständig ist. Unsicherheiten auf der Stromangebotsseite der konventionellen Erzeuger – d. h. Kraft-

---

[12]Benötigt für die folgenden Simulationsschritte werden lediglich die Ergebnisse der ersten 24 Stunden. Um die Auswirkungen der intertemporalen Restriktionen wie Mindeststillstands- und Mindestlaufzeit korrekt abzubilden, wird mit einem erweiterten (rollierenden) Horizont gerechnet. Die Ergebnisse der Stunden 25 bis 30 setzen dann die Startwerte für die Optimierung des Folgetags. Zudem beeinflussen sie die Ergebnisse der Stunden 19 bis 24.

werksausfälle und die Nichtverfügbarkeit von Kraftwerken – werden hingegen abgebildet. Da den Agenten die tatsächliche Verfügbarkeit eines Kraftwerks seiner Wettbewerber unbekannt ist, wird die Optimierung mit einem durchschnittlichen Verfügbarkeitsfaktor für die einzelnen Kraftwerksklassen durchgeführt. Das Teillastverhalten und die begrenzte Laständerungsgeschwindigkeit findet keine Berücksichtigung im Optimierungsproblem, da diese Art von Informationen nicht öffentlich zugänglich ist. Insgesamt führen diese Annahmen dazu, dass die Prognose eine Unterschätzung des tatsächlichen Preises darstellt.

5.5.3 Gebotserstellung und -abgabe (Reservemärkte)

Im Modell können Energieversorger-Agenten Gebote für alle Kraftwerks- und Speichereinheiten abgeben, sofern diese Einheiten die Präqualifikationskriterien erfüllen. EEG-Anlagen, deren Strom vom Netzbetreiber vermarktet wird, sind nach heutiger Gesetzeslage nicht für die Reservemärkte zugelassen. In der Simulation gibt der Netzbetreiber-Agent, der für die Vermarktung von Strom aus erneuerbaren Quellen zuständig ist, daher keine Gebote für die Reservemärkte ab. Auch die Nachfrage-Agenten beteiligen sich in der verwendeten Modellversion nicht an den Regelleistungsauktionen.

5.5.3.1 Gebote für thermische Kraftwerke

Bei den Märkten für positive Regelleistung wird der Gebotspreis mittels eines Opportunitätskostenansatzes gebildet. Da die Leistung, die in Reservemärkten vermarktet worden ist, nicht für Spotmarkt zur Verfügung steht und die Auktion für Tertiärregelleistung täglich vor der Spotmarkt-Auktion stattfindet, ergeben sich die Opportunitätskosten aus den (erwarteten) entgangenen Spotmarkt-Gewinnen. Diese werden für jedes thermische Kraftwerk und für jede Stunde wie folgt berechnet:

$$OC_h^{trp} = \max\left(0, MCP_h^{spot,fc} - MC_{h,tu}\right) \cdot \underbrace{\Delta h}_{= 1h} \qquad (5.59)$$

mit:

$OC_{h,tu}^{trp}$ Opportunitätskosten des Kraftwerks tu
in der Stunde h (€/MW)

$MCP_h^{spot,fc}$ Prognostizierter Spotmarktpreis in der Stunde h (€/MWh)

$MC_{h,tu}$ Grenzkosten des Kraftwerks tu in der Stunde h (€/MWh)

Der prognostizierte Spotmarktpreis ist das Ergebnis der Gesamtoptimierung (siehe Abschnitt 5.5.2). Auf die Berechnung der Grenzkosten thermischer Einheiten wird in Abschnitt 5.5.4 näher eingegangen (siehe bspw. Gleichung (5.65)). Übersteigen die Grenzkosten den erwarteten Marktpreis, wird $OC_{h,tu}^{trp}$ auf 0 gesetzt. Da eine Zeitscheibe in der Auktion für Tertiärregelleistung mehrere Stunden umfasst, müssen die Stunden entsprechend zusammengefasst werden, um die Opportunitätskosten $OC_{z,tu}^{trp}$ für die gesamte Zeitscheibe zu berechnen[13]. Für jedes verfügbare thermische Kraftwerk und jede Zeitscheibe gibt der zuständige Agent anschließend folgendes Gebot ab (vgl. Gleichung (5.56)):

$$bid_{z,tu}^{trp} = \left(p_{z,tu}^{trp,cp} = OC_{z,tu}^{trp}, q_{z,tu} = \hat{p}_{tu}\right) \qquad (5.60)$$

mit:

$OC_{z,tu}^{trp}$ Opportunitätskosten des Kraftwerks tu
in der Zeitscheibe z (€/MW)

$\hat{p}_{tu}$ Netto-Leistung des Kraftwerks tu (MW)

---

[13] Für $z = 0$ gilt bspw.: $OC_{z=0,tu}^{trp} = \sum_{h=0}^{3} OC_{h,tu}^{trp}$

123

Im negativen Regelleistungsmarkt spielen Opportunitätskosten für die Bestimmung eines Preislimits keine Rolle. Direkte Kosten entstehen, wenn negative Regelleistung bereitgehalten wird und gleichzeitig die variablen Erzeugungskosten über dem prognostizierten Spotmarktpreis liegen. Diese Kosten berechnen sich gemäß Gleichung (5.61).

$$SC_h^{trn} = \max\left(0, MC_{h,tu} - MCP_h^{spot,fc}\right) \cdot \underbrace{\Delta h}_{= 1h} \qquad (5.61)$$

mit:

$SC_{h,tu}^{trp}$ Kosten des Kraftwerks *tu* in der Stunde *h* für die Vorhaltung neg. Regelleistung (drehende Reserve) (€/MW)

$MC_{h,tu}$ Grenzkosten des Kraftwerks *tu* in der Stunde *h* (€/MWh)

$MCP_h^{spot,fc}$ Prognostizierter Spotmarktpreis für die Stunde *h* (€/MWh)

Diese stündlichen Kosten müssen auf eine Zeitscheibe aggregiert werden und sind dann die Grundlage für das abzugebende Gebot (siehe Gleichung (5.62)). Zu berücksichtigen ist, dass die Kraftwerksleistung nur bis zur minimalen Leistung heruntergefahren werden soll, um eine Komplettabschaltung zu verhindern.

$$bid_{z,tu}^{trn} = \left(p_{z,tu}^{trn,cp} = SC_{z,tu}^{trn}, q_{z,tu} = \hat{p}_{tu} - \check{p}_{tu}\right) \qquad (5.62)$$

mit:

$SC_{h,tu}^{trp}$ Kosten des Kraftwerks *tu* in der Zeitscheibe *z* für die Vorhaltung neg. Regelleistung (drehende Reserve) (€/MW)

$\check{p}_{tu}$ minimale Leistung des Kraftwerks *tu* (MW)

$\hat{p}_{tu}$ maximale Leistung des Kraftwerks *tu* (MW)

Sowohl für den positiven als auch den negativen Regelleistungsmarkt gilt: Für nicht verfügbare Kraftwerke werden keine Gebote abgegeben.

5.5.3.2 Gebote für Energiespeicher

Bei Energiespeichern berechnen sich die Opportunitätskosten rein aus den entgangenen Gewinnen d. h. den erwarteten Marktpreisen[14], da im Gegensatz zum thermischen Kraftwerk keine kurzfristigen variablen Kosten beim Betrieb des Speichers anfallen (vgl. auch Abschnitt 5.5.4.2, Gebote für Energiespeicher). Somit gibt der Energieversorger-Agent im Falle eines Energiespeichers folgendes Gebot ab:

$$bid_{z,su}^{trp} = \left(p_{z,su}^{trp,cp} = OC_{z,su}^{trp}, q_{z,su} = \hat{p}_{su}^{out} \right) \qquad (5.63)$$

mit:

$OC_{z,su}^{trp}$	Opportunitätskosten des Speichers su in der Zeitscheibe z (€/MW)
$\hat{p}_{su}^{out}$	Netto-Ausspeicher-Leistung des Speichers su (MW)

5.5.3.3 Betrachtete Märkte

Simuliert werden ein positiver und ein negativer Reservemarkt für die Vorhaltung von Tertiärregelleistung. Für Sekundärregelleistung (SRL) wird im Modell keine Auktion durchgeführt, da SRL für einen Monat bzw. eine Woche im Voraus versteigert wird. Wegen des Opportunitätskostenansatzes bei der Berechnung der Preislimits für positive Regelleistung würden dann Wochen- bzw. Monatsprognosen für die Spotmarktpreise benötigt. Dies wirkt sich stark auf die Rechenzeit des Modells aus. Um dennoch die Kosten und den Einfluss der vorzuhaltenden Leistung abzubilden, muss jeder Energieversorger-Agent eine gewisse Menge an SRL vorhalten[15]. Dadurch, dass die vorzuhaltende SRL im Kraftwerkseinsatzproblem berücksichtigt ist, werden die Kosten für die Vorhaltung und der Einfluss auf den

---

[14]Für $z = 0$ gilt bspw.: $OC_{z=0,su}^{trp} = \sum_{h=0}^{3} MCP_h^{spot,fc}$

[15]Der vorzuhaltende SRL-Anteil entspricht dem Anteil der eigenen Kraftwerksleistung an der gesamten Kraftwerksleistung.

Kraftwerkseinsatz korrekt abgebildet. Das Fehlen eines SRL-Markts beeinflusst lediglich die Höhe der Erlöse.

5.5.4 Gebotserstellung und -abgabe (Spotmarkt)

Dieser Simulationsschritt wird von allen Agenten durchgeführt, da der Spotmarkt der zentrale Handelsplatz im Modell ist.

5.5.4.1 Netzbetreiber-Agent

Für Strom aus erneuerbaren Energiequellen, der nach EEG vergütet wird, gilt für die Vermarktung gemäß AusglMechV und AusglMechAV, dass der Netzbetreiber die gesamte (erwartete) Stromproduktion aus EEG-Anlagen preisunlimitiert am Spotmarkt veräußern muss (vgl. Abschnitt 2.2.2). Im Modell gibt der Netzbetreiber-Agent für jede Stunde Gebote der folgenden Form (vgl. Gleichung (5.51)) ab:

$$\text{ask}_h^{\text{spot}} = \left(p_h^{\text{ask}} = -150 \ \text{€/MWh}, q_h = W_h^{\text{EEG}} \right) \tag{5.64}$$

mit:

W_h^{EEG} Erzeugte Strommenge aus EEG-Anlagen in der Stunde h (MWh)

Im Modell entspricht -150 €/MWh dem Minimalpreis der Spotmarktauktion, so dass die Vermarktung dieser Strommenge gewährleistet ist, sofern in dieser Stunde kein Angebotsüberhang besteht. Im deutschen Marktgebiet der Strombörse EPEX Spot beträgt der Minimalpreis -3.000 €/MWh. Allerdings wird eine zweite Auktion angesetzt, wenn der Marktäumungspreis unterhalb von -150 €/MWh liegt. Seit der Einführung dieser Regelung wurden keine Preise unterhalb von -150 €/MWh mehr beobachtet.

5.5.4.2 Energieversorger-Agenten

Die Energieversorger-Agenten agieren mit ihren Kraftwerken als reine Anbieter, mit ihren Energiespeichern hingegen sowohl als Anbieter als auch
als Nachfrager.

5.5.4.2.1 Gebote für thermische Kraftwerke

Für nicht verfügbare Kraftwerke oder für Kraftwerke, deren Kapazität bereits in den Reservemärkten gebunden ist, werden keine Gebote für die
Teilnahme am Spotmarkt abgegeben. Bei den restlichen Kraftwerken basieren die Gebotspreise auf den variablen Kosten des jeweiligen Kraftwerks.
Diese setzen sich zusammen aus den Kosten für den verwendeten Energieträger, den Kosten für den Erwerb von CO_2-Emissionsberechtigungen und
den sonstigen variablen Kosten[16]:

$$c_{tu,h}^{var} = \frac{1}{\hat{\eta}_{tu}} \cdot \left(p_{tu,h}^{fuel} + c_{tu}^{tp} + p_h^{cert} \cdot \epsilon_{tu}^{CO_2} \right) + c_{tu}^{oth} \tag{5.65}$$

Sofern der erwartete Spotmarktpreis über diesen variablen Kosten liegt,
wird folgendes Gebot abgegeben:

$$ask_{h,tu}^{spot} = \left(p_{h,tu}^{ask} = c_{tu,h}^{var}, q_h = \hat{p}_{tu} \right) \tag{5.66}$$

Abweichungen hiervon sind in drei Fällen möglich:

- Es wird erwartet, dass das Kraftwerk innerhalb des Tages nur für
  einen zusammenhängenden Zeitraum von wenigen Stunden einge-
  lastet wird und ansonsten nicht betrieben wird (siehe Abbildung 5.4,
  oben). In diesem Fall werden die (erwarteten) anfallenden Anfahrkosten eingepreist. Dies geschieht typischerweise bei Mittel- und
  Spitzenlastkraftwerken.

---

[16]Die verwendeten Parameter sind in Tabelle 5.2 definiert.

- Es wird erwartet, dass das Kraftwerk innerhalb des Tages für einen zusammenhängenden Zeitraum von wenigen Stunden abgeschaltet werden muss, weil der erwartete Spotmarktpreis unter den variablen Kosten liegt (siehe Abbildung 5.4, Mitte). In diesem Fall wird der Gebotspreis um die (erwarteten) Wiederanfahrkosten abgesenkt, d. h. die Opportunitätserlöse werden eingepreist. Dies geschieht typischerweise bei Grundlastkraftwerken.

- Es wird erwartet, dass das Kraftwerk innerhalb des Tages nicht laufen wird (siehe Abbildung 5.4, unten). Es dennoch möglich ist, dass das Gebot zum Zuge kommt – insbesondere wenn keine Anfahrkosten eingepreist werden, da die Gebotspreise für Kraftwerke aus Fall 1 wegen der eingepreisten Anfahrkosten dann höher ausfallen können und sich somit die Einsatzreihenfolge ändert. Um negative Deckungsbeiträge zu vermeiden, werden im Mittel anfallende Anfahrkosten eingepreist. Dieser Fall tritt typischerweise bei älteren Spitzenlastkraftwerken auf.

Grundsätzlich berechnen sich die Anfahrkosten eines Kraftwerks gemäß folgender Gleichung[17]:

$$c_{tu,h}^{st} = c_{tu,h}^{var} \cdot \tau_{tu}^{st} \cdot \left(f_{tu}^{add} + f_{tu}^{abr} \right) \qquad (5.67)$$

Ex ante sind die tatsächlich anfallenden Anfahrkosten unbekannt. Jedoch ist es möglich, die anfallenden Anfahrkosten mithilfe der Preisprognose für den Spotmarkt zu schätzen. Für den **ersten Fall** muss zunächst die Anzahl zusammenhängender Stunden nach einem (erwarteten) Anfahrvorgang, in denen das Kraftwerk betrieben werden kann, bestimmt werden. Ein ökonomisch vorteilhafter Betrieb ist gegeben, wenn ein positiver Deckungsbeitrag erwirtschaftet werden kann, d. h. wenn der prognostizierte Spotmarktpreis über den variablen Kosten liegt. Die angefallenen Anfahrkosten

---

[17]Die verwendeten Parameter sind in Tabelle 5.2 definiert.

werden anschließend auf diese erwarteten Betriebsstunden verteilt, so dass folgendes Gebot abgegeben wird:

$$\text{ask}_{h,tu}^{spot} = \left(p_{h,tu}^{ask} = c_{tu,h}^{var} + \frac{c_{tu,h}^{st}}{\tau_{tu}^{run}}, q_h = \hat{p}_{tu} \right) \qquad (5.68)$$

mit:

τ_{tu}^{run} Zusammenhängender Zeitraum,

       in dem das Kraftwerk eingesetzt wird (h)

Statt einer gleichmäßigen Verteilung der angefallenen Anfahrkosten auf den Zeitraum τ_{tu}^{run} ist auch eine Gewichtung anhand der erwarteten Spotmarktpreise möglich. Das Preislimit und die Gewichtungsfaktoren werden gemäß den Gleichungen (5.69) und (5.70) berechnet. In den nachfolgenden Analysen wird stets mit der preisgewichteten Verteilung gerechnet, der Effekt dieser veränderten Entscheidungsregel wird in Abschnitt 5.8.4 quantifiziert.

$$p_{h,tu}^{ask} = c_{tu,h}^{var} + w_h \cdot c_{tu,h}^{st} \cdot \underbrace{\Delta h}_{=1h} \qquad (5.69)$$

$$w_h = \frac{\text{MCP}_h^{spot,fc}}{\sum_{\tilde{h}=\tilde{h}'}^{\tilde{h}'+\tau_{tu}^{run}} \text{MCP}_{\tilde{h}}^{spot,fc}} \qquad (5.70)$$

mit:

w_h Gewichtungsfaktor

$\tilde{h}'$ Stunde, in der das Kraftwerk angefahren wird

$\tilde{h}' + \tau_{tu}^{run}$ Stunde, in der das Kraftwerk wieder heruntergefahren wird

$\text{MCP}_h^{spot,fc}$ Prognostizierter Spotmarktpreis in der Stunde h (€/MWh)

Im **zweiten Fall** muss die Anzahl zusammenhängender Stunden von einem (erwarteten) Abschaltvorgang bis zum (erwarteten) Wiederanfahrvorgang

129

Abbildung 5.4: Verteilung der Anfahrkosten bei gegebener Preisprognose in Abhängigkeit der variablen Kosten

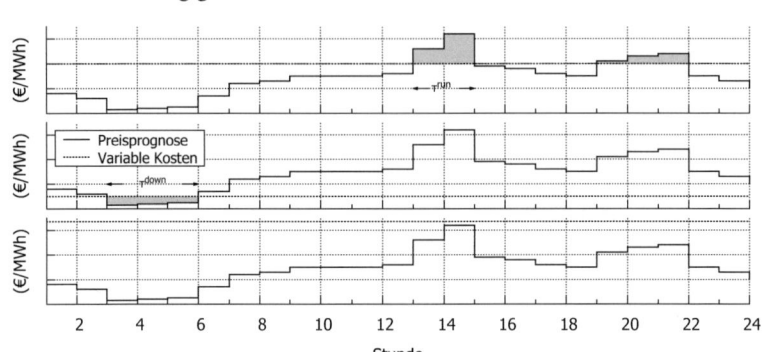

bestimmt werden, d. h. das Zeitintervall, in dem der prognostizierte Spotmarktpreis unter den variablen Kosten liegt. Wird nach dem Abschaltvorgang kein Wiederanfahrvorgang erwartet, so wird für diesen Zeitraum ein Gebot gemäß den Regeln des dritten Falls platziert. Beachtet wird in der neuen Modellversion die Mindeststillstandszeit eines Kraftwerks, d. h. erst nach Ablauf dieser Zeit werden Gebote für die Folgestunden platziert. Diese Veränderung hat Auswirkungen auf die resultierenden Spotmarktpreise; der Effekt wird ebenfalls in Abschnitt 5.8.4 quantifiziert.

Das Preislimit des Gebots wird dann um die vermeidbaren Anfahrkosten abgesenkt, und zwar verteilt auf die Stunden dieses Zeitintervalls, so dass sich folgendes Gebot ergibt:

$$\text{ask}_{h,tu}^{spot} = \left(p_{h,tu}^{ask} = c_{tu,h}^{var} - \frac{c_{tu,h}^{st}}{\tau_{tu}^{down}}, q_h = \hat{p}_{tu} \right) \qquad (5.71)$$

mit:

τ_{tu}^{down} Zeitintervall, in dem das Kraftwerk
         abgeschaltet werden müsste (h)

Analog zum ersten Fall wird diese Entscheidungsregel gegenüber der ursprünglichen Modellversion so angepasst, dass die Anfahrkosten preisgewichtet verteilt werden (siehe Gleichungen (5.69) und (5.70)).

Im **dritten Fall** verläuft die Gebotserstellung ähnlich wie im ersten Fall mit dem Unterschied, dass kein zusammenhängender Zeitraum, in dem das Kraftwerk betrieben wird, bestimmt werden kann. Daher ist pro Kraftwerkstechnologie in der Datenbank eine mittlere Laufzeit nach einem Anfahrvorgang hinterlegt. Der Gebotspreis wird dann angehoben um die auf diese Laufzeit verteilten Anfahrkosten, so dass sich folgendes Gebot ergibt:

$$\text{ask}_{h,tu}^{spot} = \left(p_{h,tu}^{ask} = c_{tu,h}^{var} + \frac{c_{tu,h}^{st}}{\bar{\tau}_{tu}^{run}}, q_h = \hat{p}_{tu} \right) \qquad (5.72)$$

mit:

$\bar{\tau}_{tu}^{run}$ Mittlerer Zeitraum, in dem ein Kraftwerk
diesen Typs eingesetzt wird (h)

5.5.4.2.2 Gebote für Energiespeicher

Für Energiespeicher lassen sich keine variablen Kosten in der Größenordnung von denen thermischer Kraftwerke bestimmen, da hier kein Energieträger zur Elektrizitätsgewinnung verbraucht wird sondern lediglich die zuvor eingespeicherte Strommenge wieder ausgespeichert wird. Zwar können die beim Pumpen bzw. Einspeichern entstandenen Kosten für den Bezug des Eingangsstroms und dessen Umwandlung in eine andere Energieform als variable Erzeugungskosten interpretiert werden, jedoch sind laut Swider (2006, S. 79) „in der Praxis (..) die Entscheidungen zum Kraftwerkseinsatz (..) nicht abhängig von den vergangenen, tatsächlich angefallenen Pumpkosten". Vielmehr seien diese durch die Opportunitätskosten, d. h. den zukünftig zu erwartenden Pumpkosten, determiniert. Im Modell wird letzterer Ansatz verfolgt: Vergangene Einspeicherkosten werden als nicht entscheidungsrelevante Kosten (sog. „sunk costs") interpretiert und daher nicht bei der Gebotserstellung berücksichtigt.

Für die zwölf Stunden des Prognosetags mit den höchsten Preisen werden Verkaufsgebote erstellt, wobei das Preislimit basierend auf den Einspeicherkosten, die sich aus den zwölf Stunden mit den niedrigsten Marktpreisen ergeben, gesetzt wird.

$$ask_{\hat{h},su}^{spot} = \left(p_{h,su}^{ask} = \frac{MCP_{\check{h}}^{spot,fc}}{\eta_{su}^{in} \cdot \eta_{su}^{out}}, q_h = \hat{p}_{su}^{out} \right) \tag{5.73}$$

mit:

$\hat{h}$	Stunde aus der Menge mit den höchsten zwölf Preisen
$\check{h}$	Stunde aus der Menge mit den niedrigsten zwölf Preisen
$MCP_{\check{h}}^{spot,fc}$	Prognostizierter Spotmarktpreis in der Stunde $\check{h}$ (€/MWh)

In den restlichen Stunden werden Nachfrage-Gebote platziert, wobei der prognostizierte Spotmarktpreis als Preislimit gesetzt wird. Zu beachten ist, dass das Gebotsvolumen beim Einspeichern durch die Brutto- und nicht durch die Netto-Leistung begrenzt ist und dass nur die Netto-Strommenge eingespeichert wird.

$$bid_{\check{h},su}^{spot} = \left(p_{h,su}^{bid} = MCP_{\check{h}}^{spot,fc}, q_h = \frac{\hat{p}_{su}^{in}}{\eta_{su}^{in}} \right) \tag{5.74}$$

mit:

$\check{h}$	Stunde aus der Menge mit den niedrigsten zwölf Preisen
$MCP_{\check{h}}^{spot,fc}$	Prognostizierter Spotmarktpreis in der Stunde $\check{h}$ (€/MWh)

5.5.4.3 Nachfrage-Agenten

Der zentrale Nachfrage-Agent, der den preisinelastischen Anteil der Stromnachfrage handelt, gibt Gebote folgender Form ab:

$$\text{bid}_{\check{h},su}^{spot} = \left(p_{h,su}^{bid} = 3.000 \text{ €/MWh}, q_h = D_h \right) \tag{5.75}$$

mit:

D_h Inelastische Nachfragelast in der Stunde h

Der Gebotspreis entspricht genau dem Maximalpreis der Spotmarktauktion im Modell. Eine Vermarktung ist damit sichergestellt, sofern kein Nachfrageüberhang besteht.

Der zentrale Nachfrage-Agent, der für den preiselastischen Anteil der Stromnachfrage zuständig ist, kann Preislimits setzen. In der vorliegenden Arbeit werden keine Untersuchungen bzgl. der preiselastischen Nachfrage[18] durchgeführt, da keine belastbaren Daten zu den Elastizitäten vorliegen.

5.5.5 Erstellung eines Kraftwerkseinsatzplans

Diesen Simulationsschritt führen diejenigen Agenten durch, die planbare Erzeugungskapazitäten besitzen. Nach der Markträumung ist jedem Agenten exakt bekannt, wie hoch die zu produzierende Strommenge und die vorzuhaltende Regelleistung ist und wie hoch die Marktpreise sind. Um den Einsatzplan (*Dispatch*) zu erstellen, wird nun für jeden Agenten und für seinen eigenen Kraftwerkspark das in Abschnitt 5.3 beschriebene Optimierungsproblem gelöst. Zusätzlich zum kostenminimalen Kraftwerks- und Energiespeichereinsatz werden mithilfe der Markträumungspreise die agentenspezifischen Deckungsbeiträge bestimmt, die sich durch die Vermarktung von Strom und Leistung ergeben. Im Gegensatz zur Progno-

---

[18]Gemeint ist hiermit die Preiselastizität der Nachfrage bei den Verbrauchern. Hingegen wird bei den Energieversorger-Agenten die Preiselastizität der Ladestromgebote für deren Energiespeicher berücksichtigt (vgl. Abschnitt 5.5.4.2).

Tabelle 5.5: Unterschiede im Optimierungsproblem für Prognose und Dispatch

	Prognose	Dispatch
Anfahrzeit von Kraftwerken	ja	ja
Mindestbetriebsleistung von Kraftwerken	ja	ja
Teillastwirkungsgrad von Kraftwerken	nein	ja
Begrenzte Laständerungsgeschwindigkeit von Kraftwerken	nein	ja
Mindestbetriebszeit von Kraftwerken	ja	ja
Mindeststillstandszeit von Kraftwerken	ja	ja
Mindestbetriebsleistung von Speichern	nein	ja
Vorhaltung von Reserveleistung	ja	ja
Abbildung von Kraftwerken	blockscharf	blockscharf
Abbildung von Speichern	aggregiert	blockscharf
Optimierte Kraftwerke/Speicher	alle	eigene

seerstellung wird hier das Optimierungsproblem mit allen in Abschnitt 5.3 beschriebenen Nebenbedingungen gelöst, da jeder Agent die vollständige Kenntnis über den Zustand und die Verfügbarkeit seiner eigenen Anlagen besitzt. Die Unterschiede zwischen dem zu lösenden Optimierungsproblem bei der Erstellung der Spotmarktpreisprognose und des Einsatzplans sind in Tabelle 5.5 zusammengefasst.

Genau wie im Simulationsschritt, bei dem die Preisprognose erstellt wird, wird eine Optimierung mit einem rollierenden Zeithorizont von 30 h durchgeführt. 24 h sind nicht ausreichend, da ansonsten die intertemporalen Restriktionen zu Beginn oder am Ende der Optimierung nicht greifen.

5.6 Eingangsdaten für das Modell

Eine realitätsnahe Modellierung erfordert eine detaillierte und zeitlich gut aufgelöste Datenbasis. Wie aus Abbildung 5.1 ersichtlich wird, umfasst der notwendige Datensatz Angaben zur Stromnachfrage (Lastprofile, Jahresstromverbrauch) und zur Elektrizitätserzeugung (Kraftwerke und Energiespeicher sowie deren techno-ökonomischen Parameter wie Wirkungsgrad,

Teillastbetrieb etc.). Zudem werden Energieträger- und CO_2-Preise benötigt sowie Angaben zum Stromaußenhandel, der aufgrund der räumlichen Auflösung des Modells eine modellexogene Größe ist. In den folgenden Abschnitten wird diese Datenbasis beschrieben. Auf Daten, die ausschließlich für zukünftige Analysen benötigt werden, wird im nachfolgenden Kapitel eingegangen.

5.6.1 Energieträger- und CO_2-Preise

Wie in Abschnitt 5.3 gezeigt wurde, determinieren Energieträger- und CO_2-Preise die variablen Kosten einer Anlage maßgeblich. Für eine korrekte Validierung des Modells anhand von historischen Marktpreisen ist daher eine möglichst hohe Zeitauflösung dieser Preiszeitreihen wichtig.

Das Bundesamt für Wirtschaft und Ausfuhrkontrolle veröffentlicht vierteljährlich Drittlandssteinkohlepreise (siehe BAFA, 2012c) sowie monatliche Grenzübergangspreise für die Energieträger Erdgas (siehe BAFA, 2012b) und Rohöl (siehe BAFA, 2012a). Werktägliche CO_2-Preise[19] werden u. a. von der Umweltbörse BlueNext des transatlantischen Börsenunternehmens NYSE Euronext veröffentlicht (siehe BlueNext, 2012). Aufgrund des vergleichsweise geringen Energiegehalts von Braunkohle wird der Energieträger in räumlicher Nähe der Vorkommen verwertet, d. h. es gibt keinen Markt und damit auch keine Marktpreise für Braunkohle. Üblicherweise werden die Abbaukosten des Energieträgers herangezogen, um die variablen Erzeugungskosten von Braunkohlekraftwerken zu berechnen (vgl. Schlesinger et al., 2010, S. 41 und Lindenberger et al., 2008, S. 13). Für die Analysen im Rahmen dieser Arbeit wird ebenso verfahren. Marktpreise für Uranerz (U_3O_8) werden monatlich veröffentlicht (siehe Index Mundi, 2012; Ux Consulting Company, 2012). Hinzu kommen Kosten für die Konversion zu Uranhexafluorid (UF_6), für die Anreicherung und für die Brennstabfabrikation (UO_2). Die einzelnen Schritte sowie deren Kosten

---

[19]Preise für die Zertifikate des europäischen Emissionshandels, sogenannte „European Union Emission Allowances" für die Handelsperiode von 2008 bis 2012 (EUA 08-12).

Abbildung 5.5: Ausgewählte Energieträgerpreise in Deutschland (2000–2011, Quellen: BAFA, 2012c,a,b; Ux Consulting Company, 2012)

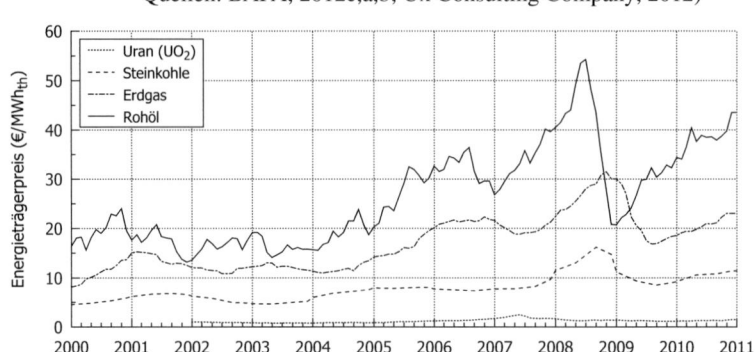

sind bspw. in Konstantin (2009, S. 23 ff.) beschrieben. Diese Methode wird für die Berechnung aktueller UO_2-Preise aus U_3O_8-Preisen übernommen. Abbildung 5.5 zeigt den historischen Verlauf ausgewählter Energieträgerpreise von 2000 bis 2011[20]. Die Grafik vermittelt bereits einen Eindruck über den Größenbereich variabler Stromerzeugungskosten unterschiedlicher Kraftwerkstypen. So ergeben sich allein aufgrund des energetisch ertragreicheren Reaktionstyps bei Kernkraftwerken variable Kosten, die eine Größenordnung unter denen von Steinkohle, Erdgas oder Rohöl liegen.

5.6.2 Elektrizitätserzeugung

Im Modell veräußern auf der Angebotsseite der Netzbetreiber-Agent und die Energieversorger-Agenten die Stromproduktion aus erneuerbaren Energiequellen sowie die ihrer thermischen Kraftwerke und ihrer Energiespeicher. In den folgenden Unterabschnitten wird auf die für die Modellierung relevanten technischen und wirtschaftlichen Parameter dieser Erzeugungstechnologien eingegangen.

---

[20]Abgebildet sind nominale Preise.

Abbildung 5.6: Stromerzeugung aus erneuerbaren Energiequellen (1990–2010)

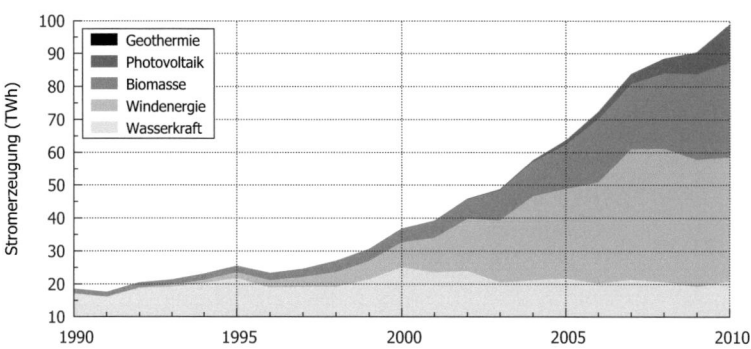

5.6.2.1 Erneuerbare Energien

Die Stromerzeugung aus erneuerbaren Energiequellen hat sich in den letzten acht Jahren mehr als verdoppelt. Besonders der Beitrag fluktuierender, wetterabhängiger Erzeugung hat stark zugenommen (siehe Abbildung 5.6) und soll in Zukunft weiter ausgebaut werden. So sollen dem „Nationalen Aktionsplan für erneuerbare Energie gemäß der Richtlinie 2009/28/EG zur Förderung der Nutzung von Energie aus erneuerbaren Quellen" zufolge[21] im Jahr 2020 rund 145 TWh Elektrizität allein aus Wind- und Solarenergie erzeugt werden. Insgesamt soll die regenerative Stromerzeugung 217 TWh elektrischer Energie bereitstellen. Gegenüber dem Jahr 2010 entspricht dies insgesamt einer Steigerung um ca. 114 TWh, wovon 96 TWh auf die fluktuierenden Erzeuger entfallen (vgl. BMU, 2011b, S. 16).

Aus diesen Gründen wird bei der Modellierung auf die Qualität und zeitliche Auflösung der Erzeugungsprofile von Wind- und Solarenergie besonders Wert gelegt. Die zeitliche Auflösung dieser Zeitreihen beträgt 8.760 Stunden pro Jahr und entspricht damit der zeitlichen Auflösung der simulierten Börsenprodukte im Modell. Stündliche, zum Teil auch viertelstündliche Erzeugungsprofile der hochgerechneten Ist-Einspeisung aller Wind-

---

[21]siehe Bund (2012, S. 117)

Tabelle 5.6: Auflösung der Zeitreihen für die Stromproduktion aus Erneuerbaren

Technologie	Zeitliche Auflösung
Windkraft (an Land)	stündlich
Windkraft (auf See)	stündlich
Photovoltaik	stündlich
Wasserkraft	monatlich
Biomasse	jährlich
Geothermie	jährlich

kraftanlagen an Land werden von den vier Netzbetreibern seit 2006 veröffentlicht. Die Einspeisung von Photovoltaikanlagen wird erst seit 2011 deutschlandweit veröffentlicht. Für weiter zurückliegende Jahre steht der zeitliche Verlauf der Stromproduktion nur für vereinzelte Regelzonen zur Verfügung; er kann aber bspw. mithilfe eines Technologiemodells und Wetterdaten näherungsweise bestimmt werden. Für diese Analysen in dieser Arbeit werden PV-Zeitreihen verwendet, die Schubert (2011) und Schubert (2012) entnommen werden. Bei den restlichen Technologien gehen aufgrund der Datenlage keine stündlichen Profile in die Simulation als Eingangsdaten ein. Statistiken zur Stromproduktion aus Wasserkraft werden bspw. vom statistischen Bundesamt im „Monatsbericht über die Elektrizitätsversorgung" in Form von monatlichen Profilen veröffentlicht (siehe Leschke, 2012). Für Biomasse und Geothermie wird auf Basis der jährlich erzeugten Strommenge ein stündliches, zeitlich konstantes Erzeugungsband ermittelt. Tabelle 5.6 fasst die Datenlage zusammen.

5.6.2.2 Thermische Kraftwerke

Derzeit wird noch über 80 % des Stroms von thermischen Kraftwerken produziert. Obgleich der Beitrag sinken wird, erwartet die Bundesregierung für das Jahr 2030, dass immerhin 50 % des produzierten Stroms nicht aus erneuerbaren Energiequellen stammen wird und damit thermischen Kraftwerken oder Energiespeichern zuzurechnen sein wird. Wichtige Vorausset-

Tabelle 5.7: Techno-ökonomische Parametrisierung thermischer Kraftwerke

Kraftwerk	Technologie	Brennstoff
Netto-Leistung (MW)	Verlustfaktor im Teillastbetrieb (–)	Preis ($€/MWh_{th}$)
Wirkungsgrad ($^{MWh_{th}}/_{MWh_{el}}$)	Mindestleistung relativ zur Netto-Leistung (%)	Transportkosten ($€/MWh_{th}$)
Technische Nutzungsdauer (a)	Maximale Laständerungsrate (MW/h)	Emissionsfaktor (t/MWh_{th})
Technologie	Mindestbetriebszeit (h)	sonstige variable Kosten ($€/MWh_{el}$)
Brennstoff	Mindeststillstandszeit (h) Kaltstartdauer (h) Kostenfaktor für zusätzlichen Brennstoffbedarf (–) Kostenfaktor für zusätzlichen Verschleiß (–)	

zung für eine fundierte Bewertung von Integrationsmaßnahmen für erneuerbare Energien ist daher eine detaillierte Modellierung der konventioneller Stromerzeugung.

Für die Analysen dieser Arbeit wird die bestehende Kraftwerksdatenbank früherer Modellversionen aktualisiert und erweitert. Jedes Kraftwerk in der Datenbank ist gemäß den in Tabelle 5.7 dargestellten Größen parametrisiert und genau einem Energieversorger-Agenten – dem Hauptanteilseigner – zugeordnet. Zur Berechnung der CO_2-Emissionen und der daraus resultierenden Kosten für den Erwerb von Emissionszertifikaten werden für jeden in der Modellierung verwendeten Energieträger die in Tabelle 5.8 aufgeführten CO_2-Emissionsfaktoren verwendet.

Für die Überarbeitung der Datenbank werden öffentliche Informationen der Kraftwerksbetreiber sowie die von der Bundesnetzagentur veröffentlichte Kraftwerksliste (siehe BNetzA, 2011b) herangezogen. Letztere umfasst insgesamt 1.097 Blöcke mit einer summierten Nettokapazität von

Tabelle 5.8: Emissionsfaktoren der Energieträger nach Genoese (2010)

Brennstoff	Emissionsfaktor (g_{CO_2}/kWh$_{th}$)
Uran	0
Braunkohlen	399,6
Steinkohlen	352,8
Erdgas	201,6
Erdöl	299,3

119,5 GW[22]. Verfügbar in dieser Liste sind Informationen über die Brutto-und/oder Netto-Leistung des jeweiligen Kraftwerks, des verwendeten Energieträgers sowie dessen Name, Betreiber, Standort und Jahr der Inbetriebnahme. Die Webseiten der Betreiber enthalten vereinzelt noch Informationen zum Wirkungsgrad. Fehlende Informationen werden basierend auf diesen Daten geschätzt. Im Falle nicht vorhandener Informationen zum Wirkungsgrad einer Anlage wird nach dem in Genoese (2010, S. 135 ff.) beschriebenen Verfahren vorgegangen. Die Einteilung in Technologieklassen (siehe Tabelle 5.9) erfolgt basierend auf dem Alter der Anlage, ihrem Energieträger und dem Verbrennungsprozess.

Im Rahmen der Analysen zu den Auswirkungen des Kernkraftmoratoriums 2011 veröffentlichte die Bundesnetzagentur zudem eine Liste geplanter Zu- und Rückbauten von Kraftwerken (siehe BNetzA, 2011c). Diese Angaben werden ebenso wie der Atomausstieg nach §7 AtG 2011[23] in die Kraftwerksdatenbank des Modells eingearbeitet. Gemäß dem Ausstiegsgesetz sollen mit Ablauf des 31. Dezember 2022 die letzten drei Kernkraftwerke Isar 2, Emsland und Neckarwestheim 2 vom Netz gehen. Die Summe der Erzeugungskapazitäten in Bau befindlicher und angekündigter Neubauten beläuft sich auf 15,2 GW. Von diesen Projekten wird in zwei Drittel der

---

[22]Die Bundesnetzagentur erfasst auch Anlagen regenerativer Erzeugung, d. h. größere Wind- und Solarparks sowie Lauf- und Speicherwasserkraftwerke. Die Summe konventioneller Blöcke (thermische Kraftwerke und Energiespeicher) beläuft sich auf 530 Einheiten bzw. 105,4 GW Nettoengpassleistung.

[23]Atomgesetz in der Fassung der Bekanntmachung vom 06.08.2011 (BGBl. I S. 1704)

Tabelle 5.9: Technologieklassen thermischer Kraftwerke (Quellen: Genoese, 2010, S. 140; Rosen, 2008, S. 56f.; Hundt et al., 2009, S. 24; Weßelmann et al., 2010; Deutsche Verbundgesellschaft, 1991; Klobasa und Erge, 2007, S. 13, Hasche et al., 2006, S. 62; Swider, 2006, S. 16; Swider und Weber, 2007, S. 160)

Energieträger[b]	Prozess[c]	Altersklasse	Mindestleistung $(\%\hat{P})$	Verlustfaktor (-)	Kaltstartzeit (h)	Lastgradient $(\%\hat{P}/\text{h})$	Mindeststandszeit (h)	Mindestbetriebszeit (h)	Kst.fkt.[a] Verschleiß (-)	Kst.fkt. Brennstoff (-)
UR	SW	≤1990	60	0,97	24	5	10	8	0,5	0,5
UR	DW	≤1990	20	0,95	24	10	10	8	0,5	0,5
SK	DT	≤1980	70	0,95	8	1	2	4	0,5	0,4
SK	DT	≤2015	38	0,95	8	3	2	4	0,5	0,4
SK	DT	≤2030	30	0,95	6	4	2	4	0,5	0,4
BK	DT	≤1980	70	0,94	15	1	6	6	0,5	0,5
BK	DT	≤2015	40	0,94	12	2	6	6	0,5	0,5
BK	DT	≤2030	30	0,94	9	3	6	6	0,5	0,5
ÖL	GT	≤1980	20	0,78	3	20	0	1	0,2	0,2
ÖL	GT	≤2015	20	0,78	2	20	0	1	0,2	0,2
ÖL	GT	≤2030	20	0,78	2	20	0	1	0,2	0,2
EG	GuD	≤1980	40	0,89	3	6	2	4	0,2	0,2
EG	GuD	≤2015	33	0,89	2	6	2	4	0,2	0,2
EG	GuD	≤2030	25	0,89	2	6	2	4	0,2	0,2
EG	GT	≤1980	20	0,78	3	20	0	1	0,2	0,2
EG	GT	≤2015	20	0,78	2	20	0	1	0,2	0,2
EG	GT	≤2030	20	0,78	2	20	0	1	0,2	0,2
AN	DT	≤1980	40	0,95	3	4	2	4	0,5	0,5
AN	DT	≤2015	40	0,95	2	4	2	4	0,5	0,5
AN	DT	≤2030	40	0,95	2	4	2	4	0,5	0,5

[a]Kostenfaktor

[b]UR = Uran, SK = Steinkohlen, BK = Braunkohlen, EG = Erdgas, AN = anderer Energieträger

[c]SW = Siedewasser, DW = Dampfwasser, DT = Dampfturbine, GT = Gasturbine, GuD = Gas-und-Dampf

Abbildung 5.7: Sterbelinie des konventionellen deutschen Kraftwerksparks in den Jahren 2010, 2020 und 2030 (inklusiver sich in Bau befindender Neuinvestitionen)

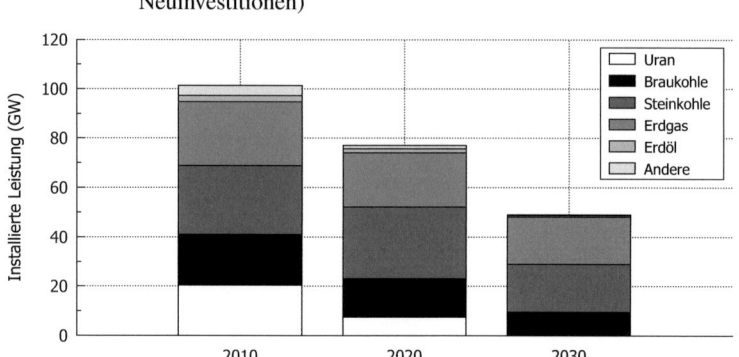

Fälle auf den Energieträger Steinkohle gesetzt; Erdgas- und Braunkohlekraftwerke machen lediglich 3,1 bzw. 2,7 GW Kapazität aus.

Unter Berücksichtigung dieser Änderungen ergibt sich – ohne weitere Zubauten und unter Berücksichtigung einer durchschnittlichen technischen Nutzungsdauer von 40 Jahren für bestehende Kraftwerke – für die Jahre 2010, 2020 und 2030 die in Abbildung 5.7 dargestellte Struktur des deutschen Kraftwerksparks. Ohne Neuinvestitonen oder Maßnahmen zur Verlängerung der technischen Lebensdauer von bestehenden Kraftwerken ist ein starker Rückgang der Stromerzeugungskapazitäten von heute rund 100 GW auf unter 80 GW in 2020 und auf 50 GW in 2030 zu erwarten.

5.6.2.3 Energiespeicher

Im derzeitigem Energiesystem spielen Energiespeicher nur eine untergeordnete Rolle. Ein wirtschaftlicher Einsatz an Elektrizitätsmärkten ist zudem nur für die Pumpspeichertechnologie möglich, deren Nutzbarkeit hohe geologische und topologische Anforderungen stellt. In Deutschland gibt es 30 Pumpspeicherkraftwerke mit einer summierten Pumpleistung von knapp sieben Gigawatt.

Tabelle 5.10: Techno-ökonomische Parametrisierung von Energiespeichern

Speicherkraftwerk	Technologie
Netto-Einspeicher-Leistung (MW)	Mindestleistung (Einspeichern) (%)
Einspeicher-Wirkungsgrad ($^{MWh_{th}}/_{MWh_{el}}$)	Mindestleistung (Ausspeichern) (%)
Netto-Ausspeicher-Leistung (MW)	spezifische Anfahrkosten (€/MW)
Ausspeicher-Wirkungsgrad ($^{MWh_{th}}/_{MWh_{el}}$)	
Speicherkapazität (MWh)	
Technische Nutzungsdauer (a)	
Technologie	

Die technischen Charakteristika dieser Anlagen sind – aufgrund der überschaubaren technologischen Vielfalt – vergleichsweise detailliert dokumentiert. Im Gegensatz zu den öffentlichen Quellen zu thermischen Kraftwerke werden in Leonhardt et al. (2009, S. 44), Höflich et al. (2010, S. 157 f.) und Giesecke und Mosonyi (2009, S. 693) Wirkungsgrade zu den meisten Speicheranlagen angeführt. In Giesecke und Mosonyi (2009) ist zudem die Höhendifferenz zwischen Ober- und Unterbecken sowie das Volumen des Oberbeckens aufgeführt, aus der die elektrische Speicherkapazität bestimmt werden kann. Jedes Speicherkraftwerk in der Datenbank ist gemäß den in Tabelle 5.7 dargestellten Größen parametrisiert und einem Hauptanteilseigner zugeordnet. Eine Liste mit den Eigenschaften zu allen in den Simulationen verwendeten Pumpspeicherkraftwerken findet sich im Anhang in Tabelle A.2. Die Anfahrkosten für die unterschiedlichen Technologien sind Ellersdorfer (2007, S. 157), Nilsson und Sjelvgren (1997, S. 39) und Wietschel et al. (2009) entnommen.

Tabelle 5.11: Skalierungsfaktoren für die Lastdaten

Jahr	2008	2009	2010
Summe der monatlichen ENTSO-E-Verbrauchsmengen (TWh)	557,2	526,9	548,2
Skalierungsfaktor	1,020	1,017	1,018

5.6.3 Elektrizitätsnachfrage

Auf der Nachfrageseite ist die verfügbare Datenbasis bezüglich ihrer zeitlichen Auflösung vergleichsweise solide: Die Vereinigung europäischer Netzbetreiber ENTSO-E publiziert seit 2006 stündliche Lastprofile für das gesamte Jahr (siehe ENTSO-E, 2012). Enthalten sind nach Angaben der ENTSO-E (siehe ENTSO-E, 2010) lediglich 91 % des gesamten Stromverbrauchs, da industrielle Eigenproduktion und -verbrauch sowie Teile des Bahnstromnetzes nicht erfasst werden. Wie bspw. in Ellersdorfer et al. (2008, S. 28) festgestellt wurde, weicht jedoch auch diese von 91 % auf 100 % skalierte Jahressumme noch von den branchenüblichen Jahresstatistiken des Bundesverbands der Energie- und Wasserwirtschaft (BDEW) oder der Arbeitsgemeinschaft Energiebilanzen e. V. (AGEB) ab (siehe Ziesing, 2011, S. 24). Gemäß Ellersdorfer et al. (2008, S. 28) könnte eine mögliche Erklärung für die Inkonsistenzen „in der unterschiedlichen Methode der Datengewinnung liegen". Die stündliche Netzlast basiere auf gemeldeten Werten der einzelnen Netzbetreiber, während der Jahresverbrauch aus Verbandserhebungen und Hochrechnungen resultiere, deren Methoden nicht öffentlich seien.

Da die modellierten Strompreise sehr sensitiv gegenüber dem Stromverbrauch sind, muss dieser möglichst exakt erfasst sein. Die Lastprofile der ENTSO-E werden aus diesem Grund so skaliert, dass ihre Jahressumme dem Jahresstromverbrauch aus den Publikationen der AGEB entspricht. Die Skalierungsfaktoren der vergangenen Jahre sind in Tabelle 5.11 aufgeführt.

Abbildung 5.8: Exportüberschuss und Nachfragelast im März 2011

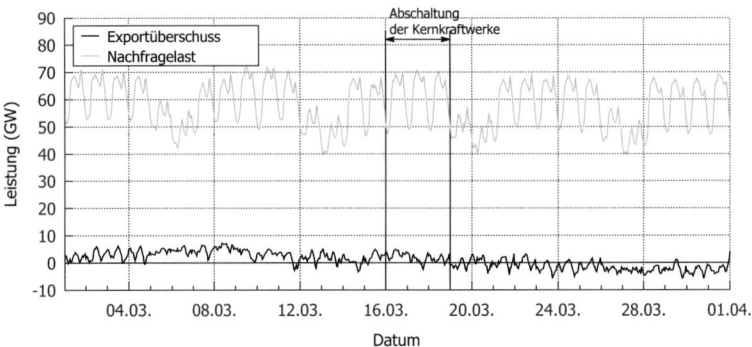

5.6.4 Stromaußenhandel

Regional ist die verwendete PowerACE-Version abgegrenzt durch das Strommarktgebiet Deutschlands. Ausländische Händler sind jedoch ebenfalls am deutschen Strommarkt aktiv, weswegen Daten zum Stromaußenhandel benötigt werden. Diese sind auf der Transparenzplattform der ENTSO-E (siehe European Network of Transmission System Operators for Electricity, 2012) verfügbar. In Deutschland sind in der Vergangenheit meist Exportüberschüsse zu verzeichnen gewesen: Nach Hundt et al. (2009, S. 10) ist „Deutschland seit dem Jahr 2003 Netto-Exporteur mit einer ansteigenden Tendenz". Der Exportüberschuss betrug in den Jahren 2008 bis 2010 bis zu 18 TWh pro Jahr; die Exporte sind aufgrund der Abschaltung von sieben Kernkraftwerken im Jahr 2011 stark zurückgegangen (vgl. Abbildung 5.8). Insgesamt ist für 2011 ein leichter Importüberschuss von 1,8 TWh zu verzeichnen. Insbesondere in den Nachtstunden wird nun weniger Strom ins Ausland ausgeführt als in den Jahren zuvor. Statt wie in den vergangenen Jahren in knapp 75 % der Nachtstunden wurde im Jahr 2011 nur noch in 45 % der Nachtstunden Elektrizität ausgeführt. Weiterhin signifikant sind hingegen die Exporte in denjenigen Stunden, in denen die Einspeisung regenerativen Stroms hoch ist.

Tabelle 5.12: Mittlere Rechenzeiten für das Simulationsjahr 2009 sowie Komplexität eines Optimierungsproblems und Gesamtanzahl der zu lösenden Probleme

Modell	Rechenzeit (min)	Komplexität Zeilen	Spalten	Anzahl
agentenbasiert	110	≤ 82.000	≤ 63.000	365×5
zentraler Planer	200	117.000	113.000	365

5.7 Informationstechnische Implementierung des Modells und typische Rechenzeiten

Die Logik des Simulationsablaufs ist in der objektorientierten Programmiersprache Java implementiert. Das ursprüngliche Modell wird um ca. 20.000 Zeilen Programmiercode erweitert, um die beschriebenen Neuerungen umzusetzen. Die zu lösenden Optimierungsprobleme werden direkt im Java-Modell definiert aber nicht dort gelöst sondern an die kommerzielle Solver-Software Gurobi weitergegeben[24]. Als Verbindungsstück dient dabei die quelloffene Java-Bibliothek JavaILP[25], mit der sich verschiedene kommerzielle wie nicht-kommerzielle Solver ansteuern lassen, ohne dass der Programmiercode angepasst werden muss. Ein Wechsel zwischen verschiedenen Solvern ist somit problemlos möglich. Im Rahmen dieser Arbeit werden Erweiterungen für JavaILP programmiert, um Gurobi zur Liste der unterstützen Solvern hinzuzufügen. Diese Erweiterungen werden dem Open-Source-Projekt zur Verfügung gestellt.

Die Eingangsdaten für das Modell werden zentral in einer MySQL-Datenbank[26] gehalten. Es besteht zusätzlich die Möglichkeit, das Modell an die dezentrale Datenbank H2[27] anzubinden. Dies erleichtert die Weiterga-

---

[24] siehe http://www.gurobi.com
[25] siehe http://javailp.sourceforge.net
[26] siehe http://www.mysql.com
[27] siehe http://www.h2database.com

be des Modells an Externe oder die vollständige Archivierung bestimmter Programmversionen inklusive der zugehörigen Eingangsdaten enorm. Die Zeit, die für das Lösen der definierten Optimierungsprobleme benötigt wird, hat einen Anteil von bis zu 95 % an der Rechenzeit des gesamten Modells. Mittlere Rechenzeiten für das Simulationsjahr 2009 sind in Tabelle 5.12 angegeben. Wie bereits in den Abschnitten 5.5.2 und 5.5.5 beschrieben wurde, wird mit einem rollierenden Planungshorizont von je 30 Stunden gerechnet. 24 Stunden sind nicht ausreichend, da ansonsten die intertemporalen Restriktionen zu Tagesbeginn und -ende nicht greifen. Andererseits wird nicht mit dem Planungshorizont eines gesamten Jahres gerechnet, da es nicht realistisch ist anzunehmen, dass im Voraus alle Informationen über ein Jahr zur Verfügung stehen. Ein Nebeneffekt der rollierenden Planung ist, dass die Größe eines einzelnen Optimierungsproblems in handhabbaren Grenzen bleibt, da die Anzahl der Variablen von der Anzahl der zu optimierenden Stunden abhängt. Das Optimierungsproblem muss allerdings 365-mal gelöst werden. Im agentenbasierten Fall müssen täglich fünf Optimierungsprobleme gelöst werden, da Einsatzpläne für jeden einzelnen Agenten erstellt werden. Deren Komplexität ist dafür geringer als im Fall der reinen Optimierung, da nur die optimale Betriebsweise für die eigenen Kraftwerke bestimmt werden muss.

5.8 Modellvalidierung

Die zentralen Simulationsergebnisse sind stündliche Strompreiszeitreihen, die CO_2-Emissionen des Stromsektors und der Einsatz von Energiespeichern und Kraftwerken aufgeschlüsselt nach Energieträger. Für die Jahre 2009 und 2010 werden diese Modellergebnisse validiert, indem sie mit den realen Ergebnissen verglichen werden und Abweichungen quantifiziert werden. Validierungsgrundlage für die Strompreiszeitreihen sind die von der Strombörse EEX veröffentlichten Großhandelspreise (siehe European Energy Exchange, 2012). Vergleichsbasis für die Stromerzeugung sind Angaben zur historischen Bruttostromerzeugung nach Energieträger, die sich in Ziesing (2011, S. 24) finden. Die – absoluten wie spezifischen – Emissionen im Stromsektor werden regelmäßig vom Umweltbundesamt in Hochrechnungen ermittelt und sind online verfügbar (siehe Umweltbundesamt, 2012). Grundsätzlich ist festzuhalten, dass bei der Simulation der einzelnen Jahre keinerlei jahresspezifische Anpassungen an die Entscheidungsregeln bei der Gebotsabgabe oder den zugrundeliegenden Optimierungsproblemen (sog. Kalibrierung) vorgenommen werden.

Zusätzlich zum Vergleich der Modellergebnisse mit realen Daten wird die Wirkung der Modellerweiterungen quantifiziert, die im Rahmen dieser Arbeit entstanden sind. Abschließend werden die Simulation und die Optimierung miteinander verglichen.

5.8.1 Validierung der simulierten Strompreise

Zur Validierung der simulierten Strompreiszeitreihen werden verschiedene Kennzahlen der mathematischen Statistik herangezogen. Die modellierten und realen Zeitreihen werden anhand folgender Maße verglichen: Jahresmittelwert, Minimal- und Maximalwert sowie die Standardabweichung. Zwischen den unsortierten Zeitreihen wird die Pearson-Korrelation berechnet, um deren Zusammenhang zu messen. Als Maß für die Abweichung werden der mittlere absolute Fehler (MAE) sowie die Wurzel des mittleren quadratischen Fehlers (RSME) zwischen den Dauerlinien der modellierten und der realen Preise berechnet.

Die realen Zeitreihen enthalten vereinzelt Stunden mit großen Preisspitzen sowohl in positiver als auch in negativer Richtung, die in dieser Form nicht im Modell nachgebildet werden können. Dies hat verschiedene Ursachen. Eine davon liegt in den unterschiedlichen Handelsvolumina: Am EEX-Spotmarkt wird nicht die gesamte Stromnachfrage gehandelt. Andererseits sind die Netzbetreiber dazu verpflichtet, einen Großteil bzw. seit 2010 sogar 100 % des EEG-Stroms an der dortigen Börse preisunlimitiert zu ver-

Tabelle 5.13: Kennzahlen 2009 für gefilterte und ungefilterte Simulationsergebnisse

Kennzahl		EEX	Modell	EEX Filter [0;150]	Modell Filter [0;150]
Mittl. Preis	(€/MWh)	38,85	40,79	39,50	40,87
Std.abw.	(€/MWh)	19.41	7,77	16,51	7,73
Min. Preis	(€/MWh)	-500,02	4,61	0,00	4,61
Max. Preis	(€/MWh)	182,05	91,86	128,38	91,86
Korrelation	(–)	0,63		0,70	
MAE	(€/MWh)	6,93 (17,8 %)		6,85 (17,3 %)	
RMSE	(€/MWh)	9,40 (24,2 %)		9,18 (23,2 %)	

äußern (siehe Abschnitt 2.2.2). Dadurch kommt es am EEX-Spotmarkt bereits heute zu negativen Preisen, obwohl die residuale Last durchgängig positiv ist. Im Modell ist der Spotmarkt der einzige Vermarktungsplatz für elektrische Energie[28], weswegen unter den Rahmenbedingungen der Jahre 2009 und 2010 keine negativen Preise entstehen können[29]. Preisspitzen in positiver Richtung sind häufig bedingt durch eine unerwartete Verknappung des Angebots (etwa aufgrund von gleichzeitigen Kraftwerksausfällen) oder durch eine unerwartete Verteuerung des Angebots (etwa aufgrund von niedrigen Wasserständen und einem reduzierten Angebot an Kühlwasser). Beide Effekte können in PowerACE nicht abgebildet werden: Die tatsächliche, historische Verfügbarkeit einzelner Kraftwerksblöcke gehört nicht zu den Eingangsdaten – Kraftwerksausfälle werden durch Ziehen einer gleichverteilten Zufallszahl simuliert. Ebensowenig gehen Wasserstände als Eingangsdaten in das Modell ein. Da die Abstandsmaße und die Korrelation sehr sensitiv gegenüber Ausreißern sind, werden diese Kennzahlen zusätzlich für eine gefilterte Zeitreihe berechnet.

Für das Jahr 2009 sind diese Kennzahlen in Tabelle 5.13 zusammengefasst. Der mittlere Preis der Simulation liegt mit 40,79 €/MWh nur geringfügig

---

[28] An den Reservemärkten des Modells wird Leistung und nicht Energie vermarktet.

[29] Negative Gebote sind im Modell grundsätzlich gemäß Gleichung (5.71) möglich. Negative Preise entstehen im Modell aber erst bei niedrigen oder negativen Residuallasten.

über dem mittleren EEX-Preis. Die Korrelation zwischen den ungeordneten Zeitreihen beträgt im ungefilterten Fall 63 %, im gefilterten[30] Fall 70 %. Dies entspricht einer guten Übereinstimmung und ist vergleichbar mit dem Validierungsergebnis der ursprünglichen Modellversion, bei der die Korrelation für das Jahr 2004 bei 66 % (vgl. Genoese, 2010, S. 159) und für das Jahr 2005 bei 64 % lag (vgl. Sensfuß, 2008, S. 99). Unterschiede zwischen den EEX-Preisen und den Simulationsergebnissen werden insbesondere bei der Standardabweichung sichtbar: Die simulierten Preise schwanken weniger stark um den Mittelwert. Wie bspw. Abbildung 5.9 zu entnehmen ist, werden Ausschläge in positiver und in negativer Richtung zum richtigen Zeitpunkt nachgebildet, jedoch nicht in der richtigen Höhe. Dies spiegelt sich auch in den Abstandsmaßen MAE und RMSE wider, deren Niveau im ungefilterten Fall bei 17,8 % bzw. 24,2 % des mittleren EEX-Preises liegt. Im Vergleich zu anderen validierten Fundamentalmodellen ist der Abstand zu den realen Preisen auf einem ähnlichen Niveau: Das Fundamentalmodell von Barth et al. (2004) erreicht einen spezifischen MAE von 17,7 % für das Jahr 2001[31]. Die Autoren interpretieren diesen Wert als sehr gut für ein Fundamentalmodell. Möst et al. (2005) erzielen einen MAE von 13,7 % des Mittelwerts für das Jahr 2005. Bezüglich der modellierten Preise liegen für jüngere Jahre von anderen Fundamentalmodellen keine Validierungsergebnisse vor. Jäger et al. (2009) validieren für ihr Fundamentalmodell bspw. lediglich die Gesamt-Stromerzeugung, nicht aber die Strompreise.

Insgesamt zeigt sich, dass sich die Modellgüte des im Rahmen dieser Arbeit entwickelten PowerACE gegenüber der ursprünglichen Version durch die Änderungen der Entscheidungsregeln bei der Gebotsabgabe[32] verbessert hat (vgl. Abschnitt 5.8.4).

---

[30] 73 von 8.760 Preisen werden herausgefiltert (Intervall: 0 bis 150 €/MWh).

[31] Werden alle Preise über 50 €/MWh herausgefiltert, sinkt der MAE nach Angaben der Autoren auf 14,5 %.

[32] Vorgaben des Kraftwerkseinsatzplans werden genauer berücksichtigt, z. B. werden für Kraftwerke, die sich noch in der Mindeststillstandszeit befinden, keine Gebote abgegeben.

Abbildung 5.9: Historische und modellierte Spotmarktpreise im Januar 2009 (ungefiltert)

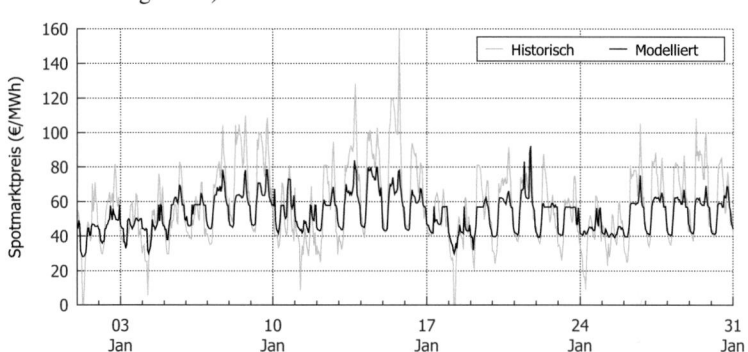

Für das Jahr 2010 lassen sich vergleichbare Schlüsse ziehen (vgl. Tabelle 5.14). Das mittlere Preisniveau wird erneut sehr gut getroffen. Die Korrelation zwischen den ungeordneten Zeitreihen beträgt sowohl im ungefilterten Fall als auch im gefilterten[33] Fall 69 %, d. h. der Verlauf der Zeitreihen ist sehr ähnlich. Die Abstandsmaße verdeutlichen wiederum, dass die Höhe der Preise nicht vollständig nachgebildet werden kann. Verglichen mit dem Jahr 2009 sinkt der spezifische MAE der ungefilterten Zeitreihen jedoch auf 15,8 %, also auf ein Niveau, das Barth et al. (2004) als sehr gut für ein Fundamentalmodell interpretieren. Unter den angesprochenen Rahmenbedingungen und im Vergleich zu anderen Fundamentalmodellen wird die Übereinstimmung zwischen modellierten und realen Strompreisen daher als gut interpretiert.

5.8.2 Validierung der Stromerzeugungsstruktur

Eine weitere Möglichkeit, die Güte des Modells zu bewerten, besteht darin, die Struktur der Stromerzeugung zu validieren. Als Vergleichsbasis werden hierbei die Jahresstatistiken zur Netto- und nicht zur Bruttostromerzeugung

---

[33] 12 von 8.760 Preisen werden herausgefiltert (Intervall: 0 bis 150 €/MWh).

Tabelle 5.14: Kennzahlen 2010 für gefilterte und ungefilterte Simulationsergebnisse

Kennzahl		EEX	Modell	EEX Filter [0;150]	Modell Filter [0;150]
Mittl. Preis	(€/MWh)	44,49	43,02	44,56	43,03
Stdabw.	(€/MWh)	13,97	5,13	13,86	5,11
Min. Preis	(€/MWh)	-20,45	12,15	0,05	12,15
Max. Preis	(€/MWh)	131,79	107,74	131,79	107,74
Korrelation	(–)		0,69		0,69
MAE	(€/MWh)	7,01 (15,8 %)		7,00 (15,7 %)	
RMSE	(€/MWh)	8,84 (19,9 %)		8,83 (19,9 %)	

Abbildung 5.10: Historische und modellierte Netto-Stromerzeugung nach Energieträger im Jahr 2009 (ohne Erneuerbare)

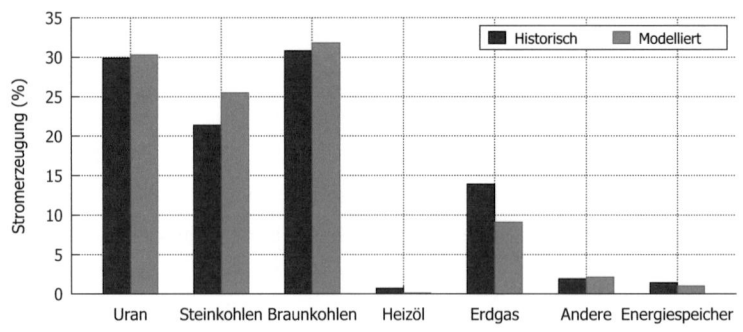

herangezogen, da im Modell die Netto-Engpassleistungen der einzelnen Kraftwerke als Eingangsdaten hinterlegt sind. Die Beiträge von erneuerbaren Energien werden in den folgenden Statistiken graphisch nicht ausgewiesen, da es sich um modellexogene Größen handelt. Für die Jahre 2009[34] und 2010[35] ergibt sich insgesamt eine gute Übereinstimmung (vgl. Abbildun-

---

[34]Die absolute modellierte Netto-Stromerzeugung beträgt 457,9 TWh. Hinzu kommen 92,5 TWh Strom aus regenerativen Quellen.

[35]Die absolute modellierte Netto-Stromerzeugung beträgt 483,2 TWh. Hinzu kommen 98,5 TWh Strom aus regenerativen Quellen.

gen 5.10 und 5.11). Signifikante Abweichungen in beiden Jahren gibt es bei der Stromerzeugung aus Erdgaskraftwerken: Die modellierte Menge liegt stets unter der tatsächlichen Menge. Dieser Umstand war in der ursprünglichen Modellversion ebenfalls zu beobachten (vgl. Genoese, 2010, S. 160), jedoch ist durch die Modellerweiterungen das Delta zur realen Stromerzeugung aus Erdgas erkennbar gesunken (vgl. Abschnitt 5.8.4). Andere Fundamentalmodelle, die den Stromsektor abbilden, weisen vergleichbare oder sogar höhere Defizite in diesem Bereich auf. In r2b und Consentec (2010, S. 119) beträgt die Stromerzeugung aus Erdgas für das Jahr 2010 bspw. lediglich 30,3 TWh. Dies entspricht einem Anteil von 6,6 % an der konventionellen Stromerzeugung. Der Beitrag von Braun- und Steinkohlekraftwerken wird hingegen leicht überschätzt. Die Ursache für dieses Über- und Unterschätzen liegt mit großer Wahrscheinlichkeit in den Modellgrenzen: Da nur der Stromsektor abgebildet wird, spielt die Wärmenachfrage im Modell keine Rolle. Gasbefeuerte Anlagen, die sowohl Strom als auch Wärme zur Verfügung stellen (Kraft-Wärme-Kopplungs-Anlagen bzw. Heizkraftwerke), laufen häufig wärmegeführt. Der bereitgestellte Strom wird in diesem Fall unter den variablen Kosten der Stromerzeugung angeboten, da es entsprechende Erlöse im Wärmemarkt gibt, solange das Kraftwerk betrieben werden kann. Dadurch verschiebt sich die Position der Gaskraftwerke in der Merit-Order nach links und verdrängen dadurch vor allem Kohlekraftwerke.

Ein interessantes Phänomen ist die deutlich sichtbare Überschätzung der Stromerzeugung aus Kernkraft, die nur in 2010 auftritt. Da die monatlichen Verfügbarkeiten der Kernkraftwerke als Eingangsdaten ins Modell eingehen, ist diese Überschätzung nicht darauf zurückzuführen, dass die Kraftwerke in der Realität häufiger ausgefallen sind als im Modell. Vielmehr wurden sie 2010 teilweise gedrosselt betrieben, wie bspw. das Bundeskartellamt festgestellt hat (vgl. BKartA, 2011, S. 25). Wegen des nach

Abbildung 5.11: Historische und modellierte Netto-Stromerzeugung nach Energieträger im Jahr 2010 (ohne Erneuerbare)

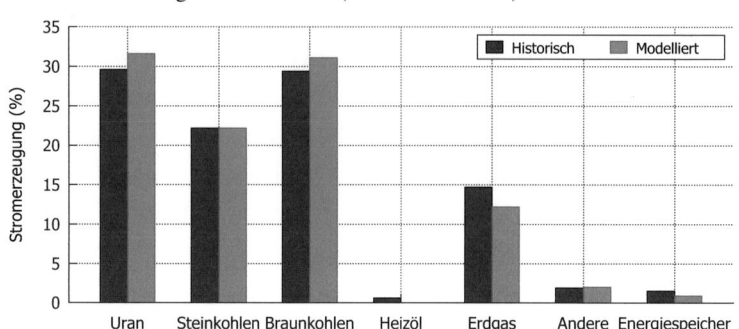

AtG 2002[36] bevorstehenden Atomausstiegs, in dem kein festes Ausstiegs-
jahr sondern für jedes Kernkraftwerk eine Reststrommenge vereinbart worden war, wurden kurz vor dem Aufbrauchen dieser Reststrommenge für
die Gebote einiger Kernkraftwerke Opportunitätskosten angesetzt, d. h. die
verbliebene Strommenge sollte auf die teuersten Stunden verteilt werden,
weswegen die Kraftwerke teilweise gedrosselt betrieben wurden. Die Autoren des Berichts merken an, dass der Ansatz von Opportunitätskosten aus
kartellrechtlicher Missbrauchsaufsicht nicht zu beanstanden sei. Seit dem
Inkrafttreten des AtG 2011[37] spielen Opportunitätskosten keine Rolle mehr,
da nun für jedes Kernkraftwerk eine im Gesetzestext vorgegebene Restlauf-
zeit feststeht. Dieses besondere Bieterverhalten wird daher im Modell nicht
berücksichtigt, da der Schwerpunkt der Untersuchungen zur Rentabilität
und zur Wirkung von Energiespeichern auf zukünftige Jahre gelegt wird.

Tabelle 5.15: Absolute und spezifische CO_2-Emissionen im Stromsektor

	2009		2010	
	real	modelliert	real	modelliert
abs. Emissionen (Mt)	294	273	302	272
spez. Emissionen (g/kWh$_{el}$)	561	511	544	481

5.8.3 Validierung der CO_2-Emissionen im Stromsektor

Eine dritte Möglichkeit, die Güte des Modells zu messen, besteht in der Validierung der CO_2-Emissionen des Stromsektors. Da die thermischen Kraftwerke in PowerACE blockscharf mit ihren jeweiligen Wirkungsgraden abbildet sind, ist eine präzise Messung der durch den Kraftwerkseinsatz entstehenden Emissionen möglich. Wie Tabelle 5.15 zu entnehmen ist, ermittelt das Modell für das Jahr 2009 Emissionen in Höhe von 273 Mio. t und für 2010 Emissionen in Höhe von 272 Mio. t. Die vom Umweltbundesamt veröffentlichten Werte liegen in beiden Jahren darüber. Dies gilt auch für die spezifischen Emissionen. Die Abweichung bei den absoluten Emissionen beträgt für das Jahr 2009 ca. 7,4 % und 2010 ca. 9,9 %. Die Verschlechterung der Modellgüte gegenüber 2009, d. h. die stärkere Unterschätzung der Emissionen in 2010, ist bedingt durch den zu hohen Beitrag der Kernkraft (siehe Abschnitt 5.8.2). Das insgesamt etwas zu niedrige Niveau ist mit großer Wahrscheinlichkeit auf eine Überschätzung der Effizienz der thermischen Kraftwerke zurückzuführen. Da ein Großteil der Wirkungsgrade nicht veröffentlicht wird, müssen die fehlenden Wirkungsgrade in Abhängigkeit der Technologie und des Jahres der Inbetriebnahme geschätzt werden. Auch eine Überschätzung der Effizienz in Teillast trägt zu einer Unterschätzung der Emissionen bei.

---

[36]Gesetz über die friedliche Verwendung der Kernenergie und den Schutz gegen ihre Gefahren (Atomgesetz) in der Fassung der Bekanntmachung vom 22.04.2002 (BGBl. I S. 1351)

[37]Atomgesetz in der Fassung der Bekanntmachung vom 06.08.2011 (BGBl. I S. 1704)

Abbildung 5.12: Auswirkungen der Modellerweiterungen auf die Zusammensetzung der Netto-Stromerzeugung (Simulationsjahr 2010)

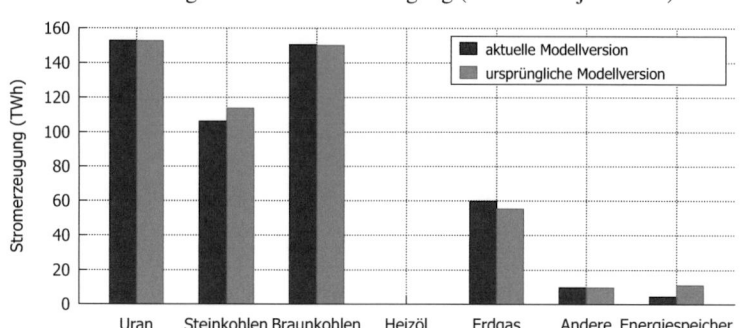

5.8.4 Auswirkungen der Modellerweiterungen

Die neue Modellversion weist verglichen zur ursprünglichen verschiedene
Erweiterungen auf, deren Auswirkungen in diesem Abschnitt quantifiziert
werden. Auswirkungen sind sowohl bei den Preisen als auch bei der Stromerzeugung zu beobachten. Die Änderungen in der Struktur der Stromerzeugung sind hauptsächlich bedingt durch die Einführung von Optimierungsmethoden bei der Bestimmung des kostenminimalen Kraftwerkseinsatzes.
Auch die Anpassungen der Entscheidungsregeln bei der Gebotsabgabe beeinflusst die Struktur der Stromerzeugung. Größeren Einfluss haben diese
Anpassungen aber naturgemäß auf die Preise.

Abbildung 5.12 zeigt für das Simulationsjahr 2010 die Auswirkungen auf
die Struktur der Stromerzeugung. Gegenüber der ursprünglichen Modellversion ist ein Rückgang der Stromerzeugung aus Steinkohlekraftwerken
um ca. 7,6 TWh zu beobachten und ein Anstieg der Stromerzeugung aus
Erdgaskraftwerken um 4,5 TWh. Insgesamt wird 9,1 TWh weniger Strom
erzeugt. Dies ist hauptsächlich bedingt durch die Veränderungen beim Speichereinsatz: Statt den statischen, preisunlimitierten Geboten, die auf typischen Tagesganglinien von Pumpspeichern beruhen, werden nun preislimi-

tierte Gebote generiert. Ohne Preislimits kann es bei großen Abweichungen zwischen dem prognostizierten und dem tatsächlichen Marktpreis zu einem nicht kostendeckenden Einsatz von Energiespeichern kommen. Die Preislimits bewirken insgesamt eine geringere Auslastung. Zudem ist jeder Energiespeicher einem Energieversorger-Agenten zugeordnet, der nach der Markträumung den Einsatz seines gesamten Anlagenparks optimiert und dabei seine Energiespeicher so einsetzt, dass die Gesamtkosten minimal werden, die bei der Bereitstellung des von ihm am Spotmarkt verkauften Stroms entstehen. Im Kraftwerkseinsatzplan wird auch die Vorhaltung von Regelleistung – insbesondere von drehender Reserve – berücksichtigt. Dass verglichen mit der ursprünglichen Modellversion weniger Strom ein- und ausgespeichert wird, hängt auch damit zusammen, dass sich Energiespeicher besonders gut für die Vorhaltung negativer Regelleistung eignen. Die integrierte Abbildung von Reservemärkten führt zu einem leicht erhöhten Preisniveau am Spotmarkt. Dies liegt daran, dass nun für die Spotmarktauktion weniger Leistung zu Verfügung steht, da ein gewisser Teil in den Reservemärkten gebunden ist.

Die Modellerweiterungen wirken sich auch signifikant auf die simulierten Marktpreise aus. Wie aus Tabelle 5.16 ersichtlich ist, verbessern sich die statistischen Kennzahlen, die Korrelation und die Abstandsmaße, d. h. gegenüber der ursprünglichen Version hat sich die Modellgüte verbessert. Die simulierte Zeitreihe hat sich durch die Modellerweiterungen der realen EEX-Zeitreihe angenähert.

5.8.5 Vergleich zwischen agentenbasierter Simulation und reiner Optimierung

In der aktuellen Modellversion lässt sich das Modul für die agentenbasierte Simulation vollständig deaktivieren. Das verbliebene Modell ist dann ein reines Optierungsmodell, d. h. ein zentraler Planer übernimmt den gesamten Kraftwerks- und Speichereinsatz mit dem Ziel, die Kosten der Nach-

Tabelle 5.16: Kennzahlenvergleich für das Simulationsjahr 2010 (ursprüngliche und aktuelle Modellversion)

Kennzahl		Modell akt. Version	EEX	Modell urspr. Version
Mittl. Preis	(€/MWh)	**43,02**	44,49	42,82
Stdabw.	(€/MWh)	**5,13**	13,97	3,86
Min. Preis	(€/MWh)	**12,15**	-20,45	25,92
Max. Preis	(€/MWh)	**107,74**	131,79	105,04
Korrelation	(–)	**0,69**	–	0,54
MAE	(€/MWh)	**7,01**	–	8,08
MAE, spez.	(%)	**15,8**	–	18,2
RMSE	(€/MWh)	**8,84**	–	10,41
RMSE, spez.	(%)	**19,9**	–	23,4

Abbildung 5.13: Vergleich der Zusammensetzung der Netto-Stromerzeugung für das Jahr 2010 (Simulation und Optimierung)

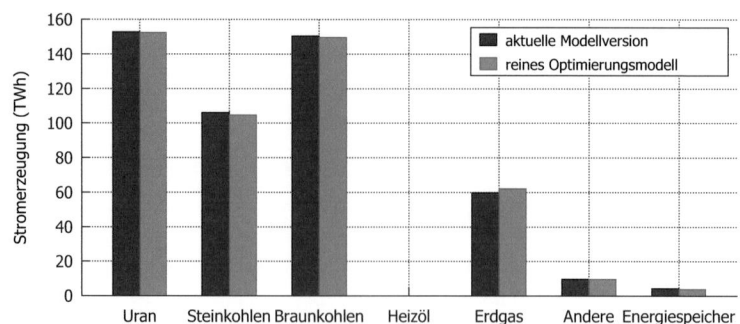

Tabelle 5.17: Kennzahlenvergleich für das Jahr 2010 (Simulation und Optimierung)

Kennzahl		Modell Simulation	EEX	Modell Optimierung
Mittl. Preis	(€/MWh)	**43,02**	44,49	50,22
Stdabw.	(€/MWh)	5,13	13,97	**11,17**
Min. Preis	(€/MWh)	**12,15**	-20,45	36,59
Max. Preis	(€/MWh)	**107,74**	131,79	237,58
Korrelation	(–)	**0,69**	–	0,38
MAE	(€/MWh)	**7,01**	–	7,89
MAE, spez.	(%)	**15,8**	–	17,7
RMSE	(€/MWh)	**8,84**	–	10,49
RMSE, spez.	(%)	**19,9**	–	23,6

fragedeckung zu minimieren. Im Folgenden werden die Ergebnisse dieser beiden Varianten verglichen.

Bei der Struktur der Stromerzeugung sind die Unterschiede zwischen den beiden Ansätzen marginal (siehe Abbildung 5.13). Die Ursache hierfür ist, dass in beiden Fällen der Kraftwerkseinsatz durch Lösen eines Optimierungsproblems bestimmt wird, in dem die gleichen technisch-wirtschaftlichen Restriktionen als Nebenbedingungen hinterlegt sind. Die gleiche (Gesamt-)Strommenge muss mit dem gleichen Kraftwerkspark erzeugt werden, lediglich die Anzahl der Akteure ist verschieden. Signifikante Unterschiede sind hingegen bei den Marktpreisen erkennbar (siehe Tabelle 5.17). Das Preisniveau und die Schwankungsbreite der Preise sind im Optimierungsmodell höher als in der Simulation. Der niedrigste dort erzielte Preis liegt über 24 €/MWh unter dem niedrigsten Preis, der aus der reinen Optimierung resultiert. Zudem wird in der Simulation eine bessere Übereinstimmung der modellierten Zeitreihe mit der EEX-Zeitreihe erreicht. Die Korrelation sowie die Abstandsmaße MAE und RMSE verdeutlichen dies.

Zurückzuführen sind diese Unterschiede auf die grundlegend verschiedene Modelllogik: Im Simulationsmodell sind die Preise das Ergebnis des simulierten Bietmechanismus. Im Optimierungsmodell werden die Preise aus den spezifischen Kosten der teuersten eingesetzten Einheit abgeleitet. Der Bietmechanismus ermöglicht bspw., dass vermiedene Wiederanfahrkosten als Opportunitätserlöse eingepreist werden können. Er spiegelt die Unsicherheit bei der Gebotsabgabe wider: Da mehrere Akteure am Markt agieren, gibt es ex ante, d. h. vor der Markträumung, keine Gewissheit darüber, dass das Kraftwerk, für das ein Gebot abgegeben wurde, auch zum Einsatz kommt. Insgesamt führt dieses Verhalten zu niedrigeren Minimalpreisen.

Im reinen Optimierungsmodell gibt es keinen Bietmechanismus, da es nur einen Akteur gibt – den zentralen Planer – und daher keine Unsicherheit darüber, welches Kraftwerk zum Einsatz kommt. Der ausgewiesene Preis enthält alle Kosten, was sich auch in den höheren Peakpreisen widerspiegelt. Der hohe Maximalpreis im Optimierungsmodell entspricht im vorliegenden Fall den spezifischen Einsatzkosten eines Ölkraftwerks, das für lediglich eine Stunde hochgefahren werden musste. Die Kennzahlen verdeutlichen insgesamt, dass der Simulationsansatz (in Verbindung mit der integrierten gemischt-ganzzahligen Optimierung) eine bessere Abbildung des Marktgeschehens ermöglicht als ein reines Optimierungsmodell.

6 Analyse des Bedarfs und der Wirtschaftlichkeit von Energiespeichern im zukünftigen Elektrizitätssystem

6.1 Energieszenarien des zukünftigen deutschen Elektrizitätssystems

Um den Bedarf und die Wirtschaftlichkeit von Energiespeichern im zukünftigen Stromversorgungssystem zu analysieren, wird das im vorangegangenen Kapitel beschriebene Modell PowerACE eingesetzt. Notwendig für die Simulation zukünftiger Jahre sind Annahmen bzgl. der Entwicklung des Stromverbrauchs, der Energieträger- und CO_2-Preise sowie des Beitrags erneuerbarer Energien. Hierfür wird auf bestehende Studien zurückgegriffen. In diesem Kapitel wird eine Auswahl aktueller Studienergebnisse präsentiert, um eine Bandbreite der möglichen Annahmen aufzuzeigen. Anschließend werden aus dieser Gesamtmenge bestimmte Szenarien ausgewählt, die später im Detail unter Verwendung des PowerACE-Modells analysiert werden.

6.1.1 Energieszenarien aus ausgewählten Studien

Zum Vergleich herangezogen werden Studien, die Prognosen zur Entwicklung der o. g. Größen enthalten. Die Internationale Energieagentur (IEA) veröffentlicht bspw. jährliche Berichte („World Energy Outlook"), in denen mögliche zukünftige Erdgas-, Steinkohle- und CO_2-Preise enthalten sind (vgl. International Energy Agency, 2010). Darüber hinaus gibt es eine Reihe deutschlandspezifischer Studien, die nicht nur Aussagen zur Entwick-

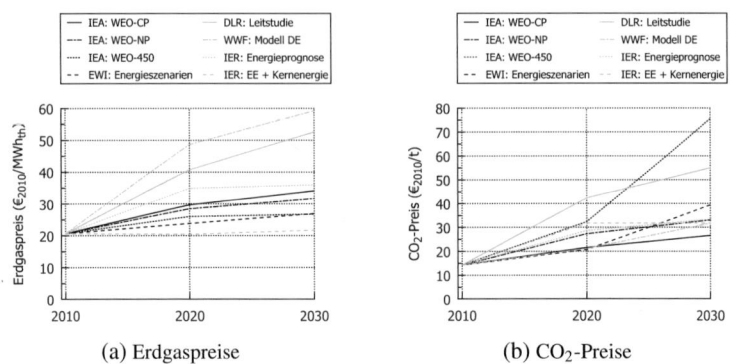

(a) Erdgaspreise   (b) CO_2-Preise

Abbildung 6.1: Mögliche Entwicklungen für den Erdgas- und CO_2-Preis

lung der Energieträger- und CO_2-Preise treffen sondern auch zur installierten Leistung erneuerbarer Energien und zur Stromnachfrage. Folgende Studien werden im weiteren Verlauf des Abschnitts im Detail untersucht: „DLR: Leitstudie" (vgl. Nitsch et al., 2010), „IER: EE + Kernenergie" (vgl. Hundt et al., 2009), „IER: Energieprognose" (vgl. Fahl et al., 2010), „EWI: Energieszenarien" (vgl. Schlesinger et al., 2010) und „WWF: Modell DE" (vgl. Kirchner und Matthes, 2009). In der aktuellen energiepolitischen Diskussion haben zwei dieser Studien eine besondere Relevanz: Dies sind zum einen die Energieszenarien (EWI), die eine Entscheidungsgrundlage für das Energiekonzept der Bundesregierung bilden, und zum anderen die Leitstudie (DLR), die jährlich vom Bundesumweltministerium in Auftrag gegeben wird.

Die Abbildungen 6.1a und 6.1b zeigen einen Überblick über die Erdgas- und CO_2-Preise, die in den genannten Studien ausgewiesen werden[1]. Die Preisannahmen aus Nitsch et al. (2010) können verglichen mit den anderen Studien als hochpreisig eingestuft werden (Gas 2030: 53 €/MWh$_{th}$), während die Preisentwicklung aus Hundt et al. (2009) eher ein Niedrigpreissszenario darstellt (Gas 2030: 22 €/MWh$_{th}$). In Schlesinger et al. (2010) stei-

---

[1]Alle Preise wurden in €$_{2010}$ umgerechnet.

Abbildung 6.2: Mögliche Entwicklungen der installierten EE-Leistung in Deutschland

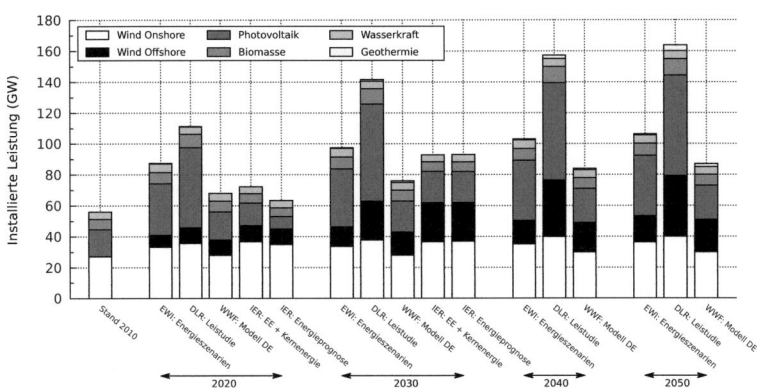

gen die Gaspreise von 21 auf 27 €/MWh$_{th}$, was einem moderaten Anstieg entspricht. In International Energy Agency (2010) unterscheiden die Autoren drei Szenarien: Fortschreibung aktueller klimapolitischer Maßnahmen (sog. „current policies scenario", WEO-CP), neue, ambitioniertere Maßnahmen (sog. „new policies scenario", WEO-NP) sowie verschärfte Maßnahmen, damit die Treibhausgas-Konzentration nicht über 450 ppm steigt (sog. „450 scenario", WEO-450). Sichtbar wird dies in den unterschiedlichen CO_2-Preisen, die in WEO-CP am niedrigsten (bis zu 33 €/t) und in WEO-450 am höchsten sind (bis zu 75 €/t). Die hohen CO_2-Preise führen zu einem Nachfragerückgang nach fossilen Energieträgern, weswegen die niedrigsten Gaspreise in WEO-450 zu finden sind (ca. 27 €/MWh$_{th}$ in 2030) und die höchsten in WEO-CP (ca. 34 €/MWh$_{th}$ in 2030). Voraussetzung für diesen Zusammenhang ist, dass die ambitionierten CO_2-Minderungsziele in möglichst vielen Ländern gelten. Werden diese Ziele nur regional – bspw. nur von den Ländern der Europäischen Union – verfolgt, ist auch das zeitgleiche Auftreten hoher Preise für fossile Energieträger und hoher CO_2-Preise möglich. Insofern widersprechen sich die Annahmen aus WEO-450 und Nitsch et al. (2010) nicht.

Abbildung 6.2 zeigt für die deutschlandspezifischen Studien die jeweils angegebene mögliche Entwicklung der installierten Leistung erneuerbarer Energien (in Deutschland). Auffällig ist zunächst der deutliche Unterschied bzgl. der prognostizierten Photovoltaik-Leistung zwischen älteren (Hundt et al., 2009, Fahl et al., 2010 und Kirchner und Matthes, 2009) und aktuelleren Studien (Nitsch et al., 2010 und Schlesinger et al., 2010). Der Zubau an Photovoltaik-Anlagen zwischen 2009 und 2011 wurde von allen drei älteren Studien massiv unterschätzt. In diesen Studien liegt die für 2030 prognostizierte installierte PV-Leistung sogar unterhalb des bereits Ende 2011 erreichten Wertes von 24,4 GW. Aus diesem Grund können diese Szenarien für die weitere Analyse nicht herangezogen werden.

Bei den beiden aktuelleren Studien gehen die Erwartungen bzgl. des PV-Zubaus deutlich auseinander, obwohl das Startniveau ähnlich ist. In Nitsch et al. (2010) wird bspw. für das Jahr 2030 25,5 GW mehr installierte PV-Leistung erwartet als in Schlesinger et al. (2010). Auch wenn die Volllaststunden dieser Technologie in Deutschland vergleichsweise gering sind, macht diese Differenz in der Stromerzeugung einen Unterschied von knapp 25 TWh pro Jahr aus. Bei den Prognosen für den Zubau von Windkraftanlagen sind die Unterschiede zwischen diesen Studien kleiner aber immer noch signifikant (Onshore: 4,1 GW, Offshore: 12,4 GW). Ein nennenswerter Zubau der restlichen EE-Technologien erfolgt in keiner der betrachteten Studien. Es herrscht Konsens darüber, dass das Erreichen der ambitionierten EE-Ziele ohne die Beiträge der dargebotsabhängigen Stromerzeugung aus Wind- und Solarkraft nicht möglich ist.

Hinsichtlich der Stromnachfrage ist ein Vergleich der unterschiedlichen Studien schwierig, da unterschiedliche Größen ausgewiesen werden: So ist in Nitsch et al. (2010) der Bruttostromverbrauch angegeben, in Schlesinger et al. (2010) der Nettostromverbrauch, in Hundt et al. (2009) der Nettostromverbrauch plus Netzverluste und in Fahl et al. (2010) der Nettostromverbrauch plus Netzverluste und Pumparbeit. Jedoch ist allen Studien gemein, dass die Nachfrage rückläufig ist. In Schlesinger et al. (2010)

werden bspw. zwei Szenarien unterschieden: ein moderater Rückgang von rund 541 TWh/a (Stand 2010) auf etwa 500 TWh/a in 2030 und ein starker Rückgang auf etwa 470 TWh/a in 2030. Grundlage für diese Zahlen sind Annahmen bzgl. der Steigerung der Energieeffizienz, die im ersten Szenario um 1,7 bis 1,9 % pro Jahr ansteigen soll und im zweiten Fall um 2,3 bis 2,5 % pro Jahr. Aus dem Trend eines rückläufigen Stromverbrauchs lässt sich schließen, dass das Erreichen der EE-Ziele nicht nur abhängig vom starken Zubau von Wind- und Solarenergieanlagen ist sondern auch vom Erreichen der jeweiligen Energieeffizienzziele.

6.1.2 Auswahl von Energieszenarien für die weitere Analyse von Energiespeichern

Die vorgestellten Studien zeigen eine überschaubare Bandbreite bzgl. der Entwicklung der Eingangsdaten, die für die Modellierung zukünftiger Jahre notwendig sind. Aufgrund des deutlich unterschätzten PV-Zubaus eignen sich die Annahmen aus drei der fünf deutschlandspezifischen Studien nicht für die weitere Analyse. Allerdings weisen auch die verbliebenen beiden Studien eine hinreichend große Vielfalt bzgl. des EE-Zubaus und der Energieträgerpreise auf. Diese beiden Studien bilden die Basis für die Energieszenarien S1 und S2, deren Rahmenbedingungen in Tabelle 6.1 zusammengefasst sind. Was den Zubau erneuerbarer Energien und die Preise für Energieträger angeht, kann S1 als moderates Szenario bezeichnet werden. Die EE-Ausbauziele von S2 können hingegen als ambitioniert charakterisiert werden und die Brennstoffpreise als vergleichsweise hoch. Für die beiden Energieszenarien wird eine detaillierte Analyse des Bedarfs und der Wirtschaftlichkeit von Energiespeichern mithilfe des PowerACE-Modells durchgeführt.

Die in den Modellläufen zu deckende Systemnachfrage entspricht der Netto-Stromnachfrage plus den Netzverlusten, die in den vergangenen Jahren stets rund 5 % der Netto-Stromnachfrage entsprochen haben (vgl. Ziesing,

2011). Dieser Wert wird für zukünftige Jahre fortgeschrieben. Die System-nachfrage erhöht sich zudem durch den Einsatz von Pumpspeicherkraft-werken (sog. Pumparbeit). Diese wird häufig in Energieszenarien separat ausgewiesen. Für die Simulationen wird diese Eingangsgröße nicht benö-tigt, da es sich bei der Speicherarbeit sich um eine modellendogene Größe, d. h. der Speichereinsatz und der daraus resultierende Stromverbrauch wer-den direkt im Modell berechnet.

Tabelle 6.1: Rahmenbedingungen der Energieszenarien S1 und S2 (Quellen: Schle-singer et al., 2010 bzw. Nitsch et al., 2010)

	2010	2020 S1	2020 S2	2030 S1	2030 S2
Erdgaspreis ($\mathcal{€}_{2010}$/MWh$_{th}$)	20,7	23,8	40,8	26,9	52,6
Steinkohlepreis ($\mathcal{€}_{2010}$/MWh$_{th}$)	10,2	9,8	19,4	10,6	24,8
CO_2-Preis ($\mathcal{€}_{2010}$/t)	14,3	20,7	42,3	31,1	55,0
Netto-Stromnachfrage (TWh)	541,1	507,8	496,9	500,3	470,7
Kapazität Wind Onsh. (GW)	27,2	33,3	33,7	35,8	37,8
Kapazität Wind Offsh. (GW)	0,1	7,6	10,0	12,6	25,0
Kapazität Photovoltaik (GW)	17,3	33,3	51,8	37,5	63,0
Kapazität Biomasse (GW)	6,6	7,3	8,9	7,6	9,9
Kapazität Wasserkraft (GW)	4,8	5,6	4,8	5,6	4,9
Kapazität Geothermie (GW)	0,0	0,3	0,3	0,4	1,0

6.1.3 Annahmen zur Entwicklung des konventionellen Kraftwerksparks

Die verwendete Version von PowerACE ist lediglich für die Einsatz- nicht aber für die Ausbauplanung geeignet. Daher werden zur Modellierung zukünftiger Jahre Angaben zur Entwicklung des konventionellen Kraft-werksparks als Eingangsdaten benötigt. Entwicklungen, die nach heuti-gem Kenntnisstand sehr wahrscheinlich sind, werden direkt berücksichtigt: Gemäß §7 des AtG 2011[2] werden im Jahr 2020 noch drei Atomkraftwerke am Netz sein; spätestens 2022 wird die letzte Anlage abgeschaltet. Bekannte Zubauprojekte werden BNetzA (2011c) entnommen: Insgesamt sind Erzeugungskapazitäten mit einer Leistung von 15,2 GW in Bau oder angekündigt. Auf Seiten der Energiespeicher wird damit gerechnet, dass das Pumpspeicherkraftwerk Atdorf im Jahr 2019 fertiggestellt wird. Seine Speicherkapazität soll 13.000 MWh betragen, die Pump- bzw. Turbinierleistung 1,4 GW.

Die bisher bekannten Neubauprojekte reichen nicht aus, um die zukünftige Nachfrage der Energieszenarien S1 und S2 zu decken. Der zusätzlich notwendige Zubau bis zu den Jahren 2020 und 2030 wird aus den in Schlesinger et al. (2010) veröffentlichten Ergebnissen abgeleitet. Die Autoren der Studie weisen die Entwicklung der Stromerzeugungskapazitäten nach Energieträger aus. Die konkreten Werte für die konventionellen Energieträger sind in Tabelle 6.2 aufgeführt.

Tabelle 6.2: Entwicklung der konventionellen Stromerzeugungskapazitäten nach Energieträger (Quelle: Schlesinger et al., 2010, S. A 1-21)

	2008	2020	2030
Inst. Leistung Uran (GW)	20,4	6,7	0,0
Inst. Leistung Steinkohle (GW)	30,7	28,5	18,0
Inst. Leistung Braunkohle (GW)	22,4	21,4	11,8
Inst. Leistung Erdgas (GW)	25,7	24,4	45,7
Inst. Leistung Heizöl (GW)	6,7	0,7	0,4
Inst. Leistung andere Brennstoffe (GW)	3,2	3,5	3,4

Aus einem Vergleich dieser Werte mit der statischen Entwicklung des konventionellen Kraftwerksparks ohne Neuinvestitionen (vgl. Abbildung 5.7) lässt sich der Zubau ableiten. Demzufolge werden bis 2020 Braunkohlekraftwerke mit einer Gesamtleistung von ca. 5,8 GW und Erdgaskraftwerke mit einer Gesamtleistung von ca. 2,5 GW zugebaut. Zwischen 2020 und

---

[2]Atomgesetz in der Fassung der Bekanntmachung vom 06.08.2011 (BGBl. I S. 1704)

2030 wird vor allem Erdgaskraftwerke investiert (etwa 26,5 GW), vereinzelt werden ältere Braunkohleanlagen durch neue ersetzt (etwa 2,3 GW).
Die Speicherkapazitäten bleiben über die Jahre konstant, d. h. die Autoren
gehen nicht von einem Zubau aus, weder in Pumpspeicher noch in andere Speichertechnologien. Der Wirkungsgrad, die technische Lebensdauer
und die Verfügbarkeit eines neugebauten thermischen Kraftwerks werden
Schlesinger et al. (2010, S. 44) entnommen.

6.2 Charakterisierung der veränderten residualen Last

Die residuale Last ist die zentrale Eingangsgröße im Modell und bestimmt
maßgeblich den Kraftwerks- und Speichereinsatz. Sie ergibt sich aus der
Differenz zwischen der Systemlast und der Einspeisung erneuerbarer Energien. Durch Vorgabe eines Profil- bzw. Wetterjahres lassen sich aus den
Jahresstromverbräuchen und den regenerativen Erzeugungskapazitäten der
beiden Energieszenarien (vgl. Tabelle 6.1) stündliche Zeitreihen ableiten.
Als Profil- und Wetterjahr wird zunächst das Jahr 2009 gewählt[3], Variationsrechnungen werden anschließend für das Wetterjahr 2008 durchgeführt[4]. Im Folgenden werden die Zeitreihen anhand von statistischen Kennzahlen und unter Verwendung der Fourieranalyse charakterisiert und dem
Vergleichsjahr 2009 gegenübergestellt. Dabei wird unterschieden zwischen
einer statischen Charakterisierung, bei der nur die unveränderten Eingangsdaten untersucht werden, und einer dynamischen Charakterisierung. Im
zweiten Fall wird unter Verwendung des PowerACE-Modells der Speichereinsatz für die einzelnen Jahre und Szenarien ermittelt und daraus eine effektive Residuallast – d. h. die statische Residuallast abzüglich der stündlichen Stromerzeugung und zuzüglich des stündlichen Stromverbrauchs von

---

[3]Kennzahlen und Analysen zu den Einspeisezeitreihen von Wind- und Solarenergieanlagen
im Jahr 2009 finden sich in Abschnitt 3.3.1.
[4]Wie in Abschnitt 3.3.1 ausgeführt wurde, liegen für aktuellere Jahre nur unvollständige
Zeitreihen für die Einspeisung aus erneuerbaren Energien vor. Daher wird die Analyse für
die beiden Wetterjahre 2008 und 2009 durchgeführt.

Energiespeichern – abgeleitet und anschließend mit der gleichen Methodik charakterisiert wie die statische Residuallast.

6.2.1 Charakterisierung der statischen Residuallast

Tabelle 6.3: Statistische Kennzahlen der heutigen und der zukünftigen residualen Last

	2009	2020 S1	2020 S2	2030 S1	2030 S2
Summe (TWh)	443,1	352,5	306,5	320,2	207,2
Mittelwert (GW)	50,6	40,2	35,0	36,6	23,6
Median (GW)	51,1	39,6	34,4	35,8	23,7
Minimum (GW)	23,9	0,9	-14,7	-6,3	-36,2
Maximum (GW)	80,5	76,7	73,8	74,8	67,6
Standardabweichung (GW)	11,5	12,3	13,4	12,8	15,4

Aus den Kennzahlen in Tabelle 6.3 wird ersichtlich, dass die mittlere residuale Last durch den steigenden Beitrag regenerativer Stromerzeugung und durch die deutlich sinkende Stromnachfrage erwartungsgemäß sinkt. Der Rückgang ist bei der minimalen residualen Last besonders deutlich; sie nimmt bereits 2020 im moderaten Energieszenario S1 Werte nahe der Null an und liegt in den anderen Fällen sogar im negativen Bereich[5]. Die maximale residuale Last sinkt hingegen nur schwach, da es weiterhin Stunden gibt, in denen nur wenig Strom aus erneuerbaren Energien eingespeist wird (vgl. Abbildung 3.15). Der Rückgang ist maßgeblich durch die sinkende Stromnachfrage bedingt. Die ansteigende Standardabweichung verdeutlicht, dass die Schwankungen der residualen Last zunehmen. Hier wird der steigende Beitrag fluktuierender Stromerzeugung sichtbar.

---

[5]Durch den Einsatz von Energiespeichern oder die Berücksichtigung von Exporten kann die minimale Residuallast noch angehoben werden. Untersuchungen hierzu werden im folgenden Abschnitt durchgeführt.

Tabelle 6.4: Gradienten der heutigen und der zukünftigen residualen Last

	2009	2020 S1	2020 S2	2030 S1	2030 S2
Maximaler Gradient ↗ (GW/h)	12,0	12,5	12,5	12,8	14,7
Mittlerer Gradient ↗ (GW/h)	2,5	2,7	3,0	2,7	3,3
Maximaler Gradient ↘ (GW/h)	7,3	8,4	9,4	8,5	11,6
Mittlerer Gradient ↘ (GW/h)	2,0	2,2	2,5	2,3	2,8

Abbildung 6.3: Ausschnitt der gefilterten und ungefilterten Residuallast für die Jahre 2009, 2020 und 2030 sowie für das Energieszenario S1

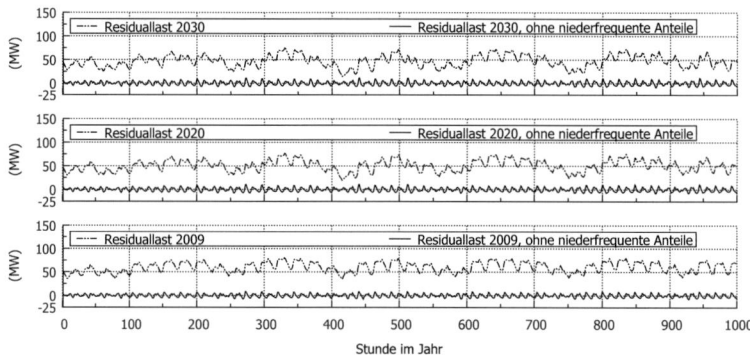

Der Vergleich heutiger und zukünftiger Residuallastgradienten (vgl. Tabelle 6.4) zeigt, dass die Amplituden der stündlichen Änderungsraten zunehmen. Das bedeutet, dass der steuerbare Anteil der Angebotsseite des Energiesystems nicht nur auf häufigere sondern auch auf heftigere Schwankungen reagieren muss. Eine dritte wichtige Kenngröße für die Angebotsseite ist die Periodizität der Veränderungen, d. h. bspw. der zeitliche Abstand zwischen einem Peak und einem Off-Peak in der residualen Last. Aufgrund von technischen Restriktionen kann der Kraftwerkspark nicht beliebig vielen Veränderungen in einem bestimmten Zeitintervall folgen. Mindestlaufzeiten verhindern bspw. ein schnelles Abschalten, während Mindeststillstandszeiten ein Wiederanfahren verzögern.

Um diesbezügliche Veränderungen in der Zeitreihe der Residuallast aufzuzeigen, wird zunächst das zugehörige Frequenzspektrum mithilfe der
diskreten Fourier-Transformation berechnet (vgl. Brigham, 1988). Aus diesem Spektrum werden anschließend die niederfrequenten Anteile – d. h. die
Anteile mit einer großen oder einer unendlichen Periodenlänge – entfernt.
Konkret wird eine Schwellenperiodenlänge von zwölf Stunden angesetzt,
da sich die technischen Vorgaben für die Mindestlauf- und -stillstandszeiten
von Kraftwerken in diesem Zeitbereich bewegen. Dieses gefilterte Frequenzspektrum wird anschließend in den Zeitraum zurücktransformiert.
Ein Ausschnitt beider Zeitreihen ist für unterschiedliche Jahre in Abbildung 6.3 dargestellt. Erkennbar ist, dass die gefilterte Zeitreihe keine Anteile mit einer Periodendauer von zwölf oder mehr Stunden mehr enthält.
Die resultierende Zeitreihe schwankt um Null, da sie auch keine aperiodi-
schen Beiträge – d. h. Beiträge mit einer Frequenz von Null – mehr enthält.
Die Summe der Beträge dieser gefilterten Last wird als Vergleichsmaß herangezogen, um die Unterschiede zwischen den einzelnen Jahren und Energieszenarien aufzuzeigen. Das Maß wird mit E^{bal} bezeichnet und wie folgt
berechnet:

$$E^{\text{bal}} = \sum_{h=1}^{8760} \left| L_h^{\text{filt}} \right| \cdot \Delta t \qquad (6.1)$$

mit:

h Stunde im Jahr

Δt Abstand zwischen zwei Zeitschritten (hier: $\Delta t = 1\text{h}$)

E^{bal} Notwendige jährliche Ausgleichsenergie für den höherfrequenten
Bereich der Residuallast (GWh)

L_h^{filt} gefilterte Residuallast in der Stunde h (GW)

$\left| L_h^{\text{filt}} \right| \cdot \Delta t$ hat den Charakter einer Ausgleichsenergie, die aufgebracht werden muss, um Schwankungen im höherfrequenten Bereich der residualen

Last auszugleichen[6]. Die aus den jeweiligen Jahren und Energieszenarien resultierenden Maßzahlen sind in Tabelle 6.5 zusammengefasst. Erkennbar ist, dass die notwendige Ausgleichsenergie zwischen 2009 und 2030 kontinuierlich ansteigt. Der Effekt ist im Energieszenario S2 deutlich stärker als in S1, da dort der Anteil fluktuierender Stromerzeugung höher ist. Diese Kennzahlen verdeutlichen die Bedeutung intertemporaler Nebenbedingungen bei der Modellierung: Die negativen Auswirkungen dieser stärker schwankenden residualen Last auf den Kraftwerkseinsatz können nur untersucht werden, wenn der Zustand des Kraftwerks zum Zeitpunkt t vom Zustand des Kraftwerks in $t - 1$, $t - 2$, $t - 3$ etc. abhängig ist.

Tabelle 6.5: Notwendige Ausgleichsenergie für den höherfrequenten Bereich der residualen Last für die Jahre 2009, 2020 und 2030 sowie für die Energieszenarien S1 und S2

	2009	2020 S1	2020 S2	2030 S1	2030 S2
jährlich (TWh)	29,9	34,3	35,1	38,3	41,0
max. stündlich (GWh)	9,4	13,2	14,1	16,0	18,3
durchschn. stündlich (GWh)	3,4	3,9	4,0	4,4	4,7

6.2.2 Charakterisierung der effektiven Residuallast

Wenn die Ladevorgänge von Energiespeichern als Erhöhung und die Entladevorgänge als Verringerung der Residuallast gewertet werden, ergibt sich eine neue Zeitreihe, die im Folgenden als effektive Residuallast bezeichnet wird. Der Speichereinsatz wird unter Verwendung des PowerACE-Modells für die jeweiligen Jahre und Energieszenarien bestimmt, wobei das Modul für die Abbildung des Akteursverhaltens in dieser Analyse abgeschaltet ist, d. h. ein zentraler Planer führt den Kraftwerks- und Speichereinsatz durch

---

[6]Sie ist allerdings nicht gleichzusetzen mit der Ausgleichsenergie, die ein Bilanzkreisverantwortlicher beziehen muss, wenn sich die Einspeisungen in und die Entnahmen aus seinem Bilanzkreis nicht im Gleichgewicht befinden.

Abbildung 6.4: Ausschnitt der gefilterten und ungefilterten Residuallast für die Jahre 2009, 2020 und 2030 sowie für das Energieszenario S1

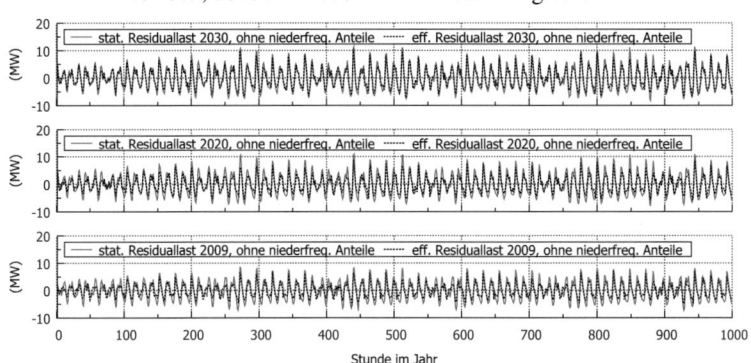

(Optimierungsmodus). Hierdurch wird vermieden, dass Portfolio-Effekte auftreten[7].

Abbildung 6.4 zeigt den höherfrequenten Anteil der statischen und effektiven Residuallast im Vergleich. Durch den Einsatz von Energiespeichern werden die Ausschläge der gefilterten Residuallast sichtbar verringert. Dies verdeutlichen auch die Kennzahlen zur notwendigen Ausgleichsenergie, die allesamt unter den Werten ohne Speichereinsatz liegen (vgl. Tabelle 6.6).

Die Fourieranalyse zeigt den Effekt des Einsatzes von Energiespeichern: Durch den Einsatz der vorhandenen Pumpspeicher und des Neubauprojekts Atdorf wird die Ausgleichsenergie, die für den höherfrequenten Anteil der Residuallast notwendig ist, um bis zu 35 % verringert. Deutlich wird zudem, dass die heutigen Pumpspeicher sowie Atdorf ausreichen, um die notwendige Ausgleichsenergie bis 2020 auf dem Niveau von heute zu halten. Im Energieszenario S2, das einen wesentlichen stärkeren Zubau an

---

[7]Im Agentenmodus optimiert jeder Akteur den Einsatz seines eigenen Portfolios. Dies bedeutet, dass die eigenen Energiespeicher primär dazu verwendet werden, die Kosten für den Betrieb des eigenen Kraftwerksparks zu minimieren. Im Optimierungsmodus werden Energiespeicher so eingesetzt, dass die Kosten des gesamten Systems und nicht eines einzelnen Akteurs minimiert werden.

Wind- und Solarkraftanlagen aufweist, sowie generell im Jahr 2030 kann das Niveau von 2009 durch den Einsatz dieser Pumpspeicher nicht erreicht werden.

Tabelle 6.6: Nach Speichereinsatz verbliebene, notwendige Ausgleichsenergie für den höherfrequenten Bereich der residualen Last für die Jahre 2009, 2020 und 2030 sowie für die Energieszenarien S1 und S2

	2009	2020 S1	2030 S1	2020 S2	2030 S2
jährlich (TWh)	22,1	22,7	29,6	24,8	28,4
Veränderung (TWh)	-7,8	-11,7	-5,6	-13,5	-12,6
max. stündlich (GWh)	7,9	8,8	11,4	9,3	11,8
Veränderung (GWh)	-1,5	-4,4	-2,7	-6,7	-6,6
durchschn. stündlich (GWh)	2,5	2,6	3,4	2,8	3,2
Veränderung (GWh)	-0,9	-1,3	-0,6	-1,5	-1,4

Ohne weitere Energiespeicher muss die verbliebene notwendige Menge an Ausgleichsenergie von thermischen Kraftwerken bereitgestellt werden. Die Auswirkungen dieser Fluktuationen auf den Kraftwerkseinsatz und die Kosten der Strombereitstellung werden im folgenden Abschnitt untersucht.

6.3 Auswirkungen der Fluktuationen auf den Einsatz thermischer Kraftwerke

Die Veränderungen in der residualen Last bewirken, dass die steuerbare Seite des Stromangebots auf häufigere und heftigere Schwankungen reagieren muss, die zudem vor allem im höherfrequenten Bereich liegen. Um die Auswirkungen auf den Kraftwerkseinsatz sichtbar zu machen, wird mithilfe des PowerACE-Modells quantifiziert, wie sich die Einsatzkosten verändern. Auch für diese Analyse wird PowerACE im Optimierungsmodus betrieben, um Portfolio-Effekte zu vermeiden. Da es aufgrund der ansteigenden Energieträgerpreise ohnehin zu einer Verteuerung des Kraftwerkseinsatzes kommt, werden zusätzliche Vergleichsrechnungen durchgeführt, in denen ein vereinfachtes Kraftwerkseinsatzproblem gelöst wird, das nicht sensitiv auf die Fluktuationen der Residuallast ist. Konkret werden alle intertemporalen Nebenbedingungen entfernt und es wird auf die Deklaration binärer Variablen verzichtet. Dies betrifft vor allem die Modellierung thermischer Kraftwerke und ihrer Einsatzkosten. Verglichen mit dem ursprünglichen Optimierungsroblem enthält das neue folgende Vereinfachungen:

- Vernachlässigung der Mindestlaufzeit (Kraftwerke)

- Vernachlässigung der Mindeststillstandszeit (Kraftwerke)

- Vernachlässigung von Anfahrkosten (Energiespeicher, Kraftwerke)

- Vernachlässigung der Mindestleistung (Energiespeicher, Kraftwerke)

- Vernachlässigung der begrenzten Laständerungsgeschwindigkeit (Kraftwerke)

- Vernachlässigung von Teillastwirkungsgraden (Kraftwerke)

Das zu lösende Optimierungsproblem ist damit rein linear (LP) – im Gegensatz zum ursprünglichen Problem, das gemischt-ganzzahlig ist (MIP). Dadurch, dass keine intertemporalen Restriktionen und keine binären Variablen vorkommen, spielt es keine Rolle, wie stark die Residuallast schwankt – jedes Kraftwerk ist imstande, den Fluktuationen zu folgen. Zusätzliche Kosten aufgrund häufigerer und oder heftigerer Schwankungen entstehen nicht, da der Kraftwerkseinsatz zum Zeitpunkt t unabhängig vom Kraftwerkseinsatz zum Zeitpunkt $t-1$, $t-2$, $t-3$ etc. ist.

Eine Vergleich der Kraftwerkseinsatzkosten für unterschiedliche Jahre und Szenarien zeigt, dass das Delta zwischen MIP und LP von knapp 180 Mio. € im Jahr 2009 auf etwa 720 Mio. € in 2030 (S2) ansteigt (vgl. Tabelle 6.7). Dies entspricht einem Anteil von zwei Prozent (2009) bzw.

175

Tabelle 6.7: Aus der Deckung des residualen Strombedarfs resultierende Einsatzkosten für die Jahre 2009, 2020 und 2030 sowie für die Energieszenarien S1 und S2

		2009	2020 S1	2030 S1	2020 S2	2030 S2
Kosten (MIP)	(Mio. €)	9.907	10.682	15.002	15.759	16.840
Kosten (LP)	(Mio. €)	9.728	10.424	14.691	15.338	16.120
Differenz	(Mio. €)	179	258	311	421	720
Anteil	(%)	1,8	2,4	2,1	2,7	4,3

vier Prozent (2030, S2) an den gesamten Einsatzkosten. Hieraus folgt, dass die Differenzkosten stärker ansteigen als die Gesamtkosten, d. h. sowohl die Fluktuationen als auch die steigenden Energieträgerpreise verteuern den Kraftwerkseinsatz. Sichtbar werden diese Kosten der fluktuierenden Residuallast nur, wenn die genannten technisch-wirtschaftliche Restriktionen im Optimierungsproblem berücksichtigt werden. Absolut gesehen ist eine Unterschätzung der jährlichen Einsatzkosten um bis zu 720 Mio. € signifikant für die Bewertung von Energiespeichern, da die Annuität der Investition für einen großtechnischen Speicher bei 70 bis 110 Mio. € liegt (vgl. Tabelle 6.11). Zudem sinkt der Wert eines Speichers, wenn der Kraftwerkseinsatz vereinfachend als rein lineares Optimierungsproblem abgebildet wird, da ein Speichers dann im Wesentlichen dafür eingesetzt wird, die Mittel- und Spitzenlast abzudecken. In diesem Bereich besteht eine große Konkurrenz mit Kraftwerkstechnologien, die auf den Energieträger Erdgas setzen. Gegenüber diesen sind Energiespeicher häufig benachteiligt, da sie auf eingespeicherte Elektrizität als „Brennstoff" zurückgreifen müssen. Insgesamt verdeutlichen die Ergebnisse dieser Vergleichsrechnung, wie wichtig eine detailgetreue Abbildung der Implikationen fluktuierender Erzeugung auf den Kraftwerkseinsatz ist. Andernfalls ist nur eine unvollständige Wirtschaftlichkeitsbewertung von Energiespeichertechnologien möglich.

6.4 Auswirkungen der Fluktuationen auf den Strommarkt und die Wirtschaftlichkeit von Energiespeichern

Die Untersuchungen in den vorherigen Abschnitten haben gezeigt, dass der zunehmende Beitrag fluktuierender Erzeugung die Struktur der residualen Last verändert und beim Kraftwerkseinsatz zusätzliche Kosten entstehen, da einige Einheiten öfter in Teillast betrieben und häufiger an- und abgefahren werden müssen. Nun werden die technischen und wirtschaftlichen Implikationen dieser Fluktuationen aus Sicht ausgewählter Akteure im Stromsektor näher untersucht. Hierzu wird das PowerACE-Modell im Simulationsmodus betrieben, d. h. die Strompreise sind das Resultat einer täglich stattfindenden Spotmarktauktion, für die die unterschiedlichen Akteure Gebote abgeben (vgl. Abschnitt 5.2). Der akteursspezifische Kraftwerkseinsatz ist auch im Simulationsmodus das Ergebnis einer Optimierung, d. h. die Auswirkungen der Fluktuationen auf den Betrieb der Energiespeicher und der thermischen Kraftwerke werden auch im Simulationsmodus abgebildet.

6.4.1 Ergebnisse der Marktsimulation

Tabelle 6.8: Zentrale Ergebnisse der Marktsimulation für die Jahre 2009, 2020 und 2030 sowie die Energieszenarien S1 und S2

	2009 (real)	2020 S1	2030 S1	2020 S2	2030 S2
EE-Anteil (%)	17	34	41	39	58
Mittl. Spotmarktpreis (€/MWh)	42,2	42,2	53,3	73,5	79,9
CO_2-Emissionen, abs. (Mt)	294	249	230	204	156
CO_2-Emissionen, spez. (g/kWh$_{el}$)	561	467	438	390	316
Regen. Überproduktion (GWh)	n.v.	0	0	25	1.415
Konv. Überproduktion (GWh)	n.v.	81	96	775	3.515

Die zentralen Ergebnisse der Marktsimulation sind in Tabelle 6.8 zusammengefasst. Verglichen mit dem Niveau von 2009 steigen die mittleren Spotmarktpreise im Energieszenario S1 entsprechend dem moderaten Anstieg der Energieträgerpreise nur leicht an. Hingegen ist im anderen Energieszenario (S2), dem ein starker Anstieg der Brennstoff- und CO_2-Preise zugrunde liegt, zu beobachten, dass der mittlere Großhandelspreis von 42,2 €/MWh in 2009 auf 79,9 €/MWh in 2030 ansteigt. Zu beachten ist, dass dieser deutliche Anstieg nicht eins zu eins auf die Preise für Haushalts- oder Industriekunden übertragen werden kann, da die Erzeugungskosten nur einen Teil der Gesamtkosten ausmachen. Signifikante Beiträge zu den Gesamtkosten leisten auch die Übertragungsentgelte und die EEG-Umlage sowie die Energie- und Umsatzsteuer. Die zukünftige Entwicklung dieser Beiträge ist nicht in gleicher Weise an die Entwicklung der Energieträgerpreise gekoppelt wie die der Erzeugungskosten. Steigende Preise für fossile Energieträger können bspw. den Anstieg der EEG-Umlage dämpfen, da die Differenzkosten – d. h. die Differenz zwischen den Kosten für die Erzeugung einer Kilowattstunde regenerativer und konventioneller Elektrizität – sinken und diese ein wesentlicher Treiber für die Höhe der EEG-Umlage sind. Im Rahmen des verwendeten Modells und seiner Modellgrenzen können zu diesen Beiträgen keine quantitativen Aussagen gemacht werden. Für eine Bewertung der Wirtschaftlichkeit von Energiespeichern oder Kraftwerken im Allgemeinen sind diese Beiträge ohnehin kaum relevant, da sie größtenteils reguliert sind. Erlöse werden mit einem Speicher durch die Vermarktung seiner Kapazität an den Strombörsen erzielt, weswegen die Börsenpreise und die Erzeugungskosten die relevanten Einflussgrößen für die Wirtschaftlichkeit sind.

Die CO_2-Emissionen sinken relativ langsam, obwohl gegenüber dem Jahr 2009 bereits in 2020 mindestens eine Verdoppelung des Beitrags erneuerbarer Energien zur Deckung des Strombedarfs erreicht wird[8]. Dieser Umstand ist bedingt durch den Ausstieg aus der Atomkraft, der den Bau von Ersatzkapazitäten notwendig macht. Die wegfallende Stromproduktion aus Kernenergieanlagen kann nur zum Teil durch CO_2-emissionsfreie Erzeugung aus regenerativen Anlagen ersetzt werden. Kraftwerke, in denen fossile Energieträger verfeuert werden, ersetzen die restliche Menge. Hierbei handelt es sich zu einem signifikanten Teil um Braunkohlekraftwerke, die hohe spezifische CO_2-Emissionen von knapp 400 g/kWh$_{th}$ aufweisen. Selbst bei einem Wirkungsgrad von 44 %, der lediglich von den neusten Anlagen erreicht wird, ergeben sich hieraus noch 910 Gramm CO_2 pro erzeugter Kilowattstunde elektrischer Energie. Insofern ist das langsame Absinken der CO_2-Emissionen nicht verwunderlich sondern ein direktes Resultat der zugebauten Ersatzkapazitäten.

Aus dem Pumpspeichereinsatz und der Stromnachfrage lässt sich die integrierte Stromproduktion aus erneuerbaren Energien ableiten. Sofern die EE-Erzeugung in einer Stunde die Summe aus Pumparbeit und Nachfragelast in der gleichen Stunde übersteigt, wird diese Produktion als überschüssig bezeichnet und müsste ohne weitere Maßnahmen abgeregelt werden[9]. Die Berechnungen zeigen, dass die heutigen Pumpspeicher inklusive des Neubauprojekts Atdorf ausreichen, um die EE-Erzeugung, die sich aus dem moderaten Zubau des Energieszenarios S1 ergibt, vollständig ins Stromsystem zu integrieren. Im zweiten Energieszenario liegen andere Rahmenbedingungen vor: Einerseits steigen die aus regenerativen Anlagen erzeugten Strommengen stärker an und andererseits sinkt die Nachfrage signifikant ab. Dies führt dazu, dass speziell im Jahr 2030 größere Mengen erneuerbarer Stromproduktion nicht mehr integriert werden können. Konkret müss-

---

[8]In S1 verringern sich die Emissionen bis 2020 um 15,3 %. Der EE-Anteil steigt im gleichen Zeitraum von 17 auf 34 %. In S2 beträgt die Reduktion bei einem EE-Anteil von 39 % bis 2020 30,6 %.

[9]Für den Begriff der überschüssigen EE-Erzeugung existieren je nach Einbeziehung von Netzengpässen auf unterschiedlichen Spannungsebenen auch alternative Definitionen. Im Rahmen dieser Arbeit ist immer der Überschuss auf oberster Spannungsebene bei einem ausreichend ausgebauten Übertragungsnetz gemeint.

Abbildung 6.5: Stündlicher Kraftwerks- und Speichereinsatz aggregiert nach Energieträger in der zweiten Dezemberhälfte des Jahres 2030 (Energieszenario S2)

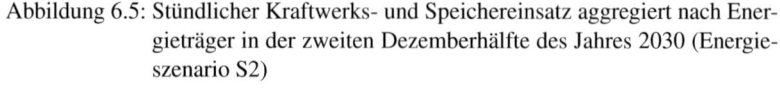

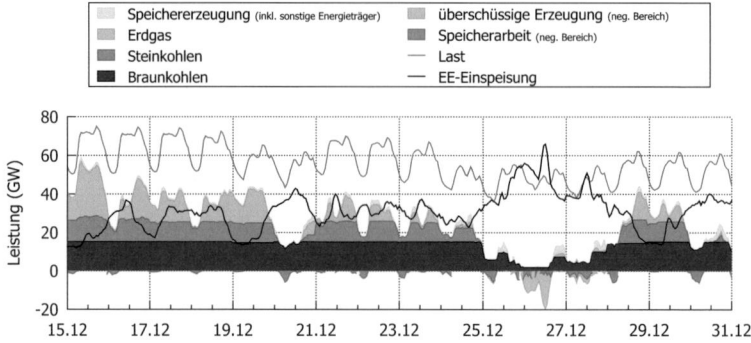

ten im Jahr 2030 nahezu 1,4 TWh Elektrizität abgeregelt werden. Dies entspricht ca. 0,5 % der Jahresproduktion.

Mit steigendem Beitrag fluktuierender Stromerzeugung ist zudem ein neues Phänomen zu beobachten: Nicht nur regenerative sondern auch konventionelle Überproduktion tritt auf. Sichtbar im Rahmen der Modellgrenzen wird diese Überproduktion, indem aus Gleichung (5.9) die Gleichheitsbedingung abgeschwächt wird. Dies bedeutet, dass in einer bestimmten Stunde die produzierte Strommenge nicht exakt gleich sondern nur größer gleich der verbrauchten Strommenge sein muss. Zusätzliche Produktion ist in der Regel mit zusätzlichen Kosten verbunden. Im Zusammenwirken mit intertemporalen Nebenbedingungen kann es jedoch zu Situationen kommen, in denen es kostengünstiger ist, eine Anlage weiter produzieren zu lassen anstatt sie für wenige Stunden abzuschalten. Ebenso kann die Verpflichtung, negative Regelleistung vorzuhalten, dazu führen, dass bestimmte Anlagen in Betrieb bleiben müssen, damit negative Regelleistung zur Verfügung steht. Es handelt sich daher um ein Phänomen, das nicht nur wirtschaftliche sondern auch technische Ursachen hat. Dies ist in Abbildung 6.5 illustriert. Für die zweiten Dezemberhälfte des Jahres 2030 sowie für das Energieszenario S2 zeigt die Grafik die stündliche Produktion thermischer Kraftwerke gruppiert nach Energieträgern (Flächen im positiven Bereich der Ordinate) sowie die Speicherarbeit und die überschüssige Produktion (Flächen im negativen Bereich der Ordinate). Zusätzlich sind die stündliche Last und die Einspeisung aus regenerativen Anlagen als Linien eingezeichnet. Erkennbar wird, dass die EE-Erzeugung vom 25. bis 27. Dezember auf einem ähnlichen Niveau wie die Last liegt und diese in einigen Stunden sogar übersteigt. Während der Weihnachtszeit ist die Stromnachfrage typischerweise sehr schwach. Zudem fällt sie in diesem Fall mit einer Starkwindphase zusammen, so dass es teilweise zu einer negativen Residuallast kommt. Trotz dieser negativer Residuallast bleiben bspw. am 26. Dezember einige Braunkohleanlagen (gedrosselt) am Netz und erhöhen so die überschüssige Strommenge. Diese müssen in Betrieb bleiben, damit negative Regelleistung vorgehalten werden kann.

Sowohl in 2020 als auch 2030 kann in beiden Energieszenarien konventionelle Überproduktion beobachtet werden. Diese übersteigt in allen Fällen die überschüssige Strommenge, die aus regenerativen Anlagen stammt. Die Dauerlinien dieser Überproduktion sind in Abbildung 6.6 dargestellt. Sie geben einen ersten Anhaltspunkt bezüglich der möglichen Auslastung zusätzlicher Energiespeicher. So ist aufgrund der überschüssigen Strommengen in S2 im Jahr 2030 für eine Einspeichereinheit in der Größenordnung von 500 MW eine Auslastung von knapp 1000 Stunden möglich, wenn ausschließlich überschüssiger Strom eingespeichert werden soll. In der anderen Fällen ist die mögliche Auslastung weitaus geringer und beträgt nur wenige Hundert Stunden im Jahr. Zu beachten ist, dass diese Zahlen noch keine Schlussfolgerung darüber zulassen, ob ein wirtschaftlicher Betrieb eines solchen Systems möglich ist, da erstens nicht nur überschüssiger Strom eingespeichert werden kann und zweitens die daraus erzielbaren Erlöse berechnet werden müssen. In den folgenden Abschnitten werden ausgewählte Energiespeichertechnologien bezüglich ihrer Wirtschaftlichkeit bewertet.

Abbildung 6.6: Dauerlinien der überschüssigen Leistung für die Jahre 2020 und 2030 sowie die Energieszenarien S1 und S2

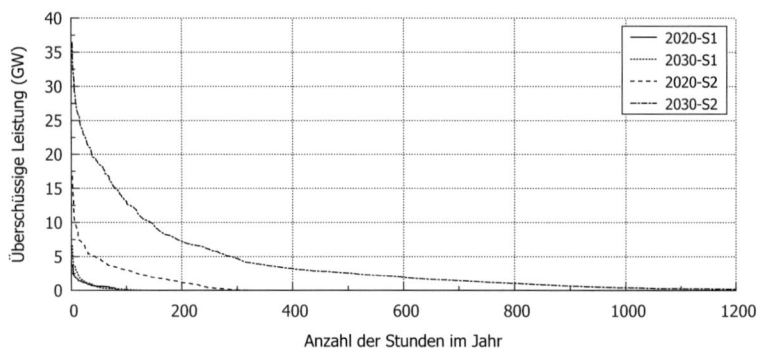

Abbildung 6.7: Obergrenze für den Deckungsbeitrag aus Handelsaktivitäten am Spotmarkt (2020 und 2030 sowie S1 und S2) relativ zur Annuität der Investition

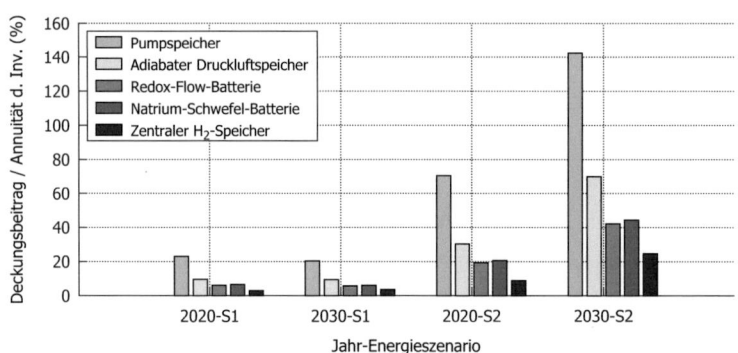

6.4.2 Bedarf und Wirtschaftlichkeit ausgewählter Energiespeichertechnologien aus Sicht eines neuen Marktakteurs

Ein neuen Marktakteur, der keine weiteren Erzeugungseinheiten besitzt, wird einen Energiespeicher hauptsächlich einsetzen, um mit diesem Arbi-

Abbildung 6.8: Deckungsbeitrag aus Handelsaktivitäten am Spotmarkt (2020 und 2030 sowie S1 und S2) in Abhängigkeit der Speicherkapazität (Pumpspeicher)

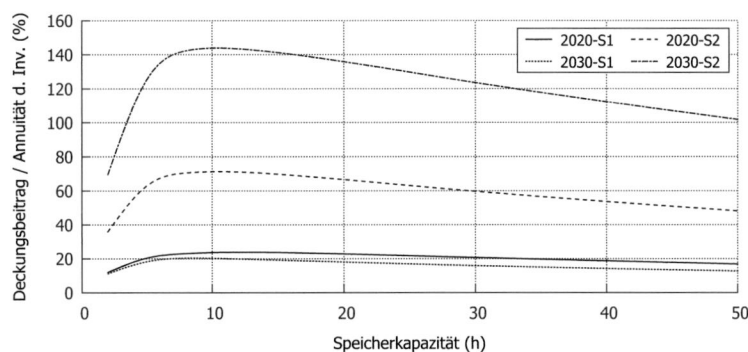

Abbildung 6.9: Deckungsbeitrag aus Handelsaktivitäten am Spotmarkt (2020 und 2030 sowie S1 und S2) in Abhängigkeit der Speicherkapazität (zentraler Wasserstoffspeicher)

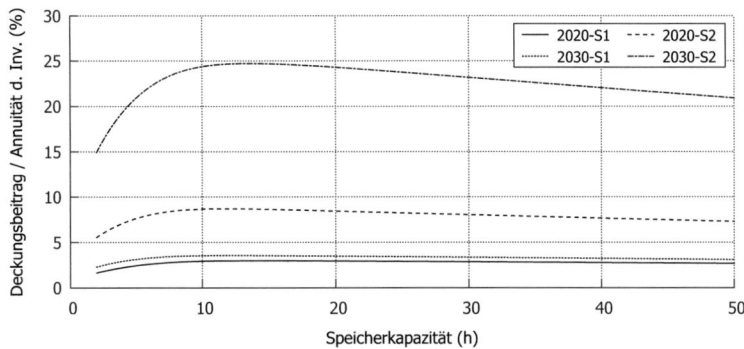

tragegeschäfte zu tätigen. Das heißt die Schwankungen des Börsenstrompreises werden ausgenutzt, um durch gezielte Ein- und Ausspeichervorgänge einen positiven Deckungsbeitrag zu erwirtschaften. Ein zentrales Ergebnis der Simulation mit dem PowerACE-Modell sind die stündlichen Strompreiszeitreihen, aus denen eine Obergrenze für diese Deckungsbeiträge berechnet werden kann, indem die in Abschnitt 3.2.5.1 vorgestellte Methodik angewendet wird.

In Abbildung 6.7 sind die resultierenden Deckungsbeiträge für Speichersysteme mit acht Volllaststunden Kapazität in Relation zur jeweiligen Annuität der Investition dargestellt[10]. Ersichtlich wird, dass nur in einem Fall jährliche Deckungsbeiträge erzielt werden, die über der Annuität der Investition liegen, nämlich bei der Pumpspeichertechnologie für das Jahr 2030 und das Energieszenario S2. Alle anderen Fälle sind unrentabel, wenn der Speicher einzig dafür eingesetzt wird, um die Stromproduktion von günstigere in teurere Stunden zu verlagern.

Variationsrechnung zeigen, dass diese Aussagen für größere Speicherkapazitäten grundsätzlich bestehen bleiben. So liegt zwar das Maximum des Quotienten aus Deckungsbeitrag und Annuität der Investition für Pumpspeicher bei ca. zehn und nicht acht Stunden (vgl. Abbildung 6.8). Dennoch bleibt das System auch bei der Wahl der optimalen Speicherkapazität in allen Fällen außer 2030 und S2 unrentabel. Verglichen mit der historischen Analyse aus Abschnitt 3.2.5.2 ist auch für den zentralen Wasserstoffspeicher eine leichte Verschiebung des Maximums zu beobachten. Die optimale Kapazität liegt nun bei etwa 14 statt 20 Stunden (vgl. Abbildung 6.9). Allerdings bleiben auch hier die Aussagen zur Unrentabilität bestehen, d. h. durch die Wahl der optimalen Speicherkapazität ist kein Wechsel vom unrentablen in den rentablen Betrieb möglich. Auffälligster Unterschied gegenüber der Analyse historischer Preise ist das schnelle Absinken der Kurve hin zu größeren Speicherkapazitäten. Dies ist zunächst überraschend, da

---

[10]Der Zinssatz und die Abschreibungszeiträume für die einzelnen Technologien sind identisch mit den Werten, die für die Analyse in Abschnitt 3.2.5.1 verwendet wurden.

beim Wasserstoffspeicher aufgrund seiner hohen volumetrischen Energiedichte nur geringe Zusatzkosten durch die Vergrößerung des Speichervolumens entstehen. Die simulierten Strompreiszeitreihen weisen jedoch eine äußerst geringe saisonale Schwankungsbreite auf, d. h. eingespeicherte Elektrizität wird in der Regel zeitnah wieder ausgespeichert. Somit besitzen Speicher mit einem großen Volumen wirtschaftlich keine Vorteile gegenüber Speichern mit kleineren Kapazitäten, wenn es um das Ausnutzen von Preisschwankungen geht. Treiber für eine hohe Auslastung ist unter den gegebenen Rahmenbedingungen mit einem EE-Anteil von bis zu 60 % in erster Linie die Höhe des Wirkungsgrads.

Die Deckungsbeiträge, die ein Akteur durch Preisschwankungen erzielen kann, bilden heute keine ausreichende Basis für den wirtschaftlichen Betrieb von Energiespeichern (vgl. Abschnitt 3.2.5.2). Die Simulationsergebnisse zeigen, dass sich an diesem Umstand in Zukunft kaum etwas ändert. Zwar kommen durch den steigenden Beitrag vorrangiger Einspeisung aus EE-Anlagen und durch die überschüssige Produktion mehr Situationen vor, in denen ein günstiges Einspeicher möglich ist. Andererseits senkt insbesondere die Stromproduktion von Photovoltaikanlagen die Spitzenlast während der Mittagsstunden ab. Dies hat einen dämpfenden Einfluss auf die Strompreise und ihre Schwankungsbreite: Der preisliche Unterschied zwischen Morgen- und Mittagsstunden sinkt und damit verringert sich auch die Anzahl der Stunden, in denen Arbitragegeschäfte mit einem Energiespeicher betrieben werden können.

6.4.3 Bedarf und Wirtschaftlichkeit ausgewählter Energiespeichertechnologien aus Sicht von Energieversorgern mit einem eigenen Erzeugungsportfolio

Gegenüber einem neuen Marktakteur kann ein Energieversorger mit einem eigenen Erzeugungsportfolio aus dem Besitz von Energiespeichern zusätzliche Vorteile ziehen. Die Speicher können nicht nur für isolierte Stromhandelsaktivitäten eingesetzt werden, sondern auch um den eigenen Kraftwerkspark effizienter zu betreiben. Durch den Einsatz von Energiespeichern können bspw. Kosten vermieden werden, die aus dem Teillastbetrieb oder aus Ab- und Wiederanfahrvorgängen von Kraftwerken resultieren. Zudem kann ein Energiespeicher negative Regelleistung vorhalten, ohne dass die Einheit in Betrieb sein muss. Thermische Kraftwerke müssen hingegen zur Vorhaltung negativer Regelleistung in Betrieb sein, da sie nur durch Absenken der Produktionsleistung negative Regelenergie zur Verfügung stellen können. Die Vorgabe, ein Kraftwerk nicht einzusenken, kann zusätzliche Kosten verursachen, etwa wenn die variablen Kosten einer thermischen Einheit unter dem Spotmarktpreis liegen. Für die Bereitstellung dieser Systemdienstleistung in Phasen mit hoher EE-Einspeisung und niedriger Residuallast kann der Einsatz von Energiespeichern ökonomisch effizienter als der Einsatz thermische Kraftwerke sein.

Den Studienergebnissen von Schlesinger et al. (2010) zufolge werden zwischen 2010 und 2030 keine Investitionen in Energiespeicher getätigt. Statt dessen werden hauptsächlich Braunkohle- und Gaskraftwerke zugebaut. Die vier größten in Deutschland aktiven Versorger mit einem eigenen Erzeugungsportfolio sind EnBW, E.ON, RWE und Vattenfall. Auf diese konzentrieren sich die folgenden Analysen. Im folgenden wird untersucht, wie sich die Simulationsergebnisse im Allegemeinen und der Kraftwerkseinsatz dieser Energieversorger im Besonderen verändert, wenn zusätzlich zu den thermischen Kraftwerken in Energiespeicher investiert wird. Der Fokus ist zunächst auf die Pumpspeichertechnologie mit ihrem relativ hohen Wirkungsgrad von 80 % gerichtet, anschließend werden Variationsrechnungen mit anderen Speichertechnologien durchgeführt. Zudem wird überprüft, wie robust die Ergebnisse bzgl. wichtiger Modelleingangsdaten wie bspw. der Brennstoffpreise und der EE-Anteile sind.

6.4.3.1 Bedarf und Wirtschaftlichkeit zusätzlicher Pumpspeicher

Die Portfolios der einzelnen Erzeuger werden wie folgt geändert: EnBW, E.ON, RWE und Vattenfall bauen – zusätzlich zu den bereits aus Schlesinger et al. (2010) abgeleiteten Investitionen – je einen Pumpspeicher zu. Die Leistung des zugebauten Blocks beträgt 800 MW und sein Speichervolumen – entsprechend der Erkenntnisse aus Abschnitt 6.4.2 – zehn Stunden Volllast. Die daraus resultierenden Veränderungen werden durch Berechnungen mit dem PowerACE-Modell quantifiziert. Sie sind in Tabelle 6.9 zusammengefasst.

Tabelle 6.9: Aus dem Einsatz zusätzlicher Pumpspeicher resultierende Veränderungen in den Simulationsergebnissen (2020 und 2030 sowie S1 und S2)

	2020 S1	2030 S1	2020 S2	2030 S2
Δ Mittl. Spotmarktpreis (€/MWh)	1,3	1,0	2,9	3,2
Δ CO_2-Emissionen, abs. (Mt)	-1	-3	-1	-2
Δ Regen. Überproduktion (GWh)	0	0	-15	-523
Δ Konv. Überproduktion (GWh)	-67	-76	-361	-1.217

Bei den Spotmarktpreisen ist in allen Szenarien eine leichter Verteuerung zu verzeichnen. So steigt der mittlere Preis in S1 und im Jahr 2020 um knapp 1,2 €/MWh auf 43,4 €/MWh und in S2 um maximal 3,2 €/MWh. Diese Steigerung beruht auf der Veränderung der Nachfrage: Die zugebauten Energiespeicher erhöhen die Nachfrage insbesondere in den Stunden, in denen zuvor eine negative oder sehr niedrige Residuallast vorlag. In diesem Bereich ist die Form der Merit-Order von Anlagen mit variablen Kosten nahe Null geprägt. Erhöht man die Nachfrage, kommen Anlagen mit höheren variablen Kosten zum Einsatz und der Strompreis am Spotmarkt – der dem Ergebnis einer Einheitspreisauktion entspricht – steigt.

Besonders deutlich wirkt sich der Einsatz zusätzlicher Pumpspeicher auf die überschüssige Stromproduktion aus, die in allen Fällen signifikant sinkt. Im Energieszenario S2 beträgt der Rückgang konventioneller Überproduktion bis zu 1,2 TWh. Auch die abgeregelte EE-Erzeugung kann in S2 durch den Einsatz von Energiespeichern vor allem im Jahr 2030 deutlich reduziert werden. Eine vollständige Integration der überschüssigen EE-Erzeugung ist mit der zusätzlichen Pumpleistung von 3,2 GW nicht möglich – die negativen Spitzen der Residuallast übersteigen dann die maximal mögliche Einspeicherleistung. Dies erklärt die unterschiedliche starke Reduktion der überschüssigen Energiemenge bei gleicher Speicherleistung in 2020 und 2030.

Bei den CO_2-Emissionen überlagern sich zwei Effekte. Die Verwendung der zuvor überschüssigen Stromproduktion reduziert die Gesamtemissionen, da insgesamt weniger Strom produziert werden muss. Auf der anderen Seite steigt die Auslastung unflexibler Kraftwerke, in denen vornehmlich die Energieträger Braun- und Steinkohle eingesetzt werden. Dadurch steigen die Gesamtemissionen. Es hängt stark von der Struktur des Kraftwerksparks ab, welcher Effekt überwiegt. Im vorliegenden Fall bewirkt der Bau zusätzlicher Energiespeicher ein geringe Reduktion der Emissionen. Der Rückgang würde stärker ausfallen, wenn der Anteil an Stein- und Braunkohlekraftwerken geringer wäre.

Zur Bewertung der Wirtschaftlichkeit dieser Investitionen werden nun die akteursspezifischen Simulationsergebnisse herangezogen. Betrachtet man zunächst die nach Akteuren aufgeschlüsselte konventionelle Überproduktion in Tabelle 6.10, so fällt auf, dass der Versorger RWE am meisten vom zusätzlichen Speicher profitiert, während der Speicher im Portfolio des Versorgers EnBW am wenigsten Effekt hat. Bei RWE sinkt die Überproduktion in S2 und im Jahr 2030 bspw. um über 800 GWh. Diese Menge entspricht nahezu 70 % des totalen Rückgangs in dem Zeitraum. Eine Analyse des stündlichen Kraftwerkseinsatzes zeigt, dass mit den Energiespeichern insbesondere zuvor überschüssiger Braunkohlestrom eingespei-

Tabelle 6.10: Veränderung der konventionellen Überproduktion und der Einsatzkosten durch den Einsatz zusätzlicher Energiespeichern, aufgeschlüsselt nach Akteuren (2020 und 2030 sowie S1 und S2)

Δ konv. Überproduktion (GWh)	2020 S1	2030 S1	2020 S2	2030 S2
EnBW	-4,0	-25,3	-4,5	-46,9
E.ON	-7,2	-14,8	-116,4	-116,0
RWE	-54,3	-32,8	-165,5	-815,6
Vattenfall	-1,0	-3.5	-74,6	-238,1
Δ Einsatzkosten (Mio. €)				
EnBW	-10	-11	-35	-56
E.ON	-34	-79	-81	-118
RWE	-81	-94	-98	-125
Vattenfall	-11	-13	-47	-79

chert wird. Da RWE einen Großteil der Braunkohleanlagen besitzt, ist der positive Effekt der zusätzlichen Energiespeicher hier am größten. Die Simulationsergebnisse zeigen zudem, dass die Reduktion der Überproduktion bei allen Versorgern eine Verringerung der Einsatzkosten bewirkt, da der zuvor überschüssige Strom zu einem anderen Zeitpunkt verwendet werden kann. Grundsätzlich erhöht der Einsatz von Energiespeichern die Auslastung unflexibler Kraftwerke mit niedrigen Stromerzeugungskosten, so dass die Nachteile langer Mindeststillstands- und Mindestlaufzeiten weniger stark zum Tragen kommen. Gleichzeitig verringert sich die Auslastung flexibler Kraftwerke mit höheren Stromerzeugungskosten, da deren Erzeugung teilweise von Energiespeichern verdrängt wird.

Die durch den Einsatz zusätzlicher Energiespeicher erreichte Reduktion der Kraftwerkseinsatzkosten wird nun den Annuitäten verschiedener Speicherinvestitionen gegenübergestellt, um die Rentabilität einer Investition zu bewerten. In Tabelle 6.11 sind die Investitionsvolumina und deren Annuitäten für ausgewählte Speichertechnologien zusammengefasst. Vergleicht man die Annuität einer Pumpspeicherinvestition mit dem Rückgang der Einsatzkosten, so wird ersichtlich, dass im Energieszenario S1 und im Jahr 2020 lediglich eine der vier Speicherinvestitionen rentabel ist, und zwar die des Versorgers RWE. Eine weitere Investition wird ab dem Jahr 2030 rentabel, und zwar die des Versorgers E.ON. Grundsätzlich profitieren diese beiden Versorger stärker von zusätzlichen Speichern, da sich mehr Grundlastkraftwerke in ihrem Erzeugungsportfolio befinden, die durch den Einsatz von Energiespeichern besser ausgelastet werden können. Insgesamt ist der Speicherbedarf in diesem Energieszenario – mit seinen moderaten Energieträgerpreisen und einem Anstieg des EE-Anteils auf etwa 41 % – sehr gering.

Tabelle 6.11: Gesamtinvestition und Annuitäten für ausgewählte Speichertechnologien (Quelle: eigene Berechnungen)

Typ	Größe	Investition (Mio. €)	Annuität (Mio. €/a)
Pumpspeicher	800 MW, 10h	680	72,1
Adiab. Druckluftspeicher	800 MW, 10h	920	108,1
Redox-Flow-Batterie	800 MW, 10h	1.877	199,0

Im Energieszenario S2 liegen andere Rahmenbedingungen vor. Der EE-Anteil an der Stromnachfrage steigt hier auf bis zu 58 %. Zudem ist produzierter Strom wesentlich wertvoller aufgrund der vergleichsweise hohen Energieträgerpreise. Die Modellberechnungen zeigen, dass sich in diesem Umfeld bereits 2020 ein wirtschaftlicher Betrieb von zwei zusätzlichen Pumpspeichern möglich ist. Im Jahr 2030 sind drei von vier Investitionen rentabel. Im Folgenden wird untersucht, wie robust diese Ergebnisse bezüglich der gewählten Speichertechnologie und den gewählten Rahmenbedingungen sind.

6.4.3.2 Bedarf und Wirtschaftlichkeit anderer Speichertechnologien

Die eingangs vorgestellten Ergebnisse der Literatur- und Kostenstudie haben gezeigt, dass die Pumpspeichertechnologie auf absehbare Zeit die geringsten Vollkosten pro umgesetzter Energiemenge aufweisen wird (vgl. Abschnitt 3.2). Verglichen mit den anderen großtechnischen Speichern besitzt sie zudem den höchsten Wirkungsgrad. Beide Aspekte spielen bei der Bewertung des Bedarfs und der Wirtschaftlichkeit zusätzlicher Energiespeicher im Portfolio eines Energieversorgers eine wichtige Rolle. Wie stark sich der Kraftwerkseinsatz durch Investitionen in zusätzliche Energiespeicher ändert, hängt vom Wirkungsgrad des zugebauten Speichers ab. Ob ein wirtschaftlicher Betrieb möglich ist, hängt von der Höhe der vermiedenen Einsatzkosten und der Annuität der Speicherinvestition ab.

Tabelle 6.12: Aus dem Einsatz zusätzlicher Druckluftspeicher resultierende Veränderungen in den Simulationsergebnissen (2020 und 2030 sowie S1 und S2)

	2020 S1	2030 S1	2020 S2	2030 S2
Δ Mittl. Spotmarktpreis (€/MWh)	1,4	1,1	2,7	3,4
Δ CO_2-Emissionen, abs. (Mt)	0	-2	0	-2
Δ Regen. Überproduktion (GWh)	0	0	-15	-539
Δ Konv. Überproduktion (GWh)	-67	-73	-378	-1.228

Zunächst werden die Variationsrechnungen des vorherigen Abschnitts wiederholt, mit dem Unterschied, dass nun Energiespeicher mit 70 % Wirkungsgrad zugebaut werden. Dies entspricht der Effizienz von Druckluftspeichern oder Redox-Flow-Batterien[11]. Speicherleistung und -kapazität

---

[11]Bei der Diskussion der Simulationsergebnisse wird im Folgenden aus Gründen der Übersichtlichkeit nur von Druckluftspeichern gesprochen. Erst bei den Wirtschaftlichkeitsbetrachtungen wird wieder zwischen Redox-Flow-Batterien und Druckluftspeichern differenziert.

bleiben gegenüber dem Pumpspeichersystem unverändert. Die Marktsimulation zeigt zunächst sehr ähnliche Ergebnisse (vgl. Tabelle 6.12): Die Spotmarktpreise steigen leicht, während bei den anderen Kennzahlen ein rückläufiger Trend gegenüber dem Basissystem zu beobachten ist. Der niedrigere Wirkungsgrad wirkt sich insbesondere bei der Reduktion der überschüssigen Stromproduktion kaum aus, da die Einspeicherleistung des Speichersystems in beiden Fällen gleich ist. Durch die höheren Umwandlungsverluste verringert sich lediglich die nutzbare Menge des eingespeicherten Stroms. Wenn über mehrere Stunden hinweg größere Mengen überschüssiger Elektrizität anfallen, ist eine niedrigere Effizienz sogar von Vorteil, da das verfügbare Speichervolumen langsamer ausgereizt wird, so dass letztlich etwas mehr überschüssige Produktion eingespeichert werden kann. Dieser Effekt ist der Grund dafür, dass im Energieszenario S2 die überschüssige Produktion durch den Einsatz von Druckluftspeichern etwas stärker sinkt als durch den Einsatz von Pumpspeichern. Bezüglich der Nutzbarkeit dieser eingespeicherten, überschüssigen Elektrizität ist die Pumpspeichertechnologie aufgrund ihres höheren Wirkungsgrades klar im Vorteil. Ablesbar ist dies an der gesamten Stromerzeugung aus konventionellen Anlagen, die durch den Einsatz zusätzlicher Pumpspeicher stärker sinkt als durch den Einsatz zusätzlicher Druckluftspeicher. Die Menge des erzeugten Stroms ist wiederum der stärkste Treiber für die Einsatzkosten. Somit können bei der Verwendung zusätzlicher Druckluftspeicher weniger Einsatzkosten vermieden werden als bei der Verwendung zusätzlicher Pumpspeicher. Zieht man zusätzlich zu diesen Nachteilen bei der Vermeidung von Einsatzkosten noch die höhere Annuität dieser Speicherinvestition in Betracht, verringert sich die Anzahl der Fälle, in denen ein rentabler Betrieb möglich ist. Die Annuität der Investition beträgt für Druckluftspeicher gemäß Tabelle 6.11 ca. 108 Mio. €. Die durch den Einsatz zusätzlicher Druckluftspeicher vermiedenen Einsatzkosten übersteigen nur im Energieszenario S2 und im Jahr 2030 und nur für die Versorger RWE und E.ON diesen Wert. Im Energieszenario S1 liegen die vermiedenen Erzeugungskosten durchgehend unter der Annutität der Druckluftspeicherinvestition, so dass kein wirtschaftlicher Betrieb möglich ist.

Eine Redox-Flow-Batterie besitzt einen ähnlichen Wirkungsgrad wie ein Druckluftspeicher, d. h. die Angaben zu der eingespeicherten Strommenge und die vermiedenen Einsatzkosten verändern sich nicht. Die Technologien unterscheiden sich allerdings deutlich bzgl. ihrer Investitionsannuitäten: Bei einer Redox-Flow-Batterie beläuft sich die Annuität auf knapp 200 Mio. € und ist damit verglichen mit der eines Druckluftspeichers nahezu doppelt so hoch. Ein wirtschaftlicher Betrieb ist unter diesen Voraussetzungen in keinem der Energieszenarien möglich. Weiterführende Rechnungen für die wasserstoffbasierten Speichertechnologien zeigen, dass die vermiedenen Einsatzkosten, die aus der Verwendung dieser Speicher resultieren, aufgrund des niedrigeren Wirkungsgrades weiter abnehmen. Aus Sicht eines Energieversorgers, der mit einem Energiespeicher sein eigenes Erzeugungsportfolio effizienter betreiben möchte, ist ein Energiespeicher mit einem niedrigen Wirkungsgrad keine wirtschaftliche Option. Für dieses Betreibermodell eignen sich vor allem Pumpspeicher und mit Einschränkungen adiabate Druckluftspeicher.

6.4.3.3 Variationsrechnungen bezüglich zentraler Modelleingangsdaten

Aus den bisherigen Untersuchungen folgt, dass die wirtschaftlichen Vorteile, die sich aus der Nutzung zusätzlicher Energiespeicher ergeben, im Energieszenario S2 höher ist als in S1 und sich dort mehr Fälle ergeben, in denen ein wirtschaftlicher Betrieb von Energiespeichern möglich ist. Die beiden Szenarien unterscheiden sich vor allem bezüglich zweier Gruppen von Eingangsgrößen: Dies sind einerseits die Energieträgerpreise und andererseits der Beitrag erneuerbarer Energien zur Deckung des Strombedarfs. Im Folgenden werden Variationsrechnungen zu diesen Eingangsgrößen durchgeführt, um in Erfahrung zu bringen, ob die hohen Brennstoffpreise oder der hohe EE-Anteil Treiber des höheren Speicherbedarfs in S2 sind. Abschließend wird der Einfluss der Wetterjahres untersucht.

6.4.3.3.1 Variationsrechnungen bezüglich der Energieträgerpreise

Zunächst wird das Energieszenario S2 mit den Brennstoff- und CO_2-Preisen aus S1, d. h. mit niedrigeren Preisen, berechnet. Die Simulationsläufe zeigen, dass sich die Menge an überschüssigem Strom kaum verändert. Dieser entstammt weiterhin hauptsächlich Braunkohleanlagen, da dieser Anlagentyp in beiden Brennstoffpreisszenarien die Technologie mit den niedrigsten Erzeugungskosten ist. Konventionelle Überproduktion tritt weiterhin auf, da in Phasen niedriger und negativer Residuallast Regelleistung vorgehalten werden muss. Zudem entstehen in solchen Phasen durch Überproduktion Opportunitätserlöse, da die Kosten für Ab- und Wiederanfahrvorgänge vermieden werden. Deren Höhe ist an die Entwicklung der Energieträgerpreise gebunden, deren Entstehen allerdings nur daran, dass eine niedrige oder negative Residuallast vorliegt. Wesentlicher Treiber der überschüssigen Produktion ist daher der EE-Anteil – die Höhe der Energieträgerpreise spielt nur eine untergeordnete Rolle. Anders verhält es sich, wenn die Wirtschaftlichkeit eines Energiespeichers bewertet werden soll. Hierzu werden unter den neuen Rahmenbedingungen erneut Berechnungen mit zusätzlichen Pumpspeichern durchgeführt. Die Wirtschaftlichkeit dieser zusätzlichen Energiespeicher sinkt allerdings aufgrund der niedrigeren Energieträgerpreise deutlich. Die Schwelle zur Rentabilität wird lediglich bei zwei von vier Investitionen erreicht, und zwar für die beiden größeren Versorger E.ON und RWE. Weiterführende Berechnungen mit Speichertechnologien, die einen niedrigeren Wirkungsgrad als Pumpspeicher aufweisen, zeigen, dass mit diesen – trotz der relativ großen Mengen überschüssigen Stroms – kein wirtschaftlicher Betrieb möglich ist.

6.4.3.3.2 Variationsrechnungen bezüglich des EE-Zubaus

Basierend auf dem Energieszenario S2 werden Variationsrechnungen durchgeführt, in denen der starke EE-Zubau aus S2 durch den moderaten Zubau aus S1 ersetzt wird, während die Höhe der Energieträgerpreise und die Stromnachfrage unverändert bleibt. Die aus den Simulationsergebnissen abgeleitete überschüssige Strommenge liegt leicht über der des Energieszenarios S1. Zurückzuführen ist dies darauf, dass der EE-Anteil in diesem neuen Energieszenario trotz des moderaten EE-Zubaus höher als in S1 ist, da die Stromnachfrage in S2 niedriger als in S1 ist. Verglichen mit S2 ist der EE-Anteil jedoch geringer: Er liegt 2020 bei 35 % und 2030 bei 42 % der Stromnachfrage (vgl. Tabelle 6.8). Aus weiterführenden Variationsrechnungen mit zusätzlichen Energiespeichern im Portfolio der einzelnen Versorger wird ersichtlich, dass die verglichen mit S1 höheren Energieträgerpreise den Wert des eingespeicherten Stroms steigen lassen. Dadurch steigen auch die vermiedenen Kraftwerkseinsatzkosten, d. h. die wirtschaftlichen Vorteile, die sich aus dem Speichereinsatz ergeben, sind höher als in S1. Die Veränderungen bewirken allerdings nicht, dass ein wirtschaftlicher Betrieb von mehr als 1.600 MW zusätzlicher Speicherinvestitionen möglich wird – dazu ist die verfügbare überschüssige Strommenge zu gering. Insgesamt lässt sich schlussfolgern, dass die Auslastung von Energiespeichern in **Laderichtung** davon abhängt, wie stark der EE-Zubau ist. Steigende Energieträgerpreise ermöglichen hingegen eine höhere Auslastung in **Entladerichtung** – vorausgesetzt, dass genügend Strom eingespeichert werden konnte.

6.4.3.3.3 Variationsrechnungen bezüglich des Wetterjahres

In den bisherigen Simulationsrechnungen wurde stets das Wetterjahr 2009 zugrunde gelegt, um aus den in den Szenarien vorgegebenen EE-Kapazitäten Erzeugungszeitreihen zu bestimmen. Im Folgenden werden für das Ener-

Abbildung 6.10: Dauerlinien der überschüssigen Leistung für das Wetterjahr 2008
und 2009 (Energieszenario S2, 2030)

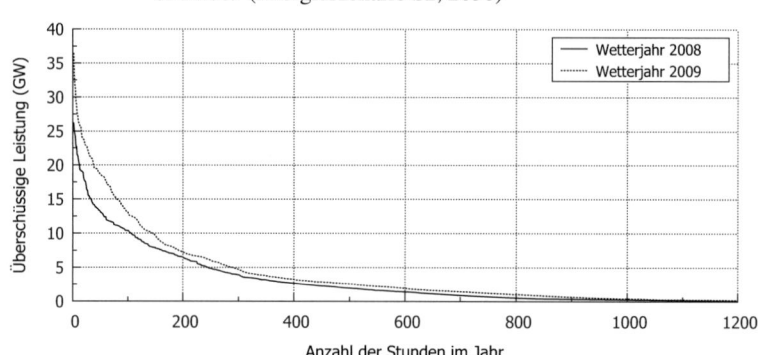

gieszenario S2 untersucht, wie sich die Ergebnisse verändern, wenn das
Wetterjahr 2008 zugrunde gelegt wird. Aus den Untersuchungen in Kapitel 3 ist bereits bekannt, dass die Volllaststunden der Solarstromerzeugung
2009 über denen des Jahres 2008 lagen (vgl. Tabelle 3.5), während es sich
bei der Windstromerzeugung umgekehrt verhält (vgl. Tabellen 3.3 und 3.6).
Insgesamt steigt die aus erneuerbaren Energiequellen erzeugte Strommenge von etwa 287 auf 292 TWh und der EE-Anteil an der Stromnachfrage
leicht von 58 % auf 59 %. Dennoch bestehen signifikante Unterschiede zwischen der Struktur der ursprünglichen und der neuen Residuallast, da die
Fluktuationen von Wind- und Solarstromerzeugung verschieden sind. Die
Solarstromerzeugung hat ein sehr regelmäßiges Tag-/Nachtprofil mit vergleichsweise geringen regionalen Ausgleichseffekten, während die Windstromerzeugung ein eher unregelmäßiges Tag-/Nachtprofil aufweist und
sehr ähnliche Windbedingungen in ganz Deutschland vergleichsweise selten sind (vgl. Abschnitt 3.3).

Den Simulationen zufolge ergibt sich trotz des höheren Beitrags fluktuierender Stromerzeugung eine niedrigere überschüssige Strommenge (vgl.
Abbildung 6.10). Die abgeregelte EE-Erzeugung sinkt von knapp 1,4 auf
0,8 TWh/a, während bei der konventionellen Überproduktion ein Rückgang

von 3,5 auf 3,0 TWh/a zu verzeichnen ist. Vergleicht man den stündlichen Kraftwerkseinsatz, so zeigt sich, dass vor allem der während der Sommermonate erzeugte Überschuss zurückgeht[12], da die erzeugte Strommenge von Solaranlagen geringer ist. Diese erzeugen aufgrund der installierten Leistungen von bis zu 63 GW bei günstigen Wetterbedingungen leicht hohe Überschüsse. Weiterführende Berechnungen bzgl. der Wirtschaftlichkeit von Energiespeichern zeigen trotz des Rückgangs der überschüssigen Strommenge keine Veränderungen, d. h. bei dem EE-Zubau und den Energieträgerpreisen von S2 ist weiterhin ein rentabler Betrieb von drei neuen Pumpspeicherkraftwerken mit einer Gesamtleistung von 2.400 MW möglich. Der Grund hierfür liegt darin, dass mit der Veränderung des Wetterjahres vor allem die Spitzen der überschüssigen Leistung – d. h. Leistungen größer als fünf Gigawatt – seltener werden bzw. ganz wegfallen. Im Bereich niedriger Überschussleistungen sind nur leichte Veränderungen zu verzeichnen. Diese Spitzen der überschüssigen Leistung wurden aber ohnehin nicht durch die drei zugebauten Pumpspeicher abgefangen. Wollte man diese Spitzen integrieren, müsste man deutlich mehr als 2.400 MW Speicherleistung zubauen. Die Auslastung dieser Einheiten wäre allerdings aufgrund des seltenen Auftretens dieser Spitzen zu gering, um einen wirtschaftlichen Betrieb zu ermöglichen.

6.4.4 Zusammenfassung der Bedarfs- und Wirtschaftlichkeitsanalyse

Der zunehmende Beitrag fluktuierender Stromerzeugung führt dazu, dass es beim Kraftwerkseinsatz zu Situationen kommt, in denen es ökonomisch sinnvoller ist, mehr Strom bereitzustellen als nachgefragt wird, obwohl mit diesem überschüssigen Kraftwerksstrom keine Erlöse generiert werden können. Auf diese Weise können bspw. Ab- und Wiederanfahrkosten vermiedenen werden. Teilweise ist der Überschuss auch technisch bedingt, da

---

[12]Eine graphische Darstellung des stündlichen Kraftwerkseinsatzes zu diesen Szenarien findet sich im Anhang in den Abbildungen A.1 und A.2.

zu jedem Zeitpunkt eine gewisse Regelleistung vorgehalten werden muss. Die überschüssige, konventionelle Produktion übersteigt in allen Szenarien die nicht integrierbare – d. h. abgeregelte – Elektrizitätserzeugung aus regenerativen Anlagen. Sichtbar wird dieser Überschuss erst, wenn beim Kraftwerkseinsatz Nebenbedingungen berücksichtigt werden, die die Grenzen der Flexibilität einer Einheit abbilden.

Die Simulationsrechnungen zu zukünftigen Jahren zeigen, dass Versorger mit einem eigenen Erzeugungsportfolio ihre Einsatzkosten signifikant senken können, wenn sie zusätzliche Energiespeicher zubauen und einsetzen. Dadurch wird die zuvor überschüssige Strommenge eingespeichert und kann zu einem späteren Zeitpunkt verwendet werden. Zudem können thermische Kraftwerke effizienter betrieben werden. Vergleicht man die vermiedenen Einsatzkosten mit den Annuitäten unterschiedlicher Speicherinvestitionen, so ergibt sich folgendes Bild: Für das Energieszenario S1 mit EE-Anteilen von 34 bis 41 % und moderaten Energieträgerpreisen können im Jahr 2030 zwei neue Pumpspeicher mit einer Leistung von jeweils 800 MW rentabel betrieben werden. Sie ergänzen insbesondere das Portfolio der Versorger E.ON und RWE gut. Im zweiten Energieszenario beträgt der EE-Anteil 39 bis 58 %; zudem steigen die Energieträgerpreise stark an. Unter diesen Rahmenbedingungen kann die Investition der zwei Speicheranlagen auf das Jahr 2020 vorgezogen werden und eine weitere kann 2030 erfolgen, so dass insgesamt Einheiten mit einer akkumulierten Leistung von 3.200 MW zugebaut würden. Hierbei handelt es sich um Speicher mit einem Volumen von zehn Stunden.

Bei anderen Speichertechnologien ist die Annuität der Investition höher. Zudem fallen die vermiedenen Einsatzkosten verglichen mit Pumpspeichern geringer aus, da höhere Umwandlungsverluste auftreten. Die Modellrechnungen zeigen, dass die Annuität für zusätzliche (adiabate) Druckluftspeicher im Portfolio eines Versorgers nur im Energieszenario S2 und nur im Jahr 2030 unter den vermiedenen Kraftwerkseinsatzkosten liegen. Insgesamt können Druckluftspeicher mit einer kumulierten Leistung von

1.600 MW rentabel betrieben werden. Investitionen in andere Technologien sind unter diesen Rahmenbedingungen und für die untersuchten Betreibermodelle ökonomisch nicht sinnvoll[13].

---

[13] Aus den Analysen kann – aufgrund der Systemgrenzen des Modells – nicht geschlossen werden, dass es keine Geschäftsmodelle für die Verwendung von Energiespeichern bspw. im Verteilnetz gibt.

7 Schlussfolgerungen und Ausblick

7.1 Schlussfolgerungen aus den Analysen und Modellrechnungen

Das vorrangige Ziel dieser Arbeit besteht darin, den Bedarf und die Wirtschaftlichkeit von Energiespeichern im deutschen Stromversorgungssystem bis zum Jahr 2030 ohne Netzrestriktionen zu untersuchen. Aufgrund der Komplexität der Fragestellung mit seiner Vielzahl von Einflussgrößen wird hierzu ein modellgestützter Ansatz gewählt, wobei vorbereitend die Struktur der zukünftigen residualen Last analysiert wird, da sie die zentrale Eingangsgröße im Modell darstellt. Die wesentlichen Schlussfolgerungen dieser Analysen und der Modellrechnungen werden im Folgenden zusammengefasst erläutert.

Eine zunehmende Penetration des Elektrizitätssystems mit fluktuierenden Erzeugung aus erneuerbaren Energien verändert die Struktur der residualen Last signifikant. So steigen bspw. die Amplituden der stündlichen Änderungsraten verglichen mit 2009 um bis zu 59 %. Aus Fourieranalysen der residualen Last lässt sich schlussfolgern, dass die Schwankungen der Residuallast sich hin zu höheren Frequenzen verlagern. Diese Veränderungen betreffen die steuerbare Seite des Stromangebots stark, da sie – ohne weitere Eingriffe in die Nachfrage – diese schwankende residuale Last decken muss. Aufgrund technischer Vorgaben können thermische Kraftwerke nicht beliebig vielen Laständerungen pro Zeitintervall folgen. So verhindern beispielsweise lange Mindeststillstandszeiten ein schnelles Wiederanfahren eines thermischen Kraftwerks.

Eine zentrale Erkenntnis der Modellierung ist, dass es wirtschaftlich nicht sinnvoll ist, jede überschüssige Kilowattstunde erneuerbaren Strom durch den Zubau von Energiespeichern zu integrieren. Um alle Spitzen der überschüssigen Leistung zu integrieren, wären Speicherinvestitionen mit einer kumulierten Leistung von bis zu 35 GW erforderlich. Die Auslastung dieser Anlagen wäre allerdings äußerst gering. Verbunden mit der Kapitalintensität von Speichern führt dies einem unrentablen Betrieb. Aus wirtschaftlichen Gründen ist es daher sinnvoller, die Spitzen der überschüssigen Leistung verloren gehen zu lassen.

Aufgrund der zunehmenden Fluktuationen der Residuallast nimmt auch die Volatilität der Spotmarktpreise zu. Die jährlichen Deckungsbeiträge, die ein neuer Marktakteur durch Ausnutzung der Strompreisschwankungen mit einem Speicher daraus erzielen kann, liegen jedoch bis auf eine Ausnahme – Pumpspeicher im Szenario S2 und im Jahr 2030 – unter der Annuität einer Speicherinvestition. Andererseits zeigen die Modellrechnungen, dass die Flexibilität thermischer Kraftwerke spätestens nach 2020 an ihre Grenzen stößt und deswegen zusätzlicher überschüssiger Strom entsteht. Aus Sicht von Energieversorgern mit einem eigenen Erzeugungsportfolio ergeben sich daraus für den Betrieb von Energiespeichern zusätzliche Anwendungsmöglichkeiten, mit denen sich deren Wirtschaftlichkeit verbessern lässt. Mithilfe von Speichern kann der Versorger Ab- und Wiederanfahrvorgänge und den Teillastbetrieb von thermischen Kraftwerken vermeiden, wodurch die Einsatzkosten des Erzeugungsportfolios sinken.

Ein Flexibilitätsbedarf besteht vor allem im Stunden- und Tagesbereich. Wirtschaftlich sind unter den getroffenen Annahmen jedoch nur Investitionen in Pumpspeicher (bis zu 3,2 GW bis 2030) oder begrenzt in adiabate Druckluftspeicher (bis zu 1,6 GW bis 2030) bei einer Kapazität von jeweils zehn Stunden. Der Einsatz anderer Technologien ist – zu den angesetzten Investitionen – nicht rentabel. Das Gegenargument der ausgeschöpften Potenziale für Pumpspeicher muss unter diesen Voraussetzungen nochmals kritisch geprüft werden: In Steffen (2012) wird bspw. angemerkt, dass eher Unsicherheiten bzgl. der Finanzierung und der Wirtschaftlichkeit dazu geführt haben, dass seit den 1990er Jahren keine Pumpspeicher mehr in Deutschland gebaut wurden. Untersuchungen des Autors zufolge sind im nächsten Jahrzehnt Neubauprojekte mit bis zu 4,7 GW Leistung möglich. Selbst bei einer Realisierung von Atdorf – dem derzeit größten deutschen Pumpspeicherprojekt – könnten immer noch 3,3 GW zugebaut werden. Dies erschwert allerdings die ohnehin unsicheren Marktbedingungen für neue Speichertechnologien weiter.

Sichtbar wird dieser moderate Speicherbedarf bei der Modellierung erst durch die hohe zeitliche Auflösung von 8.760 Stunden pro Jahr und durch die genaue Abbildung des Kraftwerks- und Speichereinsatzes mithilfe von Methoden der gemischt-ganzzahligen linearen Optimierung. Vernachlässigt man die entsprechenden technischen Restriktionen, um das Optimierungsproblem auf ein rein lineares zu reduzieren, werden die Einsatzkosten um bis zu 720 Mio. € pro Jahr unterschätzt[1]. Dies ist eine mögliche Erklärung dafür, warum andere Studien einen geringeren Speicherbedarf prognostizieren[2]. Eine wichtige Schlussfolgerung dieser Arbeit ist daher, dass die negativen Auswirkungen verstärkter Einspeisung aus fluktuierenden erneuerbaren Energien und damit die Vorteile von Energiespeichern mit einer vereinfachten Modellierung des Kraftwerkseinsatzes stark unterschätzt werden. Fundierte Analysen zum zukünftigen Speicherbedarf erfordern eine adäquate Abbildung der Flexibilitätsgrenzen steuerbarer Stromerzeugungseinheiten.

Für den Wochen- und Monatsbereich lässt sich aus den Modellrechnungen kein Speicherbedarf ableiten, da die saisonalen Preisschwankungen nicht ausreichend hoch ausfallen und im Erzeugungsportfolio von Versorgern kein Bedarf an einer derart langen Zwischenspeicherung der Stromproduktion besteht. Ein Wasserstoffspeicher, der nur zur Rückverstromung

---

[1]Dies entspricht bis zu 4,3 % der gesamten Einsatzkosten.
[2]Pfluger und Wietschel (2012) erwarten bspw. keinen Zubau zwischen 2020 und 2030, Schlesinger et al. (2010) erwarten keinen Zubau zwischen 2020 und 2050.

eingesetzt wird, ist daher nur sehr schwach ausgelastet und erzielt kaum Erlöse. Hier ist zu prüfen, ob durch eine direkte Verwendung des Wasserstoffs im Verkehrssektor oder in industriellen Prozessen die Wirtschaftlichkeit des Systems verbessert werden kann.

Variationsrechnungen bezüglich des Wetterjahrs zeigen außerdem, dass größere Mengen Solarstrom höhere Überschussleistungen erzeugen als größere Mengen Windstrom, da bei letzterer Technologie gleichzeitige Produktionsspitzen in ganz Deutschland seltener sind. Aus weiteren Variationsrechnungen bezüglich der Energieträgerpreise und des EE-Anteils lässt sich schlussfolgern, dass die zunehmenden Fluktuationen der wesentliche Treiber für die Auslastung der Ladeeinheit von Energiespeichern sind. Hingegen steigt die Auslastung der Entladeeinheit, wenn das Niveau der Strompreise steigt – bspw. verursacht durch steigende Brennstoffpreise. Das Phänomen des überschüssigen Kraftwerksstroms zeigt, dass vor allem ein Bedarf an einer flexiblen Last besteht und weniger an einem flexiblen Angebot.

7.2 Kritische Würdigung des verwendeten Modells

Das im Rahmen dieser Arbeit entwickelte Modell ist grundsätzlich ein agentenbasiertes Simulationsmodell, wobei innerhalb der einzelnen Simulationsschritte Verfahren der gemischt-ganzzahligen linearen Optimierung angewendet werden. Wie bereits in den Abschnitten 5.8.4 und 5.8.5 diskutiert und gezeigt wurde, eignet sich ein solcher Ansatz besonders, um sowohl das Marktgeschehen als auch die technischen Restriktionen des Kraftwerks- und Speichereinsatzes gut abzubilden. Wird das Modell im reinen Simulationsmodus oder im reinen Optimierungsmodus betrieben, ist die Übereinstimmung zwischen den modellierten und den historischen Markt- bzw. Kraftwerkseinsatzdaten geringer. Somit weist das in dieser Arbeit entwickelte Modell deutliche Vorteile auf. Im Folgenden werden die Grenzen der Aussagefähigkeit des Modells aufgezeigt und diskutiert. Hierzu wird auf die Aspekte des Modells eingegangen, die vereinfacht abgebildet sind.

Die genaue Abbildung des Kraftwerkseinsatzes und der Einsatzkosten ist von zentraler Bedeutung für die Bewertung von Energiespeichern. Durch die Verwendung von Optimierungsmethoden können die wichtigsten technischen und ökonomischen Nebenbedingungen hinreichend genau abgebildet werden. Jedoch sind einzelne Restriktionen vereinfacht integriert, um Nichtlinearitäten im Optimierungsproblem zu vermeiden. Dies betrifft vor allem die Kosten für den Teillastbetrieb und die Anfahrkosten. Der Wirkungsgrad eines Kraftwerks ist abhängig von seinem Betriebspunkt. In der Literatur wird i. d. R. ein Wert für den Wirkungsgrad am minimalen und maximalen Betriebspunkt angegeben. Der Verlauf zwischen diesen Punkten ist abhängig von der Anlage, allerdings werden die Verluste eines Teillastbetriebs unterschätzt, wenn – wie im vorliegenden Fall – ein linearer Verlauf zugrunde gelegt wird[3]. Die Anfahrkosten einer thermischen Anlage steigen (bis zu einem gewissen Punkt) mit der Stillstandzeit an, da das Kraftwerk abkühlt. Die Abkühlungsfunktion hat einen exponentiellen Verlauf und kann zur Vereinfachung bspw. linearisiert (vgl. Arroyo und Conejo, 2004) oder in mehrere konstante Bereiche unterteilt werden, um bspw. einen Kalt- von einem Warmstart zu unterscheiden. Im Modell sind die Anfahrkosten auf letztere Weise abgebildet. Die Kosten für den Einsatz von Kraftwerken und somit auch die Vorteile von Energiespeichern werden dadurch tendenziell unterschätzt, da sich diese zur Vermeidung dieser Kosten eignen.

Regional ist das Modell auf das deutsche Marktgebiet beschränkt. Stündliche, historische Austauschsalden mit angrenzenden Ländern sind hinterlegt, jedoch kann keine Aussage darüber getroffen werden, inwieweit sich diese durch den Netzausbau zu den Nachbarstaaten verändern. Grundsätz-

---

[3]Dennoch stellt die lineare Abhängigkeit eine Verbesserung gegenüber Arbeiten dar, in denen der Wirkungsgrad konstant über alle Betriebspunkte einer Anlage ist (vgl. Sensfuß, 2008; Genoese, 2010).

lich ist zu erwarten, dass sich die wetterabhängigen Schwankungen der Stromerzeugung aus Wind- und Solarenergie über einen größeren Raum besser ausgleichen. So ist bspw. eine gleichzeitige Windflaute in Mittel- und Südeuropa höchst unwahrscheinlich. Pfluger und Wietschel (2012) erwarten daher bei einem ausreichenden Ausbau des europäischen Übertragungsnetzes keinen Zubau von Energiespeichern zwischen 2020 und 2030. Der zugrundeliegende Modellierungsansatz unterscheidet sich jedoch grundlegend von dem hier verwendeten, da keine technischen Grenzen der Flexibilität von thermischen Kraftwerken abgebildet sind. Wie die Modellrechnungen dieser Arbeit zeigen, ist der wesentliche Treiber für den Speicherbedarf im Stunden- und Tagesbereich aber gerade die Inflexibilität von thermischen Kraftwerken.

Ein weiterer, im Modell vereinfacht abgebildeter Aspekt ist die Stromnachfrage. Die Nachfrage von Energiespeichern ist in der entwickelten Modellversion zwar preiselastisch, d. h. die Marktakteure setzen Preislimits auf ihre Spotmarkt-Gebote, so dass sichergestellt ist, dass Elektrizität zum Laden des Speichers nur bis zu einem gewissen Preis zugekauft wird. Der wesentlich größere Teil der Nachfrage ist jedoch weiterhin völlig preisinelastisch, d. h. sie muss zu einem beliebigen Preis erfüllt werden. Wietschel (1995) schätzt die kurz- und langfriste Preiselastizität als gering ein. Im Haushaltsbereich ist aktuell ohnehin keine Elastizität zu erwarten, da ein Großteil der Stromtarife zeitinvariabel ist. Durch den verstärkten Einsatz von Smart Metern und einer Weitergabe von Preissignalen an die Verbraucher könnte sich eine gewisse Preiselastizität einstellen. Pilotprojekte zur Messung dieser Elastizität und zur Steuerung der Verbraucherlast sind Teil der gegenwärtigen Forschung (vgl. Hirsch et al., 2010).

Bei den Diskussionen über die Systemintegration von erneuerbaren Energien steht nicht nur die Variabilität der Erzeugung und deren begrenzte Prognosegenauigkeit im Fokus sondern auch das Problem des Transports und der Verteilung. Stromangebot und -nachfrage müssen sich nicht nur zeitlich sondern auch räumlich im Gleichgewicht befinden. Hierzu sind zukünftig verstärkt Investitionen in die Infrastruktur notwendig, um Netzengpässe zu vermeiden. Im Modellansatz dieser Arbeit wird vereinfachend davon ausgegangen, dass das Netz ausreichend ausgebaut wird und keine Netzengpässe vorliegen. Der Speicherbedarf wird damit tendenziell unterschätzt, da im Falle von Netzengpässen zusätzliche überschüssige Strommengen entstehen, die die Auslastung und damit die Wirtschaftlichkeit eines Energiespeichers erhöhen.

7.3 Ausblick

Ausgehend von den Punkten, die in der kritischen Würdigung diskutiert wurden, bieten sich verschiedene methodische Weiterentwicklungen für das Modell an. Von zentraler Bedeutung erscheint eine räumliche Erweiterung der Systemgrenzen, um die Frage nach dem Einfluss von Stromimund -export auf den Speicherbedarf zu klären. Die Herausforderung hierbei besteht darin, akzeptable Genauigkeiten bei der Abbildung der Flexibilität von Kraftwerken beizubehalten und gleichzeitig die Rechenzeiten eines Modelllaufs in einem vertretbaren Rahmen zu halten. Bei einer blockscharfen Abbildung des europäischen Kraftwerksparks in stündlicher Auflösung für ein ganzes Jahr sind allein knapp 80 Mio. kontinuierliche Entscheidungsvariablen für die Modellierung der Erzeugungsleistung notwendig. Will man den Anfahr- und Betriebszustand mit abbilden, werden weitere 160 Mio. binäre Entscheidungsvariablen benötigt. Selektionen bei den Nebenbedingungen und bei den Kraftwerksblöcken werden damit unvermeidbar sein.

Ein Verbesserungspotenzial besteht zudem im Bereich der Abbildung der Stromnachfrage. Erste Erkenntnisse aus Pilotprojekten im Bereich Smart Metering könnten in die Simulation integriert werden, um die langfristigen Auswirkungen einer preiselastischen Nachfrage zu untersuchen. Der Modellierungsansatz einer agentenbasierten Simulation eignet sich gut, um eine Vielzahl von Haushalten in Form einzelner Agenten abzubilden. Auf der Nachfrageseite könnten darüber hinaus zukünftig Wärmepumpen und die Elektromobilität eine wichtige Rolle spielen, sofern die Ausbauziele der Bundesregierung erreicht werden. Die Ladelast von Elektroautos ist aufgrund der hohen Standzeiten von Automobilien gut verlagerbar und kann daher bei intelligenter Steuerung zur Integration fluktuierender erneuerbarer Energien beitragen. In den Arbeiten von Dallinger und Wietschel (2012) wurden Untersuchungen hierzu durchgeführt. Die Autoren kommen zum Schluss, dass die negative Residuallast im Jahr 2030 durch die Nachfrage von Elektroautos um bis zu 22 % reduziert werden kann. Eine integrierte Betrachtung von stationären Speichern, Elektroautos und Wärmepumpen böte die Möglichkeit des direkten Vergleichs.

Eine Abbildung der Stromnetze erscheint vor allem deswegen notwendig, um untersuchen zu können, ob ein Netzausbau oder ein Zubau von Speichern der effizientere Weg ist, die Systemintegration großer Mengen fluktuierender Erzeugung zu erleichtern. Die methodische Herausforderung besteht darin, mit den Nichtlinearitäten eines Wechselstromnetzes umzugehen (vgl. Lüllmann, 2012). Die Verfügbarkeit der Daten ist je nach Spannungsebene unterschiedlich gut. Tendenziell gilt: je niedriger die Spannungsebene, desto weniger Informationen darüber sind öffentlich verfügbar. Bei der gegenwärtigen Datenlage kommt lediglich eine Abbildung der Übertragungsnetze oder einzelner Verteilnetze in Frage. Im ersten Fall wird man den Netzausbau mit dem Zubau von zentralen Großspeichern vergleichen, im zweiten Fall lautet die Fragestellung, wie Netzverstärkungen mit der Installation kleinerer, dezentraler Speicher konkurrieren.

Wie die Analysen gezeigt haben, können Speichertechnologien mit einem niedrigen Strom-zu-Strom-Wirkungsgrad selbst bei großen Mengen fluktuierender Erzeugung nicht am Markt bestehen. Stoffliche Speicher wie Wasserstoff oder synthetisches Methan werden durch diese strikte Begrenzung auf den Stromsektor allerdings wesentlich benachteiligt. Eine abschließende Analyse zur Wirtschaftlichkeit dieser Speichertechnologien ist daher erst durch eine Erweiterung der Systemgrenzen möglich. Es bietet sich bspw.

an, den Verkehrssektor ins Modell zu integrieren. Der erzeugte Wasserstoff könnte dann auch als Energieträger für Brennstoffzellenfahrzeuge dienen und dadurch die Wirtschaftlichkeit eines Wasserstoffspeicher-Systems erheblich verbessern.

8 Zusammenfassung

Der Ausbau erneuerbarer Energien ist sowohl auf europäischer Ebene als auch auf Bundesebene ein erklärtes Ziel der Energiepolitik. Der Stromsektor bietet aufgrund seiner großen Ausbaupotenziale die Möglichkeit, den wichtigsten Beitrag zur Erreichung dieses Ziels zu leisten. Innerhalb dieses Sektors wird die Stromerzeugung aus Wind- und Solarenergie eine tragende Rolle spielen. Da diese Stromproduktion nicht steuerbar sondern dargebotsabhängig ist, stellt die Systemintegration großer Mengen fluktuierender Erzeugung eine Herausforderung für das zukünftige Elektrizitätssystem dar. Energiespeicher können grundsätzlich die Systemintegration erleichtern, da sie Stromangebot und -nachfrage zeitlich entkoppeln.

Das Ziel dieser Arbeit ist es, den Bedarf und die Wirtschaftlichkeit von Energiespeichern im deutschen Stromversorgungssystem bis 2030 zu untersuchen. Um die Auswirkungen der zunehmend fluktuierenden Einspeisung aus erneuerbaren Energien sichtbar zu machen, ist eine zeitlich hoch aufgelöste Abbildung des Elektrizitätssystems erforderlich. Den Ausgangspunkt dieser Analyse bildet ein Überblick über die technischen und wirtschaftlichen Eigenschaften ausgewählter Speichertechnologien. Untersucht werden Technologien, die sich bereits heute oder mittelfristig für großtechnische Anwendungen in der Leistungsklasse einiger Megawatt eignen. Vergleichsrechnungen zeigen, dass Pumpspeicher sowohl für einen Tages- als auch einen Wochenzyklus die niedrigsten Vollkosten pro umgesetzter Kilowattstunde aufweisen. Bei einem täglichen Anwendungszyklus, der beispielsweise für die Verlagerung von Wind- und PV-Strom innerhalb eines Tages üblich ist, folgen mit einem Abstand von mindestens zwei Cent pro Kilowattstunde adiabate Druckluftspeicher. Der Aufpreis für dezentrale

Speicher beträgt mindestens vier Cent pro Kilowattstunde. Bei einer Wochenspeicherung, die z. B. dazu dient, längere Windflauten zu überbrücken, treten Wasserstoffspeicher aufgrund der ihrer überlegenen volumetrischen Energiedichte mit Pump- und Druckluftspeichern in Konkurrenz. Die Vollkosten pro umgesetzer Kilowattstunde liegen hier allesamt in der Größenordnung von mindestens zehn Cent pro Kilowattstunde. Zum Vergleich: Im Jahr 2011 betrug der mittlere Preis an der Strombörse EPEX 5,1 ct/kWh.

Eine Analyse der maximal möglichen jährlichen Deckungsbeiträge, die in den Jahren 2008 bis 2011 durch Ausnutzen der Preisschwankungen am Spotmarkt der Strombörse EPEX erzielt werden konnten, zeigt, dass diese Deckungsbeiträge bis auf einen Fall unter der jeweiligen Annuität der Speicherinvestition liegen – die einzige Ausnahme bilden Pumpspeicher im Jahr 2008. Neue Energiespeicher können unter den heutigen Bedingungen nicht am Markt bestehen. Dies liegt u. a. daran, dass der Ausbau der Photovoltaik die Spitzen der Residuallast und damit die Preisspitzen zur Mittagszeit reduziert hat, wodurch die Preisdifferenz zwischen dem täglichen Minimum und Maximum gesunken ist. Weiterhin hat die Erschließung großer, unkonventioneller Gasvorkommen in den USA dazu geführt, dass dort zunehmend Erdgas statt Steinkohle zur Gewinnung von Strom verwendet wird, wodurch der globale Steinkohlepreis gesunken ist – mit entsprechenden Auswirkungen auf die Börsenstrompreise in Deutschland.

Um die zukünftigen Marktbedingungen zu untersuchen, wird aufgrund der Vielzahl von Einflussparametern ein modellgestützter Ansatz gewählt. Zunächst werden bestehende Modellierungsansätze auf ihre Stärken und Schwächen hin untersucht. In der Energiewirtschaft haben sich für Fragestellungen, bei denen eine Bewertung von Energietechnologien im Vordergrund steht, technologisch orientierte Bottom-up-Modelle durchgesetzt. In dieser Klasse unterscheidet man i. A. zwischen Simulations- und Optimierungsmodellen. Im ersten Fall wird die zeitliche Entwicklung eines Systems simuliert, im zweiten Fall unter Vorgabe bestimmter Nebenbedingungen und einer Zielfunktion der optimale Zustand des Systems berechnet. Optimierungsmodelle eignen sich sehr gut, um technische Restriktionen bspw. beim Kraftwerkseinsatz abzubilden. Neuere Arbeiten zu agentenbasierten Simulationsmodellen haben unter Beweis gestellt, dass sich das Marktgeschehen des liberalisierten Stromsektors hiermit leichter abbilden lässt als mit Optimierungsmodellen. Für die vorliegende Arbeit wird ein neuartiger Ansatz gewählt, indem die beiden Ansätze kombiniert werden: Als Basis dient ein agentenbasiertes Simulationsmodell des deutschen Strommarktes, wobei die Entscheidungsregeln zentraler Simulationsschritte durch Optimierungsprobleme ersetzt werden. Dies betrifft insbesondere den Kraftwerkseinsatz bei gegebener Stromnachfrage, der als lineares, gemischt-ganzzahliges Optimierungsproblem dargestellt werden kann. Das Problem wird um Nebenbedingungen erweitert, die den Einsatz von Energiespeichern beschreiben; zudem werden erstmals Restriktionen zur Vorhaltung positiver und negativer Regelleistung eingeführt. Eine Validierung des neu entwickelten Modells anhand historischer Preisdaten der Strombörse EPEX der Jahre 2009 und 2010 zeigt eine siebzigprozentige Korrelation zwischen den simulierten und historischen Preisen. Wird das Modell im reinen Optimierungsmodus, d. h. ohne die Simulation verschiedener Marktakteure betrieben, beträgt die Korrelation lediglich 38 %. Die Validierungsergebnisse zur Struktur der Stromerzeugung sind ebenfalls gut, wobei die erzeugte Strommenge aus Erdgaskraftwerken leicht unter- und die aus Kohlekraftwerken leicht überschätzt wird. Vergleicht man die Ergebnisse des reinen Simulationsmodells mit dem erweiterten, bei dem die Entscheidungsregeln einzelner Simulationsschritte durch Optimierungsprobleme ersetzt werden, so stellt man fest, dass die Übereinstimmung zwischen den simulierten und den historischen Daten über die Struktur der Stromerzeugung jetzt besser ausfällt. Somit weist das im Rahmen dieser Arbeit entwickelte Modell deutliche Vorteile ggü. bestehenden Ansätzen auf.

Nachdem somit die Grundlagen für eine Modellierung des Stromsystems gelegt worden sind, wird das entwickelte Modell angewendet, um den Bedarf und die Wirtschaftlichkeit von Energiespeichern bis zum Jahr 2030 zu untersuchen. Als Systemgrenze wird der deutsche Strommarkt gewählt, wobei von einem ausreichenden Ausbau der Netze ausgegangen wird, so dass die Effekte von Netzengpässen vernachlässigt werden können. Aus bestehenden Studien werden zwei Szenarien für die Entwicklung zentraler Modelleingangsdaten abgeleitet: Ein moderates Szenario (S1), das auf den Energieszenarien der Bundesregierung basiert, und ein ambitioniertes Szenario (S2), das auf dem Leitszenario des DLR aufbaut. In S1 steigt der EE-Anteil bis 2030 auf knapp 41 %, in S2 hingegen auf rund 58 %. Die Brennstoff- und CO_2-Preise erfahren in S1 nur einen moderaten Anstieg[1], während S2 als Hochpreisszenario einzustufen ist[2].

Aus diesen Annahmen lassen sich Zeitreihen für die residuale Last ableiten. Hierbei handelt es sich um die Nachfragelast, die nach Abzug der Stromerzeugung aus erneuerbaren Energien verbleibt und – ohne weitere Eingriffe in die Last – durch die steuerbaren Erzeuger, d. h. insbesondere durch thermische Kraftwerke und Energiespeicher gedeckt werden muss. Statistische Kennzahlen und eine Fourieranalyse dieser Zeitreihe verdeutlichen die Auswirkungen zunehmender Penetration mit fluktuierender, nicht steuerbarer Erzeugung aus Wind- und Solarkraftanlagen: Verglichen mit den heutigen Werten fallen die Schwankungen der Residuallast stärker aus und treten häufiger auf. Zudem verlagert sich ihre Periodizität hin zu höheren Frequenzen.

Dies erhöht die Volatilität der Spotmarktpreise, was sich positiv auf die Erlöse auswirken kann, die Energiespeicher durch das Ausnutzen von Preisspreizungen erzielen. Berechnungen der pro Jahr maximal erzielbaren Deckungsbeiträge zeigen jedoch, dass diese – mit Ausnahme von Pumpspeichern im Szenario S2 und im Jahr 2030 – nicht über der Annuität einer Speicherinvestition liegen.

---

[1]Der Preis für eine Kilowattstunde Erdgas steigt bspw. von 20,7 (2010) auf 26,9 € (2030).
[2]Beispielhaft steigt hier der Erdgaspreis bis 2030 auf 52,6 €/MWh$_\text{th}$

Die zunehmend fluktuierende Residuallast hat auch Auswirkungen auf den Einsatz konventioneller Kraftwerke, da diese Anlagen nicht beliebig vielen Laständerungen pro Zeitschritt folgen können. Sichtbar werden diese Effekte erst durch die hohe Zeitauflösung von 8.760 Stunden pro Jahr und durch eine gemischt-ganzzahlige Modellierung des Kraftwerks- und Speichereinsatzes. In den Simulationsergebnissen äußert sich dieser Umstand darin, dass nicht nur überschüssiger regenerativer Strom sondern auch überschüssiger Kraftwerksstrom entsteht. Die Flexibilität des Kraftwerksparks stößt an ihre Grenzen – es wäre ökonomisch sinnvoller, das Ab- und Wiederanfahren von Kraftwerken zu vermeiden und Strom zu produzieren, der nicht benötigt wird, als ein Kraftwerk auszuschalten. Die konventionelle Überproduktion erreicht in S2 und im Jahr 2030 Werte von bis zu 3,5 TWh und übertrifft damit die überschüssige EE-Erzeugung (bis zu 1,4 TWh). Die Integration von Reservemärkten in das Modell ist wichtig, um diesen Überschuss zu berechnen, da für die Vorhaltung von Regelleistung zusätzliche Kosten anfallen und die Flexibilität weiter eingeschränkt wird.

Dieser Flexibilitätsbedarf kann von Energiespeichern gedeckt werden. Variationsrechnungen belegen, dass Energieversorger mit einem eigenen Erzeugungsportfolio die Einsatzkosten ihres Kraftwerksparks durch den Einsatz von Energiespeichern signifikant senken können. Wirtschaftlich sinnvoll sind jedoch nur Pumpspeicher-Investitionen von bis zu 2.400 (S1) bzw. 3.200 Megawatt (S2) bei einem Speichervolumen von jeweils zehn Stunden. Zum Vergleich: Aktuell sind in Deutschland Pumpspeicher mit einer Gesamtleistung von 6,7 GW installiert, und ein Projekt mit 1,4 GW Pumpleistung befindet sich in der Planungsphase. Der Markt für zusätzliche adiabate Druckluftspeicher ist kleiner: Rentable Investitionen sind nur in S2 und nur bis zu einer kumulierten Leistung von 1.600 Megawatt möglich. Die wesentlichen Gründe hierfür sind die höhere Investition und der niedrigere Wirkungsgrad. Investitionen in andere Speichertechnologien sind unter den getroffenen Rahmenbedingungen nicht wirtschaftlich. Aus den Simulationsergebnissen lässt sich kein Bedarf an Langzeitspeichern bis zum Jahr 2030 ableiten, da längere Windflauten durch die Produktion thermischer Kraftwerke ausgeglichen werden.

Insgesamt zeigt die zeitlich hoch aufgelöste Analyse, dass die zunehmenden Fluktuationen der residualen Last der zentrale Treiber für eine hohe Auslastung eines Speichers in Laderichtung sind. In Entladerichtung steigt die Auslastung mit steigenden Energieträgerpreisen an. Ein Energiespeicher bietet zwar Flexibilität sowohl im Verbrauch als auch in der Erzeugung, konkurriert aber in der Erzeugungsrichtung mit thermischen Kraftwerken. Der aufgezeigte Speicherbedarf ist daher im Wesentlichen ein Bedarf an flexibler Last, wenn ein Anstieg der Brennstoffpreise ausbleibt.

Anhang

A.1 Verfügbarkeit thermischer Kraftwerke

Für die Simulation des stochastischen Blockausfalls werden die in Tabelle A.1 angegebenen Werte zur durchschnittlichen Verfügbarkeit der verschiedenen Kraftwerkstechnologien (siehe Tabelle 5.9) an Werk- (WT) und Wochenendtagen (WE) verwendet (Quelle: Genoese, 2010, S. 139).

A.2 Liste der im Modell abgebildeten Pumpspeicher

In Tabelle A.2 sind die im Modell abgebildeten Pumpspeicher samt ihrer Parameter aufgeführt. Die Angaben basieren auf den Informationen aus Leonhardt et al. (2009, S. 44), Höflich et al. (2010, S. 157 f.) und Giesecke und Mosonyi (2009, S. 693).

A.3 Stündlicher Kraftwerkseinsatz

In den Abbildungen A.1 und A.2 ist der stündliche Kraftwerkseinsatz dargestellt. Abgebildet ist jeweils das Energieszenario S2 im Simulationsjahr 2030 für unterschiedliche Wetterjahre (2008, 2009).

Tabelle A.1: Durchschnittliche Verfügbarkeit thermischer Kraftwerke

Energieträger	UR	BK	SK	EG/ÖL	EG
Prozess	DW/SW	DT	DT	GT	GuD
Typtag	alle	WT/WE	WT/WE	alle	alle
Verfügbarkeit (%)	99,5	95/94	95/94	94	94

Tabelle A.2: Liste der im Modell abgebildeten Pumpspeicher

Name	Einsp.-leistung (MW)	Aussp.-leistung (MW)	Speicher-volumen (MWh)	Wirk.-grad (%)
Bleiloch	32	80	753	60,1
Häusern	104	144	46.330	70,0
Hohenwarte 1	34	63	795	60,0
Hohenwarte 2	310	320	2.087	76,9
Niederwartha	120	120	591	53,0
Schwarzenbachwerk	20	20	10.504	55,1
Sorpetalsperre	7	10	7.120	60,1
Waldshut	80	80	40.237	65,0
Witznau	220	220	62.684	61,1
Einsiedel	1	1	23	75,0
Erzhausen	230	220	940	74,0
Geesthacht	96	120	600	68,1
Glems	68	90	560	72,9
Goldisthal	1.140	1.060	8.480	79,9
Happurg	126	160	900	72,1
Höllbach 3	1	2	287	75,0
Herdecke	154	153	580	75,0
Langenprozelten	154	168	950	75,0
Leitzachwerk 1	45	49	550	76,0
Leitzachwerk 2	37	49	550	76,0
Markersbach	1.140	1.050	4.018	72,9
Reisach Rabenleite	81	105	630	75,0
Rönkhausen	140	140	690	75,0
Säckingen	301	353	2.064	76,9
Tanzmühle	25	35	404	69,1
Waldeck 1	96	140	478	75,0
Waldeck 2	476	440	3.428	79,9
Wehr	990	980	6.073	76,0
Wendefurth	72	80	523	70,1

Abbildung A.1: Stündlicher Kraftwerkseinsatz aggregiert nach Energieträger für das Wetterjahr 2008 (Energieszenario S2, 2030)

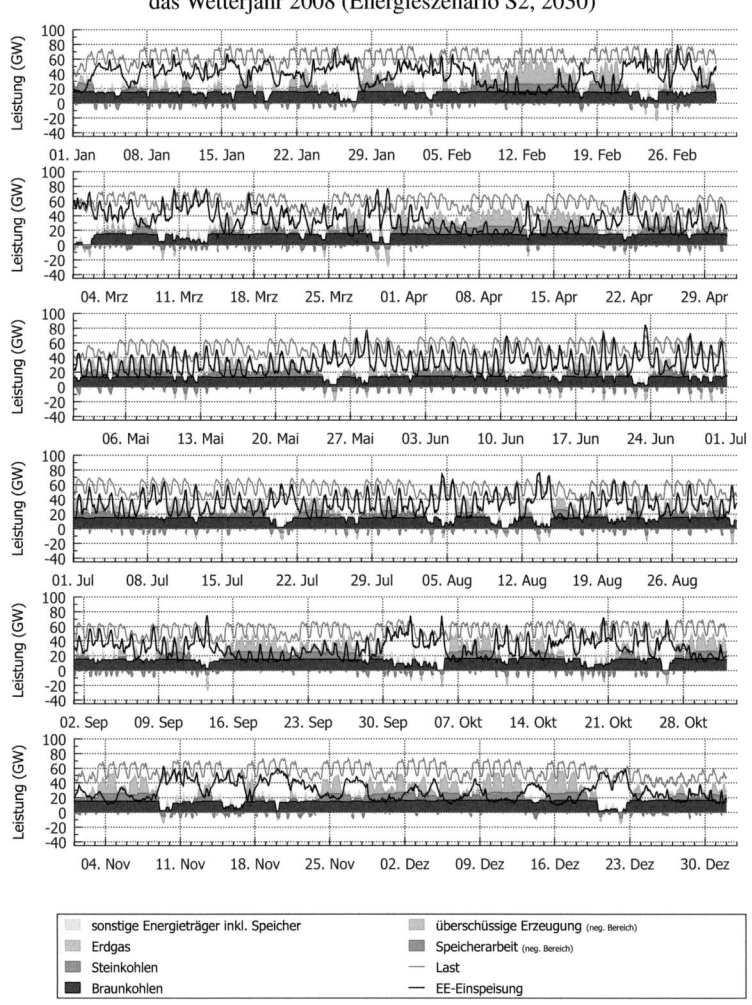

Anhang

Abbildung A.2: Stündlicher Kraftwerkseinsatz aggregiert nach Energieträger für
das Wetterjahr 2009 (Energieszenario S2, 2030)

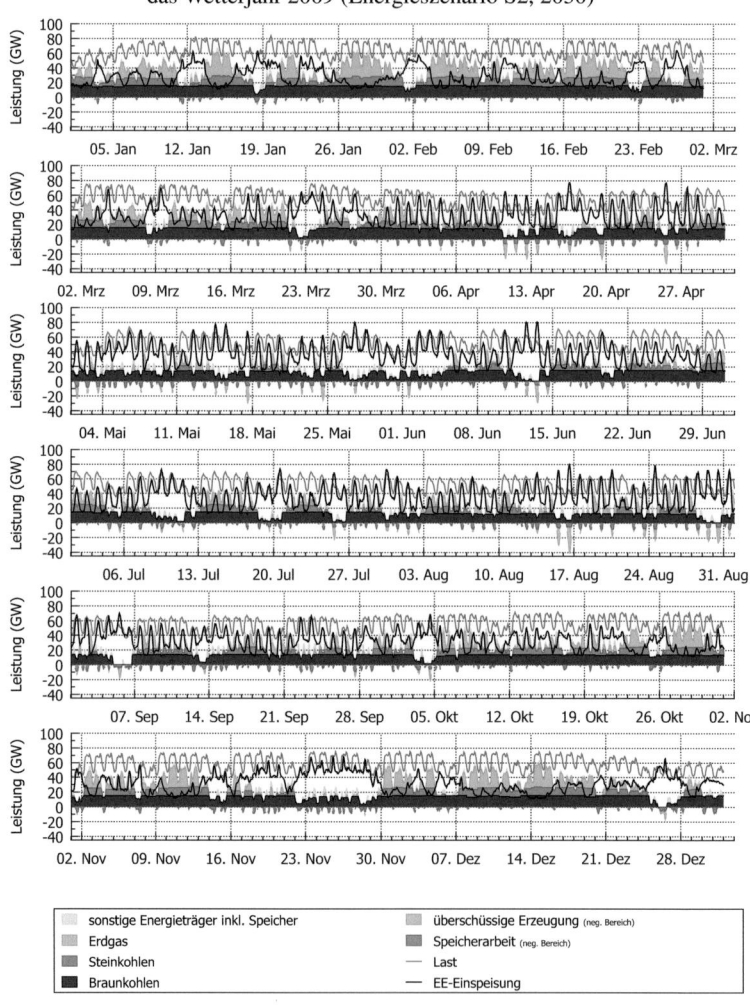

220

Abbildungsverzeichnis

223

Tabellenverzeichnis

Literaturverzeichnis

[Arroyo und Conejo 2000]   Arroyo, J.M. ; Conejo, A.J.: Optimal response of a thermal unit to an electricity spot market. In: *IEEE Transactions on Power Systems* 15 (2000), Nr. 3, S. 1098–1104

[Arroyo und Conejo 2004]   Arroyo, J.M. ; Conejo, A.J.: Modeling of Start-Up and Shut-Down Power Trajectories of Thermal Units. In: *IEEE Transactions on Power Systems* 19 (2004), August, Nr. 3, S. 1562–1568

[BAFA 2012a]   Bundesamt für Wirtschaft und Ausfuhrkontrolle: *1991-2010: Entwicklung der Rohöleinfuhr.* 2012. – URL http://www.bafa.de/bafa/de/energie/mineraloel_rohoel/ausgewaehlte_statistiken/energie_1991_2010_rohoel_entwicklung.xls. – Zugriffsdatum: 13. Januar 2012

[BAFA 2012b]   Bundesamt für Wirtschaft und Ausfuhrkontrolle: *Aufkommen und Export von Erdgas sowie die Entwicklung der Grenzübergangspreise ab 1991.* 2012. – URL http://www.bafa.de/bafa/de/energie/erdgas/ausgewaehlte_statistiken/egasmon.pdf. – Zugriffsdatum: 13. Januar 2012

[BAFA 2012c]   Bundesamt für Wirtschaft und Ausfuhrkontrolle: *Drittlandssteinkohle: Historische Preise von 1980 bis heute.* 2012. – URL http://www.bafa.de/bafa/de/energie/steinkohle/drittlandskohlepreis/energie_steinkohle_statistiken_preise.pdf. – Zugriffsdatum: 13. Januar 2012

[Ball et al. 2007]   Ball, M ; Wietschel, M ; Rentz, O: Integration of a hydrogen economy into the German energy system: an optimising modelling approach. In: *International Journal of Hydrogen Energy* 32 (2007), Juli, Nr. 10-11, S. 1355–1368

[Barth et al. 2004]   BARTH, Rüdiger ; BRAND, Heike ; WEBER, Christoph: Transmission Restrictions and Wind Power Extension – Case Studies for Germany using Stochastic Modelling. In: *European Wind Energy Conference (EWEC)*. London, England, 2004

[BDEW 2010]   BUNDESVERBAND DER ENERGIE- UND WASSERWIRTSCHAFT E. V. (BDEW): *Energiemarkt Deutschland: Zahlen und Fakten zur Gas-, Strom- und Fernwärmeversorgung.* 2010

[BKartA 2011]   BUNDESKARTELLAMT: Sektoruntersuchung Stromerzeugung Stromgroßhandel. Bonn, 2011. – Forschungsbericht

[BlueNext 2012]   BLUENEXT: *Closing prices BlueNext Spot EUA 08-12.* 2012. – URL http://data.bluenext.fr/downloads/20120112_BNS_STATS.csv. – Zugriffsdatum: 12. Januar 2012

[BMU 2011a]   BUNDESMINISTERIUM FÜR UMWELT, NATURSCHUTZ UND REAKTORSICHERHEIT: *Erfahrungsbericht 2011 zum Erneuerbare-Energien-Gesetz (EEG-Erfahrungsbericht): BMU-Entwurf.* 2011

[BMU 2011b]   BUNDESMINISTERIUM FÜR UMWELT, NATURSCHUTZ UND REAKTORSICHERHEIT: *Erneuerbare Energien in Zahlen. Nationale und internationale Entwicklung.* 2011. – URL http://www.bmu.de/files/pdfs/allgemein/application/pdf/broschuere_ee_zahlen_bf.pdf. – Zugriffsdatum: 17. Januar 2012

[BMU 2012]   BUNDESMINISTERIUM FÜR UMWELT, NATURSCHUTZ UND REAKTORSICHERHEIT: *Bundeskabinett beschließt Absenkung der Managementprämie im EEG.* Pressemitteilung Nr. 113/12 vom 29. August 2012. 2012. – URL http://www.bmu.de/pressemitteilungen/aktuelle_pressemitteilungen/pm/49080.php. – Zugriffsdatum: 02. Oktober 2012

[BNetzA 2006] BUNDESNETZAGENTUR FÜR ELEKTRIZITÄT, GAS, TELEKOMMU-
NIKATION, POST UND EISENBAHNEN: *Festlegung zur Ausschreibung von Regelenergie in Gestalt der Minutenreserve.* Beschluss im Verwaltungsverfahren BK6-06-012. 2006

[BNetzA 2007a] BUNDESNETZAGENTUR FÜR ELEKTRIZITÄT, GAS, TELEKOM-
MUNIKATION, POST UND EISENBAHNEN: *Festlegung zur Ausschreibung von
Regelenergie in Gestalt der Primärreserve.* Beschluss im Verwaltungs-
verfahren BK6-07-065. 2007

[BNetzA 2007b] BUNDESNETZAGENTUR FÜR ELEKTRIZITÄT, GAS, TELEKOM-
MUNIKATION, POST UND EISENBAHNEN: *Festlegung zur Ausschreibung von
Regelenergie in Gestalt der Sekundärreserve.* Beschluss im Verwaltungs-
verfahren BK6-07-066. 2007

[BNetzA 2009a] BUNDESNETZAGENTUR FÜR ELEKTRIZITÄT, GAS, TELEKOM-
MUNIKATION, POST UND EISENBAHNEN: EEG-Statistikbericht 2007. Bonn,
2009. – Forschungsbericht

[BNetzA 2009b] BUNDESNETZAGENTUR FÜR ELEKTRIZITÄT, GAS, TELEKOM-
MUNIKATION, POST UND EISENBAHNEN: *Festlegung zum Bilanzkreis für Energie nach dem Erneuerbare-Energien-Gesetz.* Beschluss im Verwaltungsverfahren BK6-08-226. 2009

[BNetzA 2010a] BUNDESNETZAGENTUR FÜR ELEKTRIZITÄT, GAS, TELEKOM-
MUNIKATION, POST UND EISENBAHNEN: EEG-Statistikbericht 2008. Bonn,
2010. – Forschungsbericht

[BNetzA 2010b] BUNDESNETZAGENTUR FÜR ELEKTRIZITÄT, GAS, TELEKOM-
MUNIKATION, POST UND EISENBAHNEN: *Festlegung zu den Ausschreibungsbedingungen und Veröffentlichungspflichten für Minutenreserve.* Beschluss im Verwaltungsverfahren BK6-10-099. 2010

[BNetzA 2010c] BUNDESNETZAGENTUR FÜR ELEKTRIZITÄT, GAS, TELEKOM-
MUNIKATION, POST UND EISENBAHNEN: *Festlegung zu den Ausschrei-*

bungsbedingungen und Veröffentlichungspflichten für Primärregelleistung. Beschluss im Verwaltungsverfahren BK6-10-097. 2010

[BNetzA 2010d] BUNDESNETZAGENTUR FÜR ELEKTRIZITÄT, GAS, TELEKOM-MUNIKATION, POST UND EISENBAHNEN: *Festlegung zu den Ausschreibungsbedingungen und Veröffentlichungspflichten für Sekundärregelleistung.* Beschluss im Verwaltungsverfahren BK6-10-098. 2010

[BNetzA 2011a] BUNDESNETZAGENTUR FÜR ELEKTRIZITÄT, GAS, TELEKOM-MUNIKATION, POST UND EISENBAHNEN: EEG-Statistikbericht 2009. Bonn, 2011. – Forschungsbericht

[BNetzA 2011b] BUNDESNETZAGENTUR FÜR ELEKTRIZITÄT, GAS, TELE-KOMMUNIKATION, POST UND EISENBAHNEN: *Kraftwerksliste der Bundesnetzagentur.* 2011. – URL http://www.bundesnetzagentur. de/DE/Sachgebiete/ElektrizitaetGas/Sonderthemen/ Kraftwerksliste/VeroeffKraftwerksliste_Basepage.html. – Zugriffsdatum: 10. Oktober 2011

[BNetzA 2011c] BUNDESNETZAGENTUR FÜR ELEKTRIZITÄT, GAS, TELE-KOMMUNIKATION, POST UND EISENBAHNEN: *Veröffentlichung Zu- und Rückbau.* 2011. – URL http://www.bundesnetzagentur. de/DE/Sachgebiete/ElektrizitaetGas/Sonderthemen/ Kraftwerksliste/VeroeffKraftwerksliste_node.html. – Zugriffsdatum: 10. Oktober 2011

[BNetzA 2012] BUNDESNETZAGENTUR FÜR ELEKTRIZITÄT, GAS, TELEKOMMUNIKATION, POST UND EISENBAHNEN: *EEG-Vergütungssätze für Photovoltaikanlagen: Datenmeldungen.* 2012. – URL http://www.bundesnetzagentur. de/cln_1931/DE/Sachgebiete/ElektrizitaetGas/ ErneuerbareEnergienGesetz/VerguetungssaetzePVAnlagen/ VerguetungssaetzePhotovoltaik_node.html. – Zugriffsdatum: 28. Februar 2012

[Brachvogel 2011]   BRACHVOGEL, Frank: *BDEW-Musterhaushalt für Strom 2011: 46 Prozent des Strompreises sind Steuern und Abgaben.*   Pressemitteilung des Bundesverbands der Energie- und Wasserwirtschaft e. V. (BDEW).   2011. – URL http://bdew.de/internet.nsf/id/DE_20100311_PM_46_Prozent_des_Strompreises_sind_Steuern_und_Abgaben. – Zugriffsdatum: 08. März 2012

[Brigham 1988]   BRIGHAM, E.: *Fast Fourier Transform and Its Applications.* Prentice Hall, 1988. – 448 S

[Bund 2010]   BUNDESREGIERUNG DER BUNDESREPUBLIK DEUTSCHLAND ; BUNDESMINISTERIUM FÜR WIRTSCHAFT UND TECHNOLOGIE (BMWI), BUNDESMINISTERIUM FÜR UMWELT, NATURSCHUTZ UND REAKTORSICHERHEIT (BMU) (Hrsg.): *Energiekonzept für eine umweltschonende, zuverlässige und bezahlbare Energieversorgung.* September 2010

[Bund 2012]   BUNDESREGIERUNG DER BUNDESREPUBLIK DEUTSCHLAND: *Nationaler Aktionsplan für erneuerbare Energie gemäß der Richtlinie 2009/28/EG zur Förderung der Nutzung von Energie aus erneuerbaren Quellen.* 2012. – URL http://ec.europa.eu/energy/renewables/transparency_platform/doc/national_renewable_energy_action_plan_germany_de.pdf. – Zugriffsdatum: 16. Januar 2012

[Carrion und Arroyo 2006]   CARRION, M. ; ARROYO, J.M.: A Computationally Efficient Mixed-Integer Linear Formulation for the Thermal Unit Commitment Problem. In: *IEEE Transactions on Power Systems* 21 (2006), August, Nr. 3, S. 1371–1378

[Castronuovo und Lopes 2004]   CASTRONUOVO, Edgardo D. ; LOPES, João A. P.: Optimal operation and hydro storage sizing of a wind–hydro power plant. In: *International Journal of Electrical Power & Energy Systems* 26 (2004), Dezember, Nr. 10, S. 771–778

[Cavallo 2001]   CAVALLO, Alfred J.: Energy storage technologies for utility scale intermittent renewable energy systems. In: *Solar Energy Engineering* 123 (2001), November, Nr. 4, S. 387–389

[Chen et al. 2009]   CHEN, Haisheng ; CONG, Thang N. ; YANG, Wei ; TAN, Chunqing ; LI, Yongliang ; DING, Yulong: Progress in electrical energy storage system: A critical review. In: *Progress in Natural Science* 19 (2009), März, Nr. 3, S. 291–312

[Connolly et al. 2011]   CONNOLLY, D. ; LUND, H. ; FINN, P. ; MATHIESEN, B.V. ; LEAHY, M.: Practical operation strategies for pumped hydroelectric energy storage (PHES) utilising electricity price arbitrage. In: *Energy Policy* 39 (2011), Juli, Nr. 7, S. 4189–4196

[Connolly et al. 2010]   CONNOLLY, D. ; LUND, H. ; MATHIESEN, B.V. ; LEAHY, M.: A review of computer tools for analysing the integration of renewable energy into various energy systems. In: *Applied Energy* 87 (2010), April, Nr. 4, S. 1059–1082

[Connolly et al. 2012]   CONNOLLY, D. ; LUND, H. ; MATHIESEN, B.V. ; PICAN, E. ; LEAHY, M.: The technical and economic implications of integrating fluctuating renewable energy using energy storage. In: *Renewable Energy* 43 (2012), Juli, S. 47–60

[Cremer 2005]   CREMER, Clemens: *Integrating regional aspects in modelling of electricity generation - the example of CO_2 capture and storage*, Eidgenössische Technische Hochschule Zürich, Disseration, 2005

[Dales 1968]   DALES, J.H.: *Pollution, property and prices: An essay in policy-making and economics*. Toronto : University of Toronto Press, 1968

[Dallinger und Wietschel 2012]   DALLINGER, David ; WIETSCHEL, Martin: Grid integration of intermittent renewable energy sources using priceresponsive plug-in electric vehicles. In: *Renewable and Sustainable Energy Reviews* 16 (2012), Nr. 5, S. 3370–3382

[Deane et al. 2010]   DEANE, J.P. ; Ó GALLACHÓIR, B.P. ; MCKEOGH, E.J.: Techno-economic review of existing and new pumped hydro energy storage plant. In: *Renewable and Sustainable Energy Reviews* 14 (2010), Mai, Nr. 4, S. 1293–1302

[Dell und Rand 2001]   DELL, R ; RAND, D: Energy storage – a key technology for global energy sustainability. In: *Journal of Power Sources* 100 (2001), Nr. 1-2, S. 2–17

[Deutsche Verbundgesellschaft 1991]   DEUTSCHE VERBUNDGESELLSCHAFT: *Das versorgungsgerechte Verhalten thermischer Kraftwerke*. 1991

[Eckroad 2007]   ECKROAD, S.: Vanadium Redox Flow Batteries: An In-Depth Analysis / Electric Power Research Institute (EPRI). Palo Alto, USA, 2007. – Forschungsbericht

[Ellersdorfer 2007]   ELLERSDORFER, Ingo (Hrsg.): *Energiemodelle zu Innovation und moderner Energietechnik*. Berlin : Lit Verlag, 2007. – 269 S

[Ellersdorfer et al. 2008]   ELLERSDORFER, Ingo ; HUNDT, Matthias ; SUN, Ninghong ; Voss, Alfred: Preisbildungsanalyse des deutschen Elektrizitätsmarktes / Institut für Energiewirtschaft und Rationelle Energieanwendung, Universität Stuttgart. Stuttgart, 2008. – Forschungsbericht

[ENTSO-E 2010]   EUROPEAN NETWORK OF TRANSMISSION SYSTEM OPERATORS FOR ELECTRICITY: *Load and consumption data: Specificities of member countries*. 2010. – URL https://www.entsoe.eu/fileadmin/user_upload/_library/publications/ce/Load_and_Consumption_Data.pdf. – Zugriffsdatum: 10. Februar 2010

235

[ENTSO-E 2012] EUROPEAN NETWORK OF TRANSMISSION SYSTEM OPE-
RATORS FOR ELECTRICITY: *Statistical Database*. 2012. – URL
https://www.entsoe.eu/resources/data-portal/. – Zugriffsdatum: 20. Januar 2012

[Enzensberger 2003] ENZENSBERGER, Norbert: *Entwicklung und An-
wendung eines Strom- und Zertifikatmarktmodells für den europäischen
Energiesektor*. Düsseldorf : VDI-Verlag, 2003 (Fortschritt-Berichte
VDI: Reihe 16, Technik und Wirtschaft; 159)

[EU-Kommission 2000] KOMMISSION DER EUROPÄISCHEN GEMEINSCHAFTEN:
*Politische Konzepte und Maßnahmen der EU zur Verringerung der Treib-
hausgasemissionen zu einem Europäischen Programm zur Klimaände-
rung (ECCP)*. Mitteilung der Kommission: KOM/2000/88 endg. 2000

[EU-Kommission 2005] KOMMISSION DER EUROPÄISCHEN GEMEINSCHAFTEN:
Förderung von Strom aus erneuerbaren Energiequellen. Mitteilung der
Kommission: KOM/2005/0627 endg. 2005

[European Energy Exchange 2012] EUROPEAN ENERGY EXCHANGE: *Market
Data: Trading Data: Hour Contracts: Spot Hourly Auction*. 2012. – URL
http://www.eex.com/en/Market%20Data/Trading%20Data/
Power/Hour%20Contracts%20|%20Spot%20Hourly%20Auction. –
Zugriffsdatum: 02. Juli 2012

[European Network of Transmission System Operators for Electricity
2012] EUROPEAN NETWORK OF TRANSMISSION SYSTEM OPERATORS FOR
ELECTRICITY: *Transparency Platform: Cross-Border Commercial Schedu-
les*. 2012. – URL https://www.entsoe.net/data.aspx?IdMenu=2.
– Zugriffsdatum: 01. Februar 2012

[EWI 2012] ENERGIEWIRTSCHAFTLICHEN INSTITUT AN DER UNIVERSITÄT ZU
KÖLN (EWI): *Forschung: Modelle: DIANA*. 2012. – URL http://www.

`ewi.uni-koeln.de/forschung/modelle/diana/`. – Zugriffsdatum: 27. März 2012

[Fahl et al. 2010]   FAHL, Ulrich ; BLESL, Markus ; VOSS, Alfred ; ACHTEN, Patrick ; BRUCHOF, David ; GÖTZ, Birgit ; HUNDT, Matthias ; KEMPE, Stephan ; KOBER, Tom ; KUDER, Ralf ; KÜSTER, Robert ; LAMBAUER, Jochen ; OHL, Michael ; REMME, Uwe ; SUN, Ninghong ; WILLE, Veronika ; WISSEL, Stefan ; ELLERSDORFER, Ingo ; KESICKI, Fabian ; FRONDEL, Manuel ; GRÖSCHE, Peter ; PEISTRUP, Matthias ; RITTER, Nolan ; VANCE, Colin ; ZIMMERMANN, Tobias ; LÖSCHEL, Andreas ; BÜHLER, Georg ; HOFFMANN, Tim ; MENNEL, Tim ; WÖLFLING, Nikolas: Die Entwicklung der Energiemärkte bis 2030: Energieprognose 2009 / Institut für Energiewirtschaft und Rationelle Energieanwendung, Universität Stuttgart. Stuttgart, 2010. – Forschungsbericht

[Farret und Simões 2006]   FARRET, Felix A. ; SIMÕES, M. G.: *Integration of alternative sources of energy*. 1. Hoboken, New Jersey, USA : Wiley–IEEE Press, 2006

[Faulstich et al. 2010]   FAULSTICH, M. ; FOTH, H. ; CALLIESS, C. ; HOHMEYER, O. ; HOLM-MÜLLER, K. ; NIEKISCH, M. ; SCHREURS, M.: 100% erneuerbare Stromversorgung bis 2050: klimaverträglich, sicher, bezahlbar / Sachverständigenrat für Umweltfragen (SRU). Berlin, 2010. – Forschungsbericht

[Federico et al. 2008]   FEDERICO, G. ; VIVES, X. ; FABRA, N.: Competition and Regulation in the Spanish Gas and Electricity Markets / IESE Business School, University of Navarra. Navarra, Spanien, 2008. – Forschungsbericht

[Fichtner 1999]   FICHTNER, Wolf: *Strategische Optionen der Energieversorger zur CO_2-Minderung: ein Energie- und Stoffflussmodell zur Entscheidungsunterstützung*. Berlin : Erich Schmidt Verlag, 1999 (Luftreinhaltung in Forschung und Praxis; 8)

[Fichtner 2004]   FICHTNER, Wolf: *Emissionsrechte, Energie und Produktion – Verknappung der Umweltnutzung und produktionswirtschaftliche Planung*. Berlin : Erich Schmidt Verlag, 2004

[Filippini et al. 2001]   FILIPPINI, M. ; BANFI, S. ; LUCHSINGER, C. ; WILD, J.: Perspektiven für die Wasserkraftwerke in der Schweiz – Langfristige Wettbewerbsfähigkeit und mögliche Verbesserungspotenziale / Centre for Energy Policy and Economics (CEPE), ETH Zürich. Zürich, 2001. – Forschungsbericht

[Fried 2012]   FRIED, Lauha: Global Wind Statistics 2011 / Global Wind Energy Council. Brüssel, Belgien, 2012. – Forschungsbericht

[Frontier Economics Europe 2011]   FRONTIER ECONOMICS EUROPE: Bedeutung von etablierten nationalen Gebotszonen für die Integration des europäischen Strommarkts – ein Ansatz zur wohlfahrtsorientierten Beurteilung. London, Großbritannien, 2011. – Forschungsbericht

[Gatzen 2008]   GATZEN, Christoph: *The Economics of Power Storage – Theory and Empirical Analysis for Central Europe*. München : Oldenbourg Industrieverlag, 2008

[Genoese und Genoese 2010]   GENOESE, F. ; GENOESE, M.: Preisentwicklungen an den deutschen Regelenergiemärkten. In: *Energiewirtschaftliche Tagesfragen* 60 (2010), Nr. 1/2, S. 66–70

[Genoese und Wietschel 2011]   GENOESE, F. ; WIETSCHEL, M.: Großtechnische Stromspeicheroptionen im Vergleich. In: *Energiewirtschaftliche Tagesfragen* 61 (2011), Nr. 6, S. 26–31

[Genoese et al. 2010]   GENOESE, Fabio ; GENOESE, Massimo ; WIETSCHEL, Martin: Occurrence of negative prices on the German spot market for electricity and their influence on balancing power markets. In: *7th International Conference on the European Energy Market*, Institute of Electrical and Electronics Engineers (IEEE), Juni 2010

[Genoese et al. 2012]   GENOESE, Fabio ; GENOESE, Massimo ; WIETSCHEL, Martin: Medium-term Flexibility Options in a Power Plant Portfolio – Energy Storage Units vs. Thermal Units. In: *9th International Conference on the European Energy Market*. Florenz, Italien : Institute of Electrical and Electronics Engineers (IEEE), Mai 2012

[Genoese 2010]   GENOESE, Massimo: *Energiewirtschaftliche Analysen des deutschen Strommarkts mit agentenbasierter Simulation*. Baden-Baden : Nomos Verlagsgesellschaft, 2010

[Giesecke und Mosonyi 2009]   GIESECKE, Jürgen ; MOSONYI, Emil: *Wasserkraftanlagen: Planung, Bau und Betrieb*. 5. Berlin Heidelberg : Springer-Verlag, 2009

[Gonzales et al. 2004]   GONZALES, A. ; Ó GALLACHÓIR, B.P. ; McKEOGH, E.: Study of Electricity Storage Technologies and Their Potential to Address Wind Energy Intermittency in Ireland / Sustainable Energy Research Group, University College Cork. Cork, Irland, 2004. – Forschungsbericht

[Grimm und Zoch 2010]   GRIMM, Nadia ; ZOCH, Immo: Pumpspeicherwerke und ihr Beitrag zum Ausbau erneuerbarer Energien / Deutsche Energieangentur (dena). Berlin, 2010. – Forschungsbericht

[Grimm et al. 2008a]   GRIMM, Veronika ; OCKENFELS, Axel ; ZOETTL, Gregor: Strommarktdesign: Zur Ausgestaltung der Auktionsregeln an der EEX. In: *Zeitschrift für Energiewirtschaft* 32 (2008), September, Nr. 3, S. 147–161

[Grimm et al. 2008b]   GRIMM, Veronika ; OCKENFELS, Axel ; ZÖTTL, Gregor: Ein Vergleich ausgewählter europäischer Strombörsen. In: *Zeitschrift für Energiewirtschaft* 32 (2008), September, Nr. 3, S. 162–170

[Hartel et al. 2010]   HARTEL, R. ; KELES, D. ; GENOESE, M. ; MÖST, D. ; FICHTNER, W.: Optimierter Einsatz von adiabaten und diabaten Druckluftspeichern. In: *11. Symposium EnergieInnovation (EnInnov)*. Graz, Österreich, 2010

[Hartmann et al. 2010]   HARTMANN, N. ; KRUCK, C. ; ELTROP, L.: Elektrische Speichersysteme zur Ausregelung des Prognosefehlers der Windenergie. In: *Energiewirtschaftliche Tagesfragen* 60 (2010), Nr. 9, S. 72–75

[Hasche et al. 2006]   HASCHE, B. ; BARTH, R. ; SWIDER, D. J.: Analyse von Integrationsoptionen verteilter Erzeuger im deutschen Energiesystem / Institut für Energiewirtschaft und Rationelle Energieanwendung, Universität Stuttgart. Stuttgart, 2006. – Forschungsbericht

[Held et al. 2008]   HELD, Anne ; KRAUSE, Heike ; RAGWITZ, Mario: Deriving Cost-Resource Curves for Wind-Onshore Energy in the EU using a Geographical Information System. In: *31st IAEE International Conference*. Istanbul : International Association for Energy Economics (IAEE), 2008

[Held 2011]   HELD, Anne M.: *Modelling the future development of renewable energy technologies in the European electricity sector using agent-based simulation*. Stuttgart : Fraunhofer Verlag, 2011

[Hirsch et al. 2010]   HIRSCH, Christian ; HILLEMACHER, Lutz ; BLOCK, Carsten ; SCHULLER, Alexander ; MÖST, Dominik: Simulations in the Smart Grid Field Study MeRegio. In: *Information Technology (it)* 52 (2010), März, Nr. 2, S. 100–106

[Hittinger et al. 2010]   HITTINGER, Eric ; WHITACRE, J. F. ; APT, Jay: Compensating for wind variability using co-located natural gas generation and energy storage. In: *Energy Systems* 1 (2010), August, Nr. 4, S. 417–439

[Höflich et al. 2010]   HÖFLICH, Bernd ; KREUTZKAMP, Paul ; PEINL, Hannes ; VÖLKER, Jakob ; KÜHNE, Maximilian ; KUHN, Philipp ; TZSCHEUTSCH-

LER, Peter ; HERMES, Roland ; KRAHL, Simon ; MEISA, Kerstin: Analyse der Notwendigkeit des Ausbaus von Pumpspeicherwerken und anderen Stromspeichern zur Integration der erneuerbaren Energien / Deutsche Energieangentur (dena). Berlin, 2010. – Forschungsbericht

[Hundt et al. 2009] HUNDT, M. ; BARTH, R. ; SUN, N. ; WISSEL, S. ; VOSS, A.: Verträglichkeit von erneuerbaren Energien und Kernenergie im Erzeugungsportfolio: Technische und ökonomische Aspekte / Institut für Energiewirtschaft und Rationelle Energieanwendung, Universität Stuttgart. Stuttgart, 2009. – Forschungsbericht

[Hunt 2002] HUNT, Sally: *Making competition work in electricity*. New York, USA : John Wiley & Sons, 2002

[Index Mundi 2012] INDEX MUNDI: *Uranium Monthly Price*. 2012. – URL http://www.indexmundi.com/commodities/?commodity=uranium. – Zugriffsdatum: 09. Januar 2012

[International Energy Agency 2008] INTERNATIONAL ENERGY AGENCY: *World Energy Outlook 2008*. Paris, Frankreich : Organization for Economic Co–operation and Development (OECD), 2008

[International Energy Agency 2010] INTERNATIONAL ENERGY AGENCY: *World Energy Outlook 2010*. Paris, Frankreich : Organization for Economic Co–operation and Development (OECD), 2010

[Jäger et al. 2009] JÄGER, Tobias ; SCHMIDT, Susanne ; KARL, Ute: A System Dynamics model for the German Electricity Market – An analysis of economic and environmental policy related impacts on electricity prices and CO_2 emissions. In: *International Conference on Policy Modeling*. Ottawa, Kanada, 2009

[Kaldellis et al. 2010] KALDELLIS, J.K. ; KAPSALI, M. ; KAVADIAS, K.A.: Energy balance analysis of wind-based pumped hydro storage systems in remote island electrical networks. In: *Applied Energy* 87 (2010), August, Nr. 8, S. 2427–2437

[Kaldellis et al. 2009a] KALDELLIS, J.K. ; ZAFIRAKIS, D. ; KALDELLI, E. ; KAVADIAS, K.: Cost benefit analysis of a photovoltaic-energy storage electrification solution for remote islands. In: *Renewable Energy* 34 (2009), Mai, Nr. 5, S. 1299–1311

[Kaldellis et al. 2009b] KALDELLIS, J.K. ; ZAFIRAKIS, D. ; KAVADIAS, K.: Techno-economic comparison of energy storage systems for island autonomous electrical networks. In: *Renewable and Sustainable Energy Reviews* 13 (2009), Februar, Nr. 2, S. 378–392

[Katrin Berken 2009] KATRIN BERKEN, Richard K.: *Zweite EPEX Spot Börsenratssitung*. Pressemitteilung der EPEX Spot SE vom 7. Dezember 2009. 2009. – URL http://static.epexspot.com/document/ 6951/20091207_EPEX_exchange_council_second_meeting.pdf. – Zugriffsdatum: 12. März 2012

[Katsaprakakis et al. 2008] KATSAPRAKAKIS, Dimitris A. ; CHRISTAKIS, Dimitris G. ; ZERVOS, Arthouros ; PAPANTONIS, Dimitris ; VOUTSINAS, Spiros: Pumped storage systems introduction in isolated power production systems. In: *Renewable Energy* 33 (2008), März, Nr. 3, S. 467–490

[Kirchner und Matthes 2009] KIRCHNER, Almut ; MATTHES, Felix: Modell Deutschland / Prognos AG, Öko-Institut. Basel, Berlin, 2009. – Forschungsbericht

[Klaus et al. 2010] KLAUS, Thomas ; VOLLMER, Carla ; WERNER, Kathrin ; LEHMANN, Harry ; MÜSCHEN, Klaus: Energieziel 2050: 100 % Strom aus erneuerbaren Quellen / Umweltbundesamt. Dessau-Roßlau, 2010. – Forschungsbericht

[Klobasa 2009]   KLOBASA, Marian: *Dynamische Simulation eines Lastmanagements und Integration von Windenergie in ein Elektrizitätsnetz.* Stuttgart : Fraunhofer Verlag, 2009

[Klobasa und Erge 2007]   KLOBASA, Marian ; ERGE, Thomas: Integration von Windenergie in ein zukünftiges Energiesystem unterstützt durch Lastmanagement / Fraunhofer Institut für System- und Innovationsforschung ISI, Fraunhofer Institut für Solare Energieforschung ISE. Karlsruhe, Freiburg, 2007. – Forschungsbericht

[Konstantin 2009]   KONSTANTIN, Panos: *Praxisbuch Energiewirtschaft: Energieumwandlung, -transport und -beschaffung im liberalisierten Markt.* Berlin Heidelberg : Springer-Verlag, 2009. – 474 S

[Korpaas et al. 2003]   KORPAAS, Magnus ; HOLEN, Arne T. ; HILDRUM, Ragne: Operation and sizing of energy storage for wind power plants in a market system. In: *International Journal of Electrical Power & Energy Systems* 25 (2003), Oktober, Nr. 8, S. 599–606

[Krebs 2012]   KREBS, Harald: Netzentgelte für Elektrizitätsspeicher. In: *Recht der Energiewirtschaft* (2012), Nr. 1, S. 19–22

[Kruck 2008]   KRUCK, Christoph: *Integration einer Stromerzeugung aus Windenergie und Speichersystemen unter besonderer Berücksichtigung von Druckluft–Speicherkraftwerken.* Stuttgart, 2008

[Lambertz 2010]   LAMBERTZ, Lothar: *ADELE erreicht wichtigen Meilenstein: Druckluftspeicher soll nach Staßfurt kommen.* Pressemitteilung der RWE Power AG vom 22. November 2010. 2010. –   URL http://www.rwe.com/web/cms/de/2320/ rwe-power-ag/presse-downloads/pressemitteilungen/ pressemitteilungen/?pmid=4005594.   –   Zugriffsdatum: 07. Februar 2012

[Leonhardt et al. 2008]   LEONHARDT, W. ; BUENGER, U. ; CROTOGINO, F. ;
GATZEN, C. ; GLAUNSINGER, W. ; HUEBNER, S. ; KLEIMEIER, M. ; KOENE-
MUND, M. ; LANDINGER, H. ; LEBIODA, T. ; SAUER, D. ; WEBER, H. ; WENZEL,
A. ; WOLF, E. ; WOYKE, W. ; ZUNFT, S.: Energiespeicher in Stromversor-
gungssystemen mit hohem Anteil erneuerbarer Energieträger / VDE -
Verband der Elektrotechnik. Frankfurt, 2008. – Forschungsbericht

[Leonhardt et al. 2009]   LEONHARDT, W. ; BUENGER, U. ; CROTOGINO, F. ;
GATZEN, C. ; GLAUNSINGER, W. ; HUEBNER, S. ; KLEIMEIER, M. ; KOENEMUND,
M. ; LANDINGER, H. ; LEBIODA, T. ; SAUER, D. ; WEBER, H. ; WENZEL, A. ;
WOLF, E. ; WOYKE, W. ; ZUNFT, S.: Energiespeicher in Stromversorgungs-
systemen mit hohem Anteil erneuerbarer Energieträger (Langfassung) /
VDE - Verband der Elektrotechnik. Frankfurt, 2009. – Forschungsbe-
richt

[Leschke 2012]   LESCHKE, Gerd: Monatsbericht über die Elektrizitätsversorgung / Abteilung E 207 Energie, Statistisches Bundesamt. Wiesbaden, 2012. – Forschungsbericht

[Lindenberger et al. 2008]   LINDENBERGER, Dietmar ; BARTELS, Michael ;
BORGGREFE, Frieder ; BOTHE, David ; WISSEN, Ralf ; HILLEBRAND, Bern-
hard ; BUTTERMANN, Hans G. ; BLEUEL, Michaela: Energiewirtschaftliches
Gesamtkonzept 2030 / Energiewirtschaftliches Institut an der Universität
zu Köln, Energy Environment Forecast Analysis GmbH. Berlin, 2008. –
Forschungsbericht

[Lüllmann 2012]   LÜLLMANN, Arne: *Systemintegration erneuerbarer
Stromerzeugung: Zuverlässigkeitsorientierte Untersuchungen zur Netz-
ausbauplanung.* 2012

[Mankiw und Taylor 2008]   MANKIW, N. G. ; TAYLOR, Mark P.: *Grundzüge
der Volkswirtschaftslehre.* 4. Stuttgart : Schäffer-Poeschel Verlag, 2008

[Matthes 2008]   MATTHES, Felix: Nutzungsgrenzen für CDM- und JI-Gutschriften im Rahmen des EU-Emissionshandelssystems für Deutschland im Zeitraum 2008-2020 / Öko-Institut e. V. Berlin, 2008. – Forschungsbericht

[Möst und Genoese 2009]   MÖST, Dominik ; GENOESE, Massimo: Market power in the German wholesale electricity market. In: *Journal Of Energy* 2 (2009), Nr. 2, S. 47–74

[Möst et al. 2005]   MÖST, D. ; FICHTNER, W. ; RENTZ, O: Analysis of alpine hydropower with an optimising energy system model. In: *18th International Conference on Efficiency, Cost, Optimization, Simulation and Environmental Impact of Energy Systems (ECOS)*. Trondheim, Norwegen, 2005

[Möst 2006]   MÖST, Dominik: *Zur Wettbewerbsfähigkeit der Wasserkraft in liberalisierten Elektrizitätsmärkten: eine modellgestützte Analyse dargestellt am Beispiel des schweizerischen Energieversorgungssystems*. Frankfurt am Main, Berlin, Bern : Peter Lang Verlag, 2006

[Möst und Fichtner 2009]   MÖST, Dominik ; FICHTNER, Wolf: Einführung zur Energiesystemanalyse. In: MÖST, Dominik (Hrsg.) ; FICHTNER, Wolf (Hrsg.) ; GRUNWALD, Armin (Hrsg.): *Energiesystemanalyse: Tagungsband des Workshops Energiesystemanalyse vom 27. November 2008 am KIT-Zentrum Energie*. Karlsruhe : KIT Scientific Publishing, 2009

[Nailis et al. 2011]   NAILIS, Dominic ; BAUMGART, Bastian ; HINÜBER, Gerd: Der Kapazitätsmarkt – Schlagwort oder Zukunftsprojekt? In: *Energiewirtschaftliche Tagesfragen* 61 (2011), Nr. 1/2, S. 44–47

[Nantke 2012]   NANTKE, Hans-Jürgen: Verwendung von CER in der dritten Handelsperiode. In: *Energie & Management* (2012), Nr. 3, S. 36

245

[Nicolosi 2010]   NICOLOSI, Marco: Wind power integration and power system flexibility – An empirical analysis of extreme events in Germany under the new negative price regime. In: *Energy Policy* 38 (2010), November, Nr. 11, S. 7257–7268

[Nilsson und Sjelvgren 1997]   NILSSON, O. ; SJELVGREN, D.: Hydro Unit Start-up Costs and Their Impact on the Short Term Scheduling Strategies of Swedish Power Producers. In: *IEEE Transactions on Power Systems* 12 (1997), Nr. 1, S. 38–44

[Nitsch et al. 2010]   NITSCH, Joachim ; PREGGER, Thomas ; SCHOLZ, Yvonne ; NAEGLER, Tobias ; STERNER, Michael ; GERHARDT, Norman ; OEHSEN, Amany von ; PAPE, Carsten ; SAINT-DRENAN, Yves-Marie ; WENZEL, Bernd: Langfristszenarien und Strategien für den Ausbau der erneuerbaren Energien in Deutschland bei Berücksichtigung der Entwicklung in Europa und global / Deutsches Zentrum für Luft- und Raumfahrt DLR, Fraunhofer Institut für Windenergie und Energiesystemtechnik IWES, Ingenieurbüro für neue Energien IFNE. Stuttgart, Kassel, Teltow, 2010. – Forschungsbericht

[Nowak und Römisch 2000]   NOWAK, Matthias P. ; RÖMISCH, Werner: Stochastic Lagrangian Relaxation applied to Power Scheduling in a Hydro-Thermal System under Uncertainty. In: *Annals of Operations Research* 100 (2000), Nr. 1, S. 251–272

[Oberschmidt und Klobasa 2008]   OBERSCHMIDT, Julia ; KLOBASA, Marian: Economical and Technical Evaluation of Energy Storage Systems. In: *3rd International Renewable Energy Storage Conference (IRES2008).* Berlin, September 2008

[Ohrem et al. 2007]   OHREM, Simon ; SIEMES, Philipp ; WIRTZ, Frank ; VENNEGEERTS, Hendrik ; MACHAREY, Uwe ; MEUSER, Mark ; ROHRIG, Kurt: Bewertung der Optimierungspotenziale zur Integration der Stromerzeugung aus Windenergie in das Übertragungsnetz / Institut für elektrische

Anlagen und Energiewirtschaft, RWTH Aachen. Aachen, 2007. – Forschungsbericht

[o.V./EUWID 2012]   o.V./EUWID: Marktprämie: Direkt vermarktete Solar- und Windleistung steigt weiter. In: *EUWID Neue Energien* 5 (2012), Nr. 40, S. 16

[Pehnt und Höpfner 2009]   PEHNT, Martin ; HÖPFNER, Ulrich: Kurzgutachten Wasserstoff- und Stromspeicher in einem Energiesystem mit hohen Anteilen erneuerbarer Energien: Analyse der kurz- und mittelfristigen Perspektive / Institut für Energie- und Umweltforschung Heidelberg GmbH (ifeu). Heidelberg, 2009. – Forschungsbericht

[Perlwitz 2007]   PERLWITZ, Holger: *Der Erdgasmarkt für den Kraftwerkssektor unter CO_2-Minderungsverpflichtungen: eine modellgestütze Analyse des europäischen Energiemarktes*, Universität Karlsruhe (TH), Disseration, 2007

[Pfluger und Wietschel 2012]   PFLUGER, Benjamin ; WIETSCHEL, Martin: Impact of renewable energies on conventional power generation technologies and infrastructures from a long-term least-cost perspective. In: *9th International Conference on the European Energy Market*. Florenz, Italien : Institute of Electrical and Electronics Engineers (IEEE), Mai 2012

[r2b und Consentec 2010]   R2B ENERGY CONSULTING GMBH, CONSENTEC GMBH: Förderung der Direktvermarktung und der bedarfsgerechten Einspeisung von Strom aus Erneuerbaren Energien. Köln, Aachen, 2010. – Forschungsbericht

[Raven 2010]   RAVEN, Hans: *The Balmorel Model Structure*. 2010. – URL http://www.eabalmorel.dk/files/download/ TheBalmorelModelStructure-BMS301.pdf.   – Zugriffsdatum: 26. März 2012

[Rosen 2008]   Rosen, Johannes: *The future role of renewable energy sources in European electricity supply.* Karlsruhe : Universitätsverlag Karlsruhe, 2008

[Sauer 2006]   Sauer, Dirk U.: Optionen zur Speicherung elektrischer Energie in Energieversorgungssystemen mit regenerativer Stromerzeugung. In: *Solarzeitalter* 18 (2006), Dezember, Nr. 4, S. 12–34

[Sauer 2009]   Sauer, Dirk U.: *Optionen zur Stabilisierung des Verteilnetzes – Stromspeicher bei hoher Penetration erneuerbarer Energien.* Vortrag bei der ETP-Konferenz „Stromspeicherung – Aktueller Stand der technischen Entwicklung: Wo lohnt es sich zu investieren?", 4.–5. März 2009, Berlin. 2009

[Schainker 2009]   Schainker, Robert B.: *EPRI RD&D Focus: CAES.* Vortrag beim Workshop „CAES Research, Development and Deployment ", 21.–22. Oktober 2008, New York City, USA. 2009

[Schleich et al. 2006]   Schleich, Joachim ; Ehrhart, Karl-Martin ; Hoppe, Christian ; Seifert, Stefan: Banning banking in EU emissions trading? In: *Energy Policy* 34 (2006), Januar, Nr. 1, S. 112–120

[Schlesinger et al. 2010]   Schlesinger, Michael ; Lindenberger, Dietmar ; Lutz, Christian: Energieszenarien für ein Energiekonzept der Bundesregierung / Energiewirtschaftliches Institut an der Universität zu Köln, Prognos AG, Gesellschaft für Wirtschaftliche Strukturforschung mbH (GWS). Köln, Basel, Osnabrück, 2010. – Forschungsbericht

[Schmidt und Cremer 2006]   Schmidt, Susanne ; Cremer, Clemens: DYNAMIS – Towards Hydrogen and Electricity Production with Carbon Dioxide Capture and Storage: Modelling Framework and Reference Data Report (D 6.1.1) / Fraunhofer Institut für System- und Innovationsforschung ISI. Karlsruhe, 2006. – Forschungsbericht. – URL http://www.sintef.no/project/dynamis-hypogen/

Publications/D6-1-1Referencedatareport[1].pdf. – Zugriffs-datum: 26. März 2012

[Schoenung 2001] SCHOENUNG, Susan M.: Characteristics and Technologies for Long– vs. Short–Term Energy Storage / Sandia National Laboratories). Alburquerque, New Mexico, USA, 2001. – Forschungsbericht

[Schoenung und Hassenzahl 2003] SCHOENUNG, Susan M. ; HASSENZAHL, William V.: Long– vs. Short–Term Energy Storage Technologies Analysis / Sandia National Laboratories). Alburquerque, New Mexico, USA, 2003. – Forschungsbericht

[Schubert 2011] SCHUBERT, Gerda: *Modellierung der stündlichen regionalen Photovoltaik- und Windstromeinspeisung in Europa auf Basis meteorologischer Daten*, Universität Flensburg, Diplomarbeit, 2011

[Schubert 2012] SCHUBERT, Gerda: Modelling hourly electricity generation from PV and wind plants in Europe. In: *9th International Conference on the European Energy Market (EEM)*. Florenz, Italien, 2012

[Sedlacek 2009] SEDLACEK, Robert: Untertage-Gasspeicherung in Deutschland. In: *Erdöl Erdgas Kohle* 125 (2009), Nr. 11, S. 412–426

[Sensfuß 2008] SENSFUSS, Frank: *Assessment of the impact of renewable electricity generation on the German electricity sector*. Düsseldorf : VDI-Verlag, 2008 (Fortschritt-Berichte VDI: Reihe 16, Technik und Wirtschaft; 188)

[Sensfuß und Ragwitz 2011] SENSFUSS, Frank ; RAGWITZ, Mario: Weiterentwickeltes Fördersystem für die Vermarktung von erneuerbarer Stromerzeugung. In: *7. Internationale Energiewirtschaftstagung (IEWT)*. Wien, Österreich, 2011

[Sensfuß et al. 2008] SENSFUSS, Frank ; RAGWITZ, Mario ; GENOESE, Massimo: The merit-order effect: A detailed analysis of the price effect of renewable electricity generation on spot market prices in Germany. In: *Energy Policy* 36 (2008), Nr. 8, S. 3086–3094

[Sensfuß et al. 2011]   Sensfuss, Frank ; Ragwitz, Mario ; Klobasa, Marian ; Müller, Thorsten ; Sailer, Frank ; Schütter, Philipp ; Hústavová, Maria ; Leprich, Uwe ; Hauser, Eva ; Horst, Juri ; Frantzen, Jörg ; Altrock, Martin ; Lehnert, Wieland ; Sterner, Michael ; Gerhardt, Norman ; Dobschinski, Jan: Vorbereitung und Begleitung der Erstellung des Erfahrungsberichtes 2011 gemäß §65 EEG: Vorhaben IV – Instrumentelle und rechtliche Weiterentwicklung im EEG / Fraunhofer Institut für System– und Innovationsforschung ISI, Universität Würzburg, Institut für ZukunftsEnergieSysteme IZES, Becker Büttner Held Rechtsanwälte, Fraunhofer Institut für Windenergie und Energiesystemtechnik IWES. Karlsruhe, Würzburg, Saarbrücken, Berlin, Kassel, 2011. – Forschungsbericht

[Sijm et al. 2006]   Sijm, Jos ; Neuhoff, Karsten ; Chen, Yihsu: CO_2 cost pass-through and windfall profits in the power sector. In: *Climate Policy* 6 (2006), Nr. 1, S. 49–72

[Simoglou et al. 2010]   Simoglou, Christos K. ; Biskas, Pandelis N. ; Bakirtzis, Anastasios G.: Optimal Self-Scheduling of a Thermal Producer in Short-Term Electricity Markets by MILP. In: *IEEE Transactions on Power Systems* 25 (2010), November, Nr. 4, S. 1965–1977

[Steffen 2012]   Steffen, Bjarne: Prospects for pumped-hydro storage in Germany. In: *Energy Policy* 45 (2012), Juni, Nr. 6, S. 420–429

[Sun und Ellersdorfer 2009]   Sun, Ninghong ; Ellersdorfer, Ingo: Typical hour based modeling of the power generation system. In: *6th International Conference on the European Energy Market*, Institute of Electrical and Electronics Engineers (IEEE), Mai 2009

[Swider und Weber 2007]   SWIDER, Derk J. ; WEBER, Christoph: The costs of wind's intermittency in Germany: application of a stochastic electricity market model. In: *European Transactions on Electrical Power* 17 (2007), März, Nr. 2, S. 151–172

[Swider 2006]   SWIDER, Derk J.: *Handel an Regelenergie- und Spotmärkten: Methoden zur Entscheidungsunterstützung für Netz- und Kraftwerksbetreiber.* Wiesbaden : Deutscher Universitätsverlag, 2006. – 212 S

[Swider 2007a]   SWIDER, Derk J.: Compressed Air Energy Storage in an Electricity System With Significant Wind Power Generation. In: *IEEE Transactions on Energy Conversion* 22 (2007), Nr. 1, S. 95–102

[Swider et al. 2007]   SWIDER, Derk J. ; ELLERSDORFER, Ingo ; HUNDT, Matthias ; VOSS, Alfred: Anmerkungen zu empirischen Analysen der Preisbildung am deutschen Spotmarkt für Elektrizität / Institut für Energiewirtschaft und Rationelle Energieanwendung, Universität Stuttgart. Stuttgart, 2007. – Forschungsbericht

[Swider 2007b]   SWIDER, D.J.: Wettbewerb am deutschen Regelenergiemarkt? In: *Energiewirtschaftliche Tagesfragen* 57 (2007), Nr. 9, S. 32–37

[Swider und Ellersdorfer 2005]   SWIDER, D.J. ; ELLERSDORFER, I.: Kosteneffizienz am deutschen Regelenergiemarkt. In: *Energiewirtschaftliche Tagesfragen* 55 (2005), Nr. 11, S. 802–806

[Süßenbacher et al. 2011]   SÜSSENBACHER, Wilhelm ; SCHWAIGER, Michael ; STIGLER, Heinz: Kapazitätsmärkte und -mechanismen im internationalen Kontext. In: *7. Internationale Energiewirtschaftstagung (IEWT)*. Wien, Österreich, 2011

[Tapbury Management Limited 2006]   TAPBURY MANAGEMENT LIMITED: *VRB ESS Energy Storage & the development of dispatchable wind turbi-*

ne output. Feasibility study for the implementation of an energy storage facility at Sorne Hill, Buncrana, Co. Donegal. 2006

[Tiedemann et al. 2008] TIEDEMANN, A. ; SRIKANDAM, C. ; KREUTZKAMP, P. ; ROTH, H. ; GOHLA-NEUDECKER, B. ; KUHN, P.: Untersuchung der elektrizitätswirtschaftlichen und energiepolitischen Auswirkungen der Erhebung von Netznutzungsentgelten für den Speicherstrombezug von Pumpspeicherwerken / Deutsche Energieagentur (dena), Technische Universität München. Berlin, 2008. – Forschungsbericht

[Tübke und Noak 2007] TÜBKE, J. ; NOAK, J.: MAVO „Advanced Energy Storage": Vergleich der Speichertechnologien, Redox-Flow / Fraunhofer Verbund Energie. 2007. – Forschungsbericht

[Umweltbundesamt 2012] UMWELTBUNDESAMT: *Entwicklung der spezifischen Kohlendioxid-Emissionen des deutschen Strommix 1990– 2010 und erste Schätzungen 2011.* 2012. – URL http://www. umweltbundesamt.de/energie/archiv/co2-strommix.pdf. – Zugriffsdatum: 02. Juli 2012

[Ux Consulting Company 2012] UX CONSULTING COMPANY: *UxC Nuclear Fuel Price Indicators.* 2012. – URL http://www.uxc.com/review/ uxc_Prices.aspx. – Zugriffsdatum: 09. Januar 2012

[VDEW 2006] VERBAND DER ELEKTRIZITÄTSWIRTSCHAFT E. V. (VDEW): *Strommarkt Deutschland: Zahlen und Fakten zur Stromversorgung.* 2006

[Ventosa et al. 2005] VENTOSA, Mariano ; BAÍLLO, Álvaro ; RAMOS, Andrés ; RIVIER, Michel: Electricity market modeling trends. In: *Energy Policy* 33 (2005), Mai, Nr. 7, S. 897–913

[Viehmann und Sämisch 2009] VIEHMANN, J. ; SÄMISCH, H.: Windintegration bei negativen Strompreisen. In: *Energiewirtschaftliche Tagesfragen* 59 (2009), Nr. 11, S. 49–51

[Wawer 2007] WAWER, Tim: *Förderung erneuerbarer Energien im liberalisierten deutschen Strommarkt*, Westfälische Wilhelms-Universität Münster, Dissertation, 2007

[Weber 2010] WEBER, Christoph: Adequate intraday market design to enable the integration of wind energy into the European power systems. In: *Energy Policy* 38 (2010), Juli, Nr. 7, S. 3155–3163

[Weßelmann et al. 2010] WESSELMANN, C. ; TROMM, W. ; LINNEMANN, T. ; KOCH, M. K.: Kernenergie. In: *BWK – Das Energie-Fachmagazin* 62 (2010), Mai, Nr. 5, S. 37–50

[Wietschel et al. 2006] WIETSCHEL, M. ; HASENAUER, U. ; JUNCÀ VICENS, N. ; KLOBASA, M. ; SEYDEL, P.: Ein Vergleich unterschiedlicher Speichermedien für überschüssigen Windstrom. In: *Zeitschrift für Energiewirtschaft* 30 (2006), Nr. 2, S. 103–114

[Wietschel et al. 2009] WIETSCHEL, M. ; KLOBASA, M. ; GENOESE, F. ; GENOESE, M. ; HARTEL, R. ; WOLF, D.: Possible Developments of Market Conditions Determining the Economics of Large Scale Compressed Air Energy Storage (> 100 MW) / Fraunhofer Institut für System und Innovationsforschung ISI, Karlsruher Institut für Technologie, Fraunhofer-Institut für Umwelt-, Sicherheits- und Energietechnik UMSICHT. Karlsruhe, 2009. – Forschungsbericht

[Wietschel 1995] WIETSCHEL, Martin: *Die Wirtschaftlichkeit klimaverträglicher Energieversorgung*. Berlin : Erich Schmidt Verlag, 1995

[Wietschel 2000] WIETSCHEL, Martin: *Produktion und Energie: Planung und Steuerung industrieller Energie- und Stoffströme*. Frankfurt am Main : Peter Lang Verlag, 2000

[Wietschel et al. 2010] WIETSCHEL, Martin ; ARENS, Marlene ; DÖTSCH, Christian ; HERKEL, Sebastian ; KREWITT, Wolfram ; MARKEWITZ, Peter ;

MÖST, Dominik ; SCHEUFEN, Martin: *Energietechnologien 2050 – Schwerpunkte für Forschung und Entwicklung: Technologienbericht.* Stuttgart : Fraunhofer Verlag, 2010

[Wolf und Dötsch 2009]   WOLF, D. ; DÖTSCH, C.: Druckluftspeicherkraftwerke – Technologischer Vergleich, Einsatzszenarien und zukünftige Entwicklungstrends. In: ENERGIETECHNIK, VDI-Gesellschaft (Hrsg.): *Elektrische Energiespeicher 2009: Schlüsseltechnologie für energieeffiziente Anwendungen.* Düsseldorf : VDI-Verlag, 2009

[Wolf et al. 2011]   WOLF, Daniel ; KANNGIESSER, Annedore ; BUDT, Marcus ; DOETSCH, Christian: Adiabatic Compressed Air Energy Storage co-located with wind energy-multifunctional storage commitment optimization for the German market using GOMES. In: *Energy Systems* 3 (2011), Dezember, Nr. 2, S. 181–208

[Zander et al. 2004]   ZANDER, Wolfgang ; NAILIS, Dominic ; HOPPE-KILPPER, Martin ; ERNST, Bernhard: Wälzungsmechanismus des EEG Vorschläge für die Verbesserung der Transparenz und Effizienz / Büro für Energiewirtschaft und Technische Planung (BET) GmbH, Institut für Solare Energieversorgungstechnik (ISET). Aachen, Kassel, 2004. – Forschungsbericht

[Ziesing 2011]   ZIESING, Hans-Joachim: Energieverbrauch in Deutschland im Jahr 2010 / Arbeitsgemeinschaft Energiebilanzen e. V. Berlin, 2011. – Forschungsbericht